综合实践活动课程的新时代建构

总主编 成尚荣 张 华 柳夕浪

本书系教育部人文社会科学重点研究基地重大课题“生活德育视野下的德育课程开发与跟踪研究”（课题批准号：18JJD880003）系列成果之一

综合实践活动课程的国际视野

张 华 著

河北出版传媒集团
河北教育出版社

图书在版编目（CIP）数据

综合实践活动课程的国际视野 / 张华著 . -- 石家庄：河北教育出版社，2019.12（2021.6 重印）

（综合实践活动课程的新时代建构）

ISBN 978-7-5545-5540-8

Ⅰ . ①综… Ⅱ . ①张… Ⅲ . ①活动课程－教学研究－中小学 Ⅳ . ① G632.3

中国版本图书馆 CIP 数据核字 (2019) 第 268317 号

综合实践活动课程的国际视野

ZONGHE SHIJIAN HUODONG KECHENG DE GUOJI SHIYE

作　　者　张　华

出 版 人　董素山
策　　划　张　辉　何春雅
特约编辑　高力夫
责任编辑　何春雅　武丹丹
装帧设计　于　越
出版发行　河北出版传媒集团
　　　　　河北教育出版社　http://www.hbep.com
　　　　　（石家庄市联盟路705号，050061）
排　　版　河北九易数字技术有限公司
印　　刷　河南中棋印务有限公司
开　　本　787 mm × 1092 mm　1/16
印　　张　15.25
字　　数　200千字
版　　次　2019年12月第1版
印　　次　2021年6月第2次印刷
书　　号　ISBN 978-7-5545-5540-8
定　　价　35.00元

综合实践活动课程的新时代建构

编 委 会

前言 QIANYAN

提升综合课程品质，增强学生综合素质

习近平总书记在全国教育大会上，非常鲜明地指出，“培养什么人，是教育的首要问题”。立德树人是教育的根本任务，也是教育现代化的方向目标，同时要求在“增强综合素质”等六个方面下功夫，培养学生的综合能力和创新思维。

立德树人的根本任务一定要落实在课程建设中，增强综合素质的要求一定要落实在教学活动中。2017年，教育部颁布了《中小学综合实践活动课程指导纲要》(以下简称《指导纲要》)，其目的就是要引导学生从个体生活、社会生活及其与大自然的接触中获得丰富的实践经验，形成并逐步提升对自然、社会和自我之内在联系的整体认知，具有价值体认、责任担当、问题解决、创意物化等方面的意识和能力，着力培养学生的跨学科综合素质。全国教育大会上习总书记的重要讲话，让我们更深入地思考学生综合素质的培养问题；再次审视《指导纲要》，我们应当将《指导纲要》置于教育改革发展的宏大背景下，置于落实立德树人的根本任务之中。通过认真学习和深入讨论，我们以习总书记在全国教育大会上的重要讲话为纲，对《指导纲要》

进行了深入具体的解读，在解读中进一步提升了对综合实践活动课程的价值愿景和目标的认识。我们认为应当从理论和实践相结合的角度，帮助教师提高对综合实践活动课程的理性认识，提高综合实践活动课程设计和组织实施的能力，从而全面提升综合实践活动课程的品质，增强学生的综合素质。为此，我们决定组织编写一套关于中小学综合实践活动课程的指导丛书。

值得重视的是，习总书记在讲话中，进一步明确了党和国家的教育方针，提出要努力培养德智体美劳全面发展的社会主义建设者和接班人，并强调“要在学生中弘扬劳动精神，教育引导学生崇尚劳动、尊重劳动，懂得劳动最光荣、劳动最崇高、劳动最伟大、劳动最美丽的道理，长大后能够辛勤劳动、诚实劳动、创造性劳动”。劳动教育已是教育方针的重要组成部分，已纳入德智体美劳全面发展的教育体系和更高水平的人才培养体系中，无疑，劳动教育必须落实在课程中。当然，《指导纲要》对劳动教育的目标、要求和内容等有明确具体的要求，教育大会后我们还必须从教育方针的高度，对劳动教育进一步增强、充实，提升其意义。为此，丛书还要通过对《指导纲要》的解读，进一步将劳动教育与综合实践活动结合起来，统一起来，并使之凸显出来。这样，指导用书的方向更鲜明，关系更明晰，更具时代感。

加强劳动教育与综合实践活动，培养学生的综合素质，是国际基础教育课程改革的共同走向。我们必须有更开放的胸怀，更宽阔的视野，尊重和吸纳国际课程改革的理论与经验，丰富自己。与此同时，我们又必须将劳动教育与综合实践活动课程的设计、实施、资源开发等，深植于中华传统文化中，扎根中国大地，体现新时代中国特色和中国经验，从书名称中的“新时代建构”体现的正是这一价值定位和追求。

综合实践活动是落实立德树人根本任务的课程形态、具体途径和实现方式，丛书的根本目的是探索综合育人、实践育人、活动育人的规律和特点，其目标是指导教师创造性地落实《指导纲要》，以学生为主体，以变革学习方式为重点，培养学生的创新精神，增强想象力、实践力、创造力，让学生在综合实践活动中站立起来，为培养时代新人夯实基础。

从育人这一根本目的和任务出发，我们又确定了丛书编写的原则：既要提升认识，又要指导实践，两者要结合好、融通好，而且要解读准，说得明，指导得具体、切实；既要整体设计，又要突出重点，整体设计在于有框架意识、宏观思维，突出重点在于让教师把握要点，以求突破，形成特色；既要指导中小学教师设计、开展综合实践活动，又要有利于教研、科研等方面的专家拓展理论视野。根据编写宗旨与原则，丛书基本形成了科学、有用、亲切、有趣等特色。

为了达到预期的效果，编委会邀请张华、柳夕浪等知名专家、学者担纲，以提升丛书的权威性、科学性，搭建一个更高的平台，在更高层次、更大范围内进行对话。丛书共有十册，分别为:《〈中小学综合实践活动课程指导纲要〉解读——44个问答》，柳夕浪主编;《综合实践活动课程的国际视野》，张华著;《综合实践活动课程的理论视野》，张紫屏著;《考察探究与设计制作》，高振宇、包新中著；《社会服务与职业体验》，杨燕燕、仲建维著;《数字时代的创造性学习——创客教育理论》，钱旭鸯著；《数字时代的创造性学习——创客教育实践》，谢作如、刘正云、张敬云著；《综合实践活动课程的评价与管理》，戎庭伟、张馨月编著；《原来就在你身边——综合实践活动课程的资源开发》，张晓东、杨健主编；《创造一个分享的世界——综合实践活动课程案例集锦》，夏心军、成尚荣主编。

非常感谢河北教育出版社领导和编辑的重视、支持和辛勤工作，他们的视野、创意、品质、作风值得我们学习。尤其要感谢张辉副总编辑、特约编辑高力夫、地方教材编辑室主任何春雅以及各册责任编辑，他们为本套丛书的出版付出了诸多辛劳。

综合实践活动课程是国家课程，对培养有理想、有本领、有担当的时代新人，让他们成为社会主义的建设者和接班人，有着重要的价值、意义，相信这套丛书对推进综合实践活动课程的实施，推动劳动教育，会发挥积极的作用。

2019 年 7 月

目　录

导论

迈向素养本位的综合实践活动课程

“生活理解力与创造力”是综合实践活动课程的直接目标。这是人类迎接 21 世纪信息文明之挑战的核心素养。“素养本位综合实践活动课程”基于人与自然、人与社会、人与自我的三大关系设计有价值、学生感兴趣的生活主题，将学科知识融入生活主题，学生基于学科思维、运用学科观念协作解决问题，不断产生自己的观点，持续发展生活理解与学科理解能力。

综合实践活动课程本质上是一种指向生活理解与创造的课程。“生活理解力与创造力”是综合实践活动课程的直接目标。

让学生走出校园，融入火热的现实生活，发现个人生活、社会生活和职业世界中的现象、事件与问题，基于学科思维，运用已经和正在学习的相关学科知识，亲自去探究、体验与实践，由此发展生活理解力与创造力，形成直面生活问题的态度、热爱生活的情怀和勇于担当的生活责任感。唯有如此，才能把握综合实践活动课程的本质、体现其教育价值。

所谓“生活理解力与创造力”，就是把学科知识运用于真实生活情境、解决复杂问题的能力。它是学生欣赏和创造真善美的高级能力与人性能力，是人类迎接 21 世纪信息文明之挑战的核心素养。

漫长的农耕文明和等级社会，形成种种等级意识：“劳心者治人，劳力者治于人”；“君子坐而论道，小人学圃、学稼”；“书中自有黄金屋，书中自有颜如玉”；如此等等，不一而足。这种由“旧式分工”所形成的等级意识，深深影响着社会，也必然积淀成每一个体的“人格特征”。所有这些，给我国教育带来了“不堪承受之重”：教育凌驾于生活之上，学习是为了逃避生活之苦。“两耳不闻窗外事，一心只读圣贤书”变成一种普遍的学习态度与方式。由此培养的人格特征是：逃避问题的态度、匮乏的责任意识、贫困的实践能力。我国迫切需要走出教育与生活“两张皮”的误区，让教育回归生活。

压缩式增长的工业文明和市场经济，又使功利主义文化、社会效率观、“整齐划一”的控制意识无孔不入：“教育即生产”，“学校即工厂”，“有效教学”，“高效课堂”，“狠抓教育质量”，“军事化管理”，“高考工厂”……凡此种种的观念与做法，又制造了以“题海战术”“刷题”为标志的“训练式教育”：死记硬背、机械训练、不断重复，“百人班级”“万人学校”……我国迫切需要走出“训练式教育”，让教育植根于创造。

解决这种等级主义、功利主义、工具主义叠加于一体的教育问题，需要全社会共同努力，需要教育体制、机制与文化的整体变革。教育部2017年9月颁布的《中小学综合实践活动课程指导纲要》，是解决教育脱离生活、脱离实践问题的重要举措。只要每一所学校常态且高质量开展综合实践活动课程，我国教育的问题就有望得到缓解。

如何根据信息时代之需要，高质量地设计与实施综合实践活动课程呢？迈向“素养本位”是关键。

“素养本位综合实践活动课程”基于人与自然、人与社会、人与自我的三大关系，选择有价值、学生感兴趣的生活主题，将学科知识融入生活主题，让学生基于学科思维、运用学科观念协作解决问题，不断产生自己的观点，持续增进生活理解能力与学科理解能力。每一个教师在设计该课程时，需要不断追问：选择的生活主题是否体现学生的发展需要，是否有探究价值？学生是否基于学科思维，运用了哪些学科观念？学生产生了哪些生活理解，经历了哪些实践，创造了什么作品？

“素养本位综合实践活动课程”倡导的是一种新学习观：做中学、用中学与创造中学。人只有改变了世界，才能理解世界，人是用手来思维的动物。要让学生在动手操作中学习，改变“君子动口不动手”的传统积习；让所有学科知识都能在个人生活、社会生活和职业体验中用起来，教育因为有用而有价值；让学生把学习变成创造过程，使每一个学生都能根据自身特点和发展需要，亲身经历创造的过程，真正体验创造的快乐。走向“素养本位综合实践活动课程”，需要克服“走马观花式考察”“技能训练式操作”与“道德说教式活动”。

“素养本位综合实践活动课程”体现的是一种新教育观：教育在生活中，由于生活并为了生活；教育在理解中，由于理解并为了理解；教育在创造中，由于创造并为了创造。这种新教育观将使我国教育迈入新时代。

第一章

体现时代精神的综合实践活动课程

我国综合实践活动课程需要体现时代精神——信息文明精神，该精神的核心是知识社会、创新驱动、全球复杂交往。为适应信息时代之要求，综合实践活动课程的培养目标需要指向学生跨学科核心素养之发展，即培养学生生活理解力与创造力。综合实践活动课程是一门生活课程、跨学科课程、实践性课程、发展性课程、必修课程。它既是一种特殊课程形态，又是一种先进学习方式，还是一种进步教育观。回归生活世界、运用学科思维、践履社会责任是综合实践活动课程的价值追求。深入实施综合实践活动课程需要超越技能化、常识化、简单化、形式化、空无化等倾向，不断走向深入——对内运用学科思维，对外实现观念物化。

我国已阔步迈入信息时代。创新精神与协作精神是这个时代的基本精神。专家思维与复杂交往是每一个人所应具备的核心素养。让学生既发展创新精神与实践能力，又发展道德意识与社会责任感，是信息时代学校教育的基本目标。为落实立德树人的根本要求，体现新时代社会发展和学生发展的特点与需求，教育部于 2017 年 9 月颁布《中小学综合实践活动课程指导纲要》。它既深刻总结我国十六年基础教育课程改革的成就与问题，又积极借鉴国际课程改革的宝贵经验，必将为我国深化基础教育课程改革、构建信息时代基础教育课程体系产生深远的影响。

一、综合实践活动课程的时代内涵

《中小学综合实践活动课程指导纲要》指出："综合实践活动是从学生的真实生活和发展需要出发，从生活情境中发现问题，转化为活动主题，通过探究、服务、制作、体验等方式，培养学生综合素质的跨学科实践性课程。"这意味着学生的学习内容除分门别类的学科课程外，还包括每一个学生置身其中的真实生活——经过反思与体验的日常生活；学生的学习活动除具有学科领域特点的学科实践外，还包括具有综合性和跨学科性的生活实践。综合实践活动作为我国学校课程的"另一半"，具有丰富的时代内涵。

它是一门生活课程。每一个人每时每刻置身其中的生活情境，无论个人情境、社会情境还是自然环境，只要经过反思，将其转化为问题情境与活动主题，运用个人经验和学科知识展开系统探究、体验与实践，它就从日用常行、浑然不觉中脱颖而出，就能发展学生的生活创造能力和生活责任意识，就具有无尽的课程价值。生活即课程。

它是一门跨学科课程。生活世界中的任何事物与现象，无论多么细微与平常，如一丝白发、一片雪花或一片树叶，均具有整体性。要理解生活中的事物或现象，就需要多学科视野汇集、融合才能实现。综合实践活动课程必然是跨学科课程，要求跨学科学习，且是综合程度最高的课程。

它是一门实践性课程。生活是鲜活而独特的，有多少人就有多少种生活。生活具有地域性与时代性。生活内容千差万别、五彩缤纷。但是，探究与体验生活的方式却具有共同性。“考察探究”“社会服务”“设计制作”“职业体验”等旨在发展学生核心素养的活动方式，均具有实施或操作的关键要素。综合实践活动课程将旨在发展学生核心素养的先进的学习方式、活动方式或实践方式本身视为课程。过程即课程，实践即课程，学习方式即课程。

它是一门发展性课程。每一年级有每一年级的生活，每一学段有每一学段的生活。生活探究与体验的目标、内容、方式既具有发展阶段性，又具有前后相继的连续性。自小学一年级至高中三年级十二年一贯设计且全面实施的综合实践活动课程，体现了“学习进阶”（learning progression）的理念，关注学生核心素养的纵向整体发展。

它是一门必修课程。人自来到世间始终面对两个世界，一是鲜活的、可感受的日常生活世界，二是由各类语言、符号所构成的抽象的学科世界。这两个世界相互影响、相互作用，为个人发展与人类进步提供永恒基础。在我国基础教育课程体系中，综合实践活动课程对应生活世界，各门学科课程对应学科世界，二者既相对独立，又相互影响、相得益彰。由于综合实践活动课程具有不可替代、不可或缺的重要性，《中小学综合实践活动课程指导纲要》将其规定为必修课程，与学科课程并列设置，且相互联系。

它既是一种特殊的课程形态，又是一种先进的学习方式，还是一种进步的教育观。作为一种特殊的课程形态，它是学生在教师指导下、根据周密的活动设计、在特定时间与地点、以小组或个人方式常态实施的生活探究与体验活动。作为一种先进的学习方式，它是探究、服务、制作、体验等“做中学”“创造中学”与“体验中学”等方式的融合。作为一种进步的教育观，它是生活教育观、实践教育观和创造教育观的联姻。

信息时代为综合实践活动课程提出了新要求，创造了新条件，赋予了新内涵。由于信息技术的普遍使用，以“记忆”“熟练”和“重复”为特征的简单认知工作和常规手工劳动正被编程计算机所代替，人必须具有创造性思维、胜任创新性工作才能在信息时代幸存。综合实践活动课程必须走出简单“走一走”“看一看”“玩一玩”“练一练”的误区，以专家思维和复杂交往等核心素养为目标。体现信息时代特征与精神，着眼发展学生的高级能力与高度社会责任感，是综合实践活动课程的新内涵。以计算机模拟、模型化、增强现实、虚拟现实、互联网通信、人工智能、搜索引擎等为代表的创新技术，为综合实践活动课程的设计与实施提供了前所未有的条件。我国综合实践活动课程正在进入高级阶段、崭新阶段。

二、综合实践活动课程的价值追求

《中小学综合实践活动课程指导纲要》提出了综合实践活动课程的“四条理念”和“四类目标”。它们分别是：课程目标以培养学生综合素质为导向，课程开发面向学生的个体生活和社会生活，课程实施注重学生主动实践和开放生成，课程评价主张多元评价和综合考察；具有价值体认、责任担当、问题解决、创意物化等方面的意识和能力。这为理解与实施综合实践活动课程提供了整体理论框架。该框架的价值追求至少包括如下三方面。

（一）回归生活世界

人人向往美好生活。然而，生活的一个本质特点是美好之处与问题、困难相伴而生。无论个人生活还是社会生活，均如是。美好生活从不自然到来，而是人通过解决问题和克服困难而创造出来。只有当教育植根于生活世界，引导学生直面生活中的问题，学会将学科知识运用于解决生活问题，学生才能既形成直面生活问题、不逃避困难的积极态度，又学会理智解决生活问题，发展创造美好生活的能力。综合实践活动课程本质上是体现生活的发展价值、教育价值的课程。它将形成直面生活问题的积极态度与解决生活问题的创造能力有机结合起来。教育在生活中、由于生活并为了生活。一百多年前，杜威说："教育是生活的过程，而不是将来生活的预备"，"学校必须呈现现在的生活——即对于儿童来说是真实而生气勃勃的生活"。[1] 几乎同一时期，怀特海（Alfred North Whitehead）也指出："教育只有一门学科，那就是完整表现的生活（Life）。"[2] 因此，作为直接体现生活之价值的综合实践活动课程，不仅具有自身的独特价值，而且是各门学科课程彼此间建立联系的纽带和产生意义的基础。只要学校教育以发展学生自由人格与促进社会进步为目标，它就必然植根于现实生活。只要教育融于生活，综合实践活动课程就必然存在，尽管其名称、内容和表现形态可能随时代而变化。

（二）运用学科思维

尽管综合实践活动课程是一门生活课程、实践性课程，但它拒绝简单庸俗地联系生活，反对浅尝辄止地"探究"生活。运用学科思维和学科观念，理解生活世界中的事件、现象和问题，基于自己的理解从事考察探究、社会服务、设计制作、职业体验等活动，由此发展创新精神、实践能力和社会责任感。在此过程中，学科知识与学科观念通过应用和实践得到升华。这才是真正的综合实践活动课程。在信息时代，拥有学科思维、学科智能既是一个人从事创新性职业的必要条件，也是其参与日益复杂而多元的社会生活的条件，还是一个人达到自我实现的条件。诚如美国心理学家加德纳（Howard Gardner）所言，在未来社会，"倘若一个人不能至少稔熟一门学科，那他注定要任别人摆布。"[3] 综合实践活动课程非但不排斥学科思维、学科素养，反而为其深入发展创造条件、寻找意义。

---

[1] 约翰·杜威：《学校与社会·明日之学校》，赵祥麟、任钟印、吴志宏译，人民教育出版社，1994，第6页。

[2] Alfred North Whitehead, *The Aims of Education and Other Essays* (New York: The Free Press, 1929), pp.6–7.

[3] Howard Gardner, *Five Minds for the Future* (Boston: Harvard Business School Press, 2008), p.3.

（三）践履社会责任

一如学生在创新中学会创新，学生也必须在服务社会中学会服务、于责任担当中学会负责。践履社会责任是综合实践活动课程的核心价值之一。每一个学生既是自由个体，又是社会公民。学生是主动的学习者与负责任的公民两种角色的合一。学生要把学会服务作为其学习内容和学习过程的有机构成。学习任何学科知识，教师都要尽可能帮助学生将其应用于所生活的家庭、学校和社会之中，要让学生从小在“用”中学、在服务中学。与此同时，学生在社会服务、职业体验等指定活动内容中，要有意识地运用学科知识和学科观念提出问题，反思问题产生的根源，在服务行动和职业操作中解决问题，由此学会服务、学会负责。通过综合实践活动课程，教师要帮助学生把“在服务中学”与“学会服务”结合起来，把培养学生成为主动的学习者与负责任的公民两种目的化为一体。

通过回归生活世界，发展学生直面人生问题、热爱生活、创造生活等生活素养；通过运用学科思维，发展学生学科理解、学科创造等学科素养；通过践履社会责任，发展学生的人格智力、交往能力、道德意识、社会实践能力、社会责任感等公民素养。这就是综合实践活动课程的核心价值追求。

三、综合实践活动课程的实践策略

十几年来，教育实践界对综合实践活动课程进行了丰富多彩且富有创造性的探索，取得了卓越成就，本课程也由此成为我国基础教育课程改革公认的亮点。实践证明：凡开展综合实践活动课程者，无论开展得好与坏，从未见到影响学生“中考”或“高考”成绩的报道。恰恰相反，提高学业成绩的个案却屡见不鲜，尽管综合实践活动课程并不以提高学业成绩为直接目标。实践还证明：每一所学校都能自行把综合实践活动课程开展好。之所以许多学校尚未开展起来，是因为当地教育政策缺位、传统的控制积习、“应试教育”价值观的影响以及教师对自由的恐惧。

《中小学综合实践活动课程指导纲要》的颁布，标志着我国综合实践活动课程进入新的历史时期——信息时代时期。值此新时期，怎样有效实施综合实践活动课程？这里扼要指出两点，即“超越误区”和“走向深入”，以供广大教育决策者和实践者参考。

（一）超越误区

实践中，存在实施综合实践活动课程的若干误区。择其要者，列举如下。一是技能化倾向：仅仅满足于通过重复训练让学生形成某种动手操作技能，回避对真实生活问题和实践问题的探究与体验；二是常识化倾向：仅仅满足于用既有经验和常识提出问题、从事活动，脱离学科知识和观念，得出的结论缺乏坚实依据和说服力，活动过程亦不能激发学生内在而持久的探究兴趣；三是简单化倾向：仅仅满足于“上网查资料”等简单活动方式，缺乏对各类生活探究和体验活动的性质、关键要素的把握，活动过程变成“走过场”；四是形式化倾向：活动开展流于形式，缺乏实质内涵，有的学校几年就只有一个课题、一个案例，用于应付上级督导、检查；五是空无化倾向：课程表上有此课程名称，但从不真正实施，对执行国家课程方案缺乏负责任的态度；如此等等。

这些误区的产生，本质上是“应试教育”价值观的体现。等级主义与功利主义相结合的教育价值观阻碍综合实践活动课程的实施，乃至整个课程改革的深入进行。唯有超越“应试教育”价值观，我国课程改革才能真正走向新时代。

（二）走向深入

深入开展综合实践活动课程，使之走向新阶段，至少需要采取下列策略：

第一，走向深度探究。要从学生的真实发展需要和真实生活现实出发，产生学生真正感兴趣且有价值的问题和活动主题，吸引学生持久探究主题，持续发展学生对生活的理解能力、创造能力和实践能力；积极倡导能够持续几个月、一学期、一学年、几学年的中长期探究主题，防止浅尝辄止、形式化的活动。

第二，走向深度融合。既要将考察探究、社会服务、设计制作、职业体验等指定的活动方式深度融合，又要将综合实践活动课程与各门学科课程深度融合，还要将综合实践活动课程与各种专题教育深度融合，防止课程体系、课程内容的“碎片化”“割裂化”“两张皮”等现象。

第三，在空间上让学生有机会走出校外去活动。对综合实践活动课程而言，世界即课堂。要积极创造条件，让学生走出校门，走向社区、大千社会和大自然，到问题发生的地方进行现场研究。让学生用自己的眼睛看世界，用自己的耳朵倾听世界，用自己的心灵感受、体验、探究世界，用自己的双手创造世界。“考察探究”这一活动方式提出的一大旨趣是将“考察学习”（expeditionary learning）这一活动引入我国课程体系，让学生到大自然、到真实世界做研究。

第四，在时间上让学生有可能运用大单元时间去活动。对综合实践活动课程而言，课题即课时。要根据活动内容要求灵活使用课时，把集中使用和分散使用有机结合起来，突破传统课时制的限制，防止由于时间不够而匆匆忙忙、走马观花从事活动的现象。

第五，要把综合实践活动与综合素质评价深度整合。学生从事综合实践活动的过程与结果，是综合素质评价的核心内容、主要内容。综合实践活动课程的评价即综合素质评价。凡未开展综合实践活动课程，即不存在所谓“综合素质评价”。各学校要确立综合实践活动课程与各门学科课程具有“等价性”的课程意识，本着对每一个学生的终身发展负责任的精神，切实将这门课程实施好。

第六，积极运用信息技术。信息技术既是综合实践活动课程的重要探究内容，又是其有效开展的手段。由于信息技术素养已然成为信息时代每一个学生必须具备的跨学科素养，因此，在综合实践活动课程的实施中，要积极运用信息技术，为学生的实践活动创造新条件、开辟新境界。

第二章

综合实践活动课程的本质

无论从价值论还是从认识论、方法论看，“回归生活”的理念对我国学校教育而言具有里程碑式的意义。我国当前基础教育课程改革中方兴未艾的综合实践活动课程正是在这一背景下产生的。它不仅探究“世界是什么”，还深切关注“世界会好吗”，因此倡导通过“反思性行动”而理解、参与和完善世界。而构建由学科课程与综合实践活动课程有机互动而成的“课程连续体”，是我国学校课程体系重建的一个方向。

18世纪以后特别是20世纪以来的学校教育的基本特征，是尊重儿童过自己生活的权利，并把生活探究作为学校课程的重要内容。我国当前课程改革确立的“回归生活”的理念是顺应历史趋势和时代潮流的举措，这不仅不是轻视知识，反而是在孜孜追求知识学习的意义。它摒弃了诸如“吃得苦中苦，方为人上人”之类带有明显专制制度性格、把教育仅作为“为虚幻的未来生活做准备”的“准备教育观”，代之以将教育植根于火热的现实生活、帮助学生有勇气也有能力直面自己生活的“生活教育观”。在此背景下，综合实践活动课程应运而生。“让儿童自由探究生活”是综合实践活动课程之本质的基本概括。

一、“回归生活”的教育意义

《中小学综合实践活动课程指导纲要》所倡导的“回归生活”的理念在教育史上具有里程碑式的意义。

首先，“回归生活”的理念不仅弥合了学科知识与日常生活的割裂，而且消泯了儿童与成人的对立。这是该理念的价值论意义。学科知识与日常生活割裂的本质是学科精英与普通大众的分离。而这种“割裂”与“分离”正是社会中一部分人控制另一部分人的权力关系滋生的土壤。而弥合了这种“割裂”和“分离”，既使日常生活具有了反思性，又为学科知识找到了意义源泉，由此为一个民主而健康的社会奠定了基础。儿童与成人对立的本质是社会不同阶层的对立。社会阶层之间对立愈剧，儿童与成人间的鸿沟就愈深。而且，儿童与成人的对立又会反过来强化甚至生成社会阶层间的对立。教育“回归生活”意味着尊重儿童生活的权利，儿童在学校里不仅可以合法地过自己的生活，而且积极参与成人的生活。

其次，“回归生活”的理念不仅发现了“日常生活”这个无穷尽的教育资源，而且发现了“现实世界的视野”这种新的思维方式和认知方式。这是该理念的认识论意义。探究与体验围绕人的衣、食、住、行而形成的日常生活，不仅构成学习的意义基础，而且就是学习本身。只有学科学习而没有生活乐趣的“苦行僧式”的学校教育，本质上是君主专制时期“科举文化”和十八、十九世纪大工业兴起时期“教育准备说”在今日的复演。杜威曾深刻指出：“学习？肯定要学习，但生活是首要的，学习是通过这种生活并与之联系起来进行的。”[1] 日常生活本身就是教育资源。这意味着学校课程内容是个有机联系着的整体，而不只是几门孤立的学科。儿童因而在学校里要享受并反思自己的生活；参与并探究与成人共享的社会生活；有意识地把学科知识与日常生活恰当联系起来，运用学科知识参与并服务社会。至于“日常生活”这个教育资源（课程资源）以相对独立的形态呈现，还是渗透、融化在学校生活之中，这本身并不是最要紧的，可以视具体情境的需要而定。

“现实世界的视野”即学生自己的心灵在与现实世界的直接际遇中探究、体验世界，理解、融入世界的思维方式。无论山川湖泊、花鸟虫鱼等自然界中的事物，还是雷雨闪电、霁月光风等自然现象，抑或世态炎凉、人际交往、社会关系等人类社会生活或人为世界，学生都可以用自己的心灵去体验和探究，并由此建构自己的思想和情感。这种“现实世界的视野”的价值是学科知识所无法替代的。客观主义的知识观、意识形态化的科学技术和功利主义的教育观逼迫学校教育陷入单一的“学科知识视野”之中，这就逼迫学生只能间接地通过别人的视野看世界。教育由此成为向儿童的心灵“储蓄”别人的观点的过程。儿童的心灵由此成为别人观点的受纳器，其思想被强行边缘化。学科知识不仅成为判断现实世界真假的标准，而且替代了世界本身，世界由此被强行简单化，其丰富性、复杂性不见了。这是人的心灵和世界的双重异化过程。当学校教育选择“现实世界的视野”，就意味着学生直接探究与体验活生生的现实世界，这时，可以把相关学科知识暂时“悬置”起来，侧重反思“我眼中的世界是什么”；学生借助相关学科知识探究与体验现实世界，并比较“我的思想”与学科知识所体现的“别人的观点”之异同；

[1] 约翰·杜威：《学校与社会·明日之教育》，赵祥麟、任钟印、吴志宏译，人民教育出版社，1994，第45页。

学生借助“现实世界的视野”探究与体验学科知识，由此发现学科知识的现实基础；学生基于“学科知识的视野”，暂时“悬置”“现实世界的视野”，遵循学科逻辑，直接探究与体验学科知识，“以学科观学科”，由此发现学科知识的内在价值。这就是学校教育中“现实世界的视野”与“学科知识的视野”之互动过程的基本内容。这些方面不存在线性的固定顺序，而是视不同年龄阶段学生的发展特征、每个学生的认知风格及不同学科的特殊性等具体情境特点而复杂地交织在一起。

再次，“回归生活”的理念不仅确立了生活探究与体验的独特方法，而且实现了学科教学方法的革命。这是该理念的方法论意义。教育现代化的历程不仅伴随着学校教育中儿童地位的确立、科学方法和态度的引入，还意味着教育向生活的回归、学校与社会之间藩篱的拆除、生活探究与体验的方法在学校教育中的登场。像动手操作、亲身体验、问题解决、谈话讨论、参与服务等日常生活中的典型方法和态度，像木工、金工、纺织、缝纫、烹调、市场营销等与日常生活紧密相连的典型职业中的设计、操作、实验等方法和态度，均已成为现代教育方法的有机构成。与此同时，学科教学方法发生了深刻变革：不再只是做脱离生活实践的思辨、推论和冥想，而是将积极动手操作和生活经验相联系。学科知识由此走向情境化。杜威曾深刻指出：“‘知识’科目不但不和主动的作业对立，而且代表实际作业的理智化。我们要更坚定地掌握这个原理。”“除非作为做的产物，否则就没有所谓真正的知识和有效的理解。”[1] 这样，科学、艺术、道德与日常生活在方法论层面的联系空前紧密了。

我国当前基础教育课程改革贯彻“回归生活”理念的一个重要举措是从小学至高中设置综合实践活动课程。综合实践活动课程就是学生运用自己的知识和经验探究生活的课程。[2] 它不仅探究“世界是什么”，还探究“世界会好吗”。作为学校课程体系的一部分，它与分门别类的学科

---

[1] 约翰·杜威：《民主主义与教育》，王承绪译，人民教育出版社，2001，第292-293页。着重号为原文所加。

[2] 参见钟启泉：《综合实践活动课程的设计与实施》，《教育发展研究》2007年第2A期。

课程相互作用，形成一个有机整体。

二、世界是什么

无论是我国的综合实践活动课程，还是世界上如美、英、德、法、日等国所积极推行的“项目学习”“综合学习”等与我国综合实践活动类似的课程，甚至由此追溯到20世纪初以来欧美“新教育”“进步教育”倡导的学生的各类名目繁多的探究活动，其中占很大比例的内容是让学生亲自探究“世界是什么”。“天为什么下雨”“种子为什么发芽”“手机为什么不用电话线”“我乘坐的校车为什么跑得这么快”，如此等等，均属此列。

当综合实践活动课程着眼于探讨“世界是什么”的时候，它必然处于“我眼中的世界是什么”与“世界本来是什么”的张力之中。首先，世界总是通过每一个人的心灵而呈现自身，因此，真实的情况是：每一个人心中的世界都是有差异的，尽管可以在交流中对世界的认识达成某种共识（这就是“客观的认识”）。科学家眼中的世界未必比售货员更真实些，只能说在科学研究这个特定的领域更专业些。我们亦不必因为连“地球围着太阳转”这个浅显的道理都不懂就怜悯哥伦布之前的历史上的人们，历史的前进总是悲剧性地遗弃许多值得珍惜的有价值的东西。先人们眼中的世界是什么，我们永远无法知晓，只能通过他们创造的文明隐约推测、同情地理解。其次，世界不仅通过成人的心灵而呈现，还通过儿童的心灵而展露。成人眼中的世界未必比儿童更真实些，只能说更成熟些、社会意义更大些。尊重并珍视儿童心灵和儿童心灵中的世界的价值，是教育进入现代民主时期的基本标志。再次，每一个儿童心灵中的世界都是有差异的，尽管他们分享了“儿童时代”这个人生发展特定阶段的共同性。尊重每一个儿童的心灵及其世界的价值，不仅是个性化教育的基本要求，而且是真正的教育思维——珍视独特性——的核心。

由此看来，旨在探讨“世界是什么”的综合实践活动课程本质上是追寻“儿童心中的世界是什么”。我们可以将所有这类学生探究活动大致地称为“事实形态”的综合实践活动课程。这类活动的独特价值表现在：第一，儿童文化的独特性和儿童的个性自由在探究世界的过程中获得充分体现；第二，儿童的探究精神和创造性在探究世界的过程中获得充分发展；第三，世界的复杂性得到还原和尊重。世间一草、一木、一粒微尘都比我们想象的要复杂。复杂的世界不仅通过成人而且通过儿童而表达自己。还世界以复杂、还儿童以个性是综合实践活动课程的重要诉求。

儿童在综合实践活动课程中探究世界的途径至少有两条。第一条途径是儿童在生活情境中产生困惑并提出问题，然后明确问题并将问题上升为探究课题，提出解决问题的假设，明确解决问题的假设并制订详尽的探究计划，根据预定计划展开探究过程、验证假设或修正假设并最终解决问题。这是一种在操作世界的过程中探究世界的途径。该途径是启蒙运动以后受科学的影响而发展起来的。杜威经验自然主义哲学将这条途径在理论上进一步系统化、精致化并在“进步教育”实践中加以推广，这就是著名的“反省思维”（问题解决）的“五步法”。第二条途径是儿童进入世界并倾听、观察世界，通过反思进而描述、记录世界的“诉说”。这是一条古老的探究世界的途径，无论我国儒家倡导的“天人合一”“泛爱万物”的思想，还是道家的“静观玄览”“以世界观世界”的认识论，以及佛教跳出世间、让“我”与世界彻底解脱、彻底自由的思想，均对这条途径做出过贡献。当今西方欧洲大陆流行的现象学、存在哲学所倡导的悬置既有成见、让世界让事物“在场”并“诉说”的思想亦是该途径的重要认识论基础。如果说第一条途径是“科学地”探究世界，那么第二条途径则是“艺术地”探究世界。这两条途径各有其独特价值，具有互补性。

正如事实和价值无法分离，“探究世界是什么”和“为什么而探究”是紧密相连的。“事实形态”的综合实践活动课程在实践中存在的最大问题是试图进行“价值中立”的探究，由此导致的结果是：或者使探究变得肤浅而无意义，或者在探究世界的同时破坏世界，走上“反意义”和

“反教育”的途径。“单纯注重事实的科学，造就单纯注重事实的人。”[1]“科学的‘危机’表现为科学丧失其对生活的意义。”[2] 因此，只有把“探究世界是什么”和“为什么而探究”自觉联系起来，才能更好地发挥“事实形态”的综合实践活动课程的教育价值。

三、世界会好吗

林林总总的综合实践活动课程的第二类主题以追寻学习的意义为直接目的，倡导通过参与、反思、服务、保护、完善世界的行为而探究、体验世界，这类主题最关心的问题是“世界会好吗”。无论是我国综合实践活动课程中的“社会服务”，还是 20 世纪 80 年代以来美欧诸国积极倡导并使之制度化的“服务学习”(service learning)，均属此列。如“保护家乡的小河”“走近空巢老人”“盲人行路难”“如何与同学友好相处”“如何与父母沟通”就是典型的旨在使世界变得更好些的综合实践活动课程。

这个世界会好吗？这是个全球伦理问题。学生在综合实践活动课程中不仅信奉世界会变得更好些，而且相信“我”和“我的同伴们”能够为此做些什么。而这种信念又是通过行动来体现的。这种综合实践活动课程所体现的价值观是：第一，人在世界中，世界也备于人心中，人与其生活的世界休戚与共、唇齿相依；第二，人有勇气、有能力修复这个被破坏了的世界，使之变得日益完善；第三，人有勇气、有能力看护这个世界，使尚未被破坏的世界保持完好。

由此观之，追问“世界会好吗”的综合实践活动课程是通过看护和完善世界的行动而探究世界本质的。它始终通过“反思性行动”而追求价值与意义——人如何与世界和谐相处。这种综合实践活动甚至隐含着这样的方法论态度：人只有改善了世界才能真正认识世界。它因而建基于实践理性和行动伦理。我们可以将这类活动大致称为“价值形态”的综合实践活动课程。这类活动的独特价值表现在：第一，在教育目的上

[1] 胡塞尔：《欧洲科学的危机与超越论的现象学》，王炳文译，商务印书馆，2001，第16页。
[2] 同上书，第15页。

把“主动的学习者”与“负责任的人生”“负责任的公民”融为一体，由此使课程与教学植根于伦理意义和道德价值；第二，在教育方法上把“反思性行动”置于核心，由此使课程与教学走出“坐而论道”或机械记诵；第三，它拆除了学校教育与社会、生活之间横亘的藩篱，由此使教育成为参与社会、生活的行动，社会、生活成为教育的基本精神和重要资源。

学生从事“价值形态”的综合实践活动的基本途径是：体验生活情境并发现其中的不和谐因素或问题并为此感到不安（或者学生自己发现问题，或者教师发现问题经由学生确认），到生活情境中探究问题的实质并提出改进生活情境的行动方案，在行动中解决问题并由此完善生活，反思行动经验。这是一个“体验”“问题”“行动”“反思”几个因素间相互渗透、循环往复的过程。这里所发生的基本学习方式包括：情境学习、问题解决、体验学习等。

价值与事实相互依赖。脱离事实根据的价值追求必然陷入乏力的盲动和多愁善感之中。从实践来看，“价值形态”的综合实践活动所存在的最大问题是“活动主义”与“感伤主义”。所谓“活动主义”即是有行动、无反思，使行动形式化、肤浅化。所谓“感伤主义”即是有体验、无思维，有感性、无理性，由此使活动陷入情绪化、表面化。因此，使价值追求建立在事实探究、问题解决、理性反思的基础之上，注重对学科知识的运用，“价值形态”的综合实践活动才能充分发挥其价值。

四、“事实形态”的综合实践活动与“价值形态”的综合实践活动之关系

上述考察表明，两类综合实践活动课程不是把事实与价值割裂开来并偏向一端所形成的，而是设计和实施综合实践活动的两种风格或取向。“事实形态”的综合实践活动课程不是不顾活动的价值与意义，而是从探究“世界是什么”入手，在理解了世界本质的基础上再自然引申出对世界的情感和完善世界的行为。“价值形态”的综合实践活动课程亦非漠视

对世界本质的探究，而是认为改善世界的过程就是基于世界本质的过程，抑或认为，只有世界得到改善，其本质才能呈现。大致说来，第一种风格更表现出自然的、科学的特性，第二种风格则更具有社会的、道德的特性。

两种风格产生的原因，一种可能的解释是有些生活情境或主题适合“事实形态”的综合实践活动，如有关“人与自然”的情境和主题；而另一些情境和主题则适合“价值形态”的综合实践活动，如“人与社会”“人与自我”的情境和主题。但更深层的原因是关于事实与价值之关系的理解上的差异：第一种风格更强调事实的基础地位，更关注“价值由事实而引出”这一方面；第二种风格则更强调价值的基础地位以及事实对价值的依赖性。

两种风格显然可以相互启发、相互补充：在探究“世界是什么”的同时或稍后追问“世界会好吗”，进而投入完善世界的行为，“事实形态”的综合实践活动的价值会获得充分发挥；在从事旨在“使世界更好些”的反思性行动的同时或稍后追问“世界的本质是什么、问题的根源是什么”，由此使自己的行动更深刻、更理性，“价值形态”的综合实践活动会变得更有力量。也许正因如此，国际上的“服务学习”与“项目学习”有融合的趋势。[1]

两种风格的区分显然是相对的，有时二者的界限是极其模糊的。对任何一项综合实践活动而言，“世界是什么”和“世界会好吗”两种追求统一得越完善、越天衣无缝，其对学生的发展价值就越大。

五、综合实践活动课程与学科课程之关系

综合实践活动课程与学科课程的区别不是学习方式的不同，而是学习内容和解决的问题的差异。前者的学习内容是生活世界，所解决的问题是学生的心理经验与生活的关系；后者的学习内容是学科知识，所解决的问题是学生的心理经验与学科逻辑的关系。[2] 走出教育与生活之割裂、

[1] 张华：《论“服务学习”》，《教育发展研究》2007年第5A期。
[2] 张华：《综合实践活动课程的问题与意义》，《教育发展研究》2005年第1期。

儿童与课程之对立的一个可能路向是：构建综合实践活动课程与学科课程一体化的“课程连续体”。

首先，从分门别类的学科课程中自然引出“单学科探究活动”，这些活动中一部分是对学科逻辑本身的探究，但占很大比例的是学科知识对生活的应用探究。任何一门学科的探究活动会因学生年龄阶段、个性差异和教师教学风格的不同而呈现无穷尽的“变式”。

其次，不同学科在彼此关联与合作中引出“跨学科探究活动”。哪些学科关联、探究何种活动，会随着教育情境的不同而有无穷尽的变化。但是，所有活动亦无非两类：探究不同学科逻辑本身之关联的活动；将不同学科的视野联合起来共同探究生活的活动。

再次，应用学科知识探究生活的综合实践活动课程（或“研究型课程”）。该课程在生活中、由于生活并为了生活，却与学科知识无法分割，因为学科知识是学生经验的有机构成部分。我们甚至可以说，只有自觉应用了学科知识，综合实践活动课程才真正具有了教育内涵且持久而有力量。

由“单学科探究活动”“跨学科探究活动”与“综合实践活动”构成的“课程连续体”，会随着儿童年龄发展阶段的不同而呈现多样化形态。例如，在幼儿园，其课程体系主要由儿童的自发活动和有教师指导的“综合实践活动”所构成；在小学，“跨学科探究活动”与“综合实践活动”则成为课程体系的主体，“单学科探究活动”则处于辅助地位，特别是低年级；从初中到高中，“单学科探究活动”的比例逐渐增加并成为课程体系的主体，“跨学科探究活动”与“综合实践活动”的重要性丝毫未降低，但所需要的课时比例与小学相比则明显减少。

我们由此得出的结论是：每一所学校基于国家课程标准构建由“单学科探究活动”“跨学科探究活动”和“综合实践活动”构成的体现学生个性发展需要和教师教学风格多样化的“课程连续体”，是我国学校课程体系重建的基本方向。

第三章

综合实践活动课程的问题与意义

综合实践活动课程需要直面教育问题——学生的生存困境。这至少包括：学生不能好好睡觉，健康的权利受到侵害；学生不能充分运动、游戏、参与社会实践，生活的权利受到侵害；学生不能充分表达自己的观念，探究的权利被剥夺。我国基础教育课程结构可概括为“一心开二门”：“一心”即一个课程理念或教育哲学——追求教育民主，践行社会主义核心价值观；“二门”即互动、颉颃发展的两类课程——学科课程与综合实践活动课程。指导综合实践活动课程的基本原则是尊重儿童与生俱来的探究本能，时刻倾听、理解、研究学生。学生在综合实践活动课程中既发展解决生活问题、创造新生活的能力，又培养热爱生活的情怀。

综合实践活动课程试图解决的问题是发挥生活世界对学生发展的价值，试图追求的意义是帮助学生在反思、体验生活中学会生活、热爱生活。因此，在我国基础教育课程体系中设置综合实践活动课程不是权宜之计，而是永恒课题。

一、学生的生存困境

任何课程改革，只有从学生的生存状态和发展需要出发，才是道德的。如果仅从某种社会需要出发，漠视学生的生存状态，那就是工具化的或不道德的，终究会被他们抵制或抛弃。

我国当前史无前例的基础教育课程改革旨在构建素质教育课程体系。它所针对的问题是“一切为考试而教、一切为考试而学”的应试教育价值观所导致的学生人格的扭曲和生存困境。

学生的生存困境在我国当前的基础教育中一度达到无以复加的程度。

学生不能好好睡觉，健康的权利受到侵害。试想，一个尚处于成长和发育中的孩子，迫于各种学业压力，晚上 11 点之前无法睡觉，这种“教育”还是教育吗？据世界卫生组织最新研究报告，目前中国近视患者人数多达 6 亿，几乎是中国总人口数量的一半。我国高中生和大学生的近视率均已超过 70%，并逐年增加，青少年近视率高居世界第一，小学生的近视率也接近 40%。6—18 岁的城市学生近视发生率从低于 10% 激增至 80%。在未来的几十年里，近视导致的眼科并发症将成为导致视力受损和致盲的第一病因。最新证据表明，近视的发生具有逐步低龄化的特点，在 3—6 岁的群体中，约有 2.5% 的儿童为近视眼。[1]

一个不能保护学生健康的社会，是没有前途的。在这种情况下，再去用“头悬梁、锥刺股”的所谓“优良传统”去要求孩子或借以自慰，是极端残忍的。因此，当前课程改革乃至整个教育改革的基本任务是采取包括立法在内的各种有效措施把孩子的身体从成人的功利主义的驱使

[1] 喻京英：《我国近视防控形势严峻》，《人民日报》（海外版）2017年6月10日第9版。

中解放出来，比如让他们好好睡觉，享受应有的健康的权利。

学生不能充分运动、游戏、参与社会实践，生活的权利受到侵害。总体来看，我们的学生不论在学校，还是在家庭，都是在通过“刻苦学习”为将来的生活做准备。他们不能在充分运动、游戏和参与社会实践中享受生活的乐趣，只能在无尽的“题海”中接受训练、经受苦役。据上海电台新闻频率与华东师范大学心理学系联合调查，上海 6 岁至 12 岁儿童中，78% 感到“不开心”，63% 不愿求助父母，79% 认为父母苛求。[1] 孩子的哭诉令人心酸：“学生、学生，要‘学’还得要‘生’，可现在我们是生不如死！我实在不明白这种教育能培育出什么样的‘人才’！我感到快要崩溃，身体快要四分五裂……唉，我的人生之路还很长，不能就此倒下。呜呜呜……谁能救救我？！”[2] 我们的基础教育变成了巴金老人的梦魇：“在我靠药物延续生命的有限的日子里，我始终摆脱不了梦魇的折磨，我给一位朋友写信说：‘使我感到痛苦的是看见孩子们失去他们的童年。’”[3] 教育是学习者所希望的发展行为，是高质量的生活。如果不顾学习者自己的希望，就无法把学校和监狱区分开来，因为人在监狱里也有发展。当前课程改革乃至整个教育改革的又一基本任务是归还学生过自己生活的权利。

学生不能充分表达自己的观念，探究的权利受到侵害。在我国基础教育中，教科书知识和成人的权力意志具有绝对合法性，而学生自己的观念是被教科书知识所替代的对象，充其量是掌握教科书知识的媒介。由于学生自己观念的合法性被取缔，致使我国基础教育沦为机械控制和物质生产过程，学生的心灵被物化、创造性被压抑、精神生命日渐枯萎。当许多人醉心于我国学生“基础扎实”的时候，哈佛大学数学系教授、菲尔兹奖获得者丘成桐博士做出如下评论：“常常有人说，中国的教育基

[1] 李雪林、施嘉奇：《小小孩童“郁闷”多》，《文汇报》2004年5月31日第6版。
[2] 金开诚：《孩子为何“以泪洗面”——为祖国的未来呼吁》，《文汇报》2004年3月16日第5版。
[3] 巴金：《致李楚材》，《收获》2004年第1期。

础打得比较扎实，只不过学生的创新能力和动手能力比其他国家的学生弱一点，对这种说法我不敢苟同。在十多年前，我招收的中国学生都非常优秀，但是现在的中国学生在哈佛的表现并不那么出色，遇到问题根本无法运用自己所学的知识，甚至是一些名牌大学的毕业生也是如此，他们在哈佛读研究生期间遇到很大的困难，甚至不能继续读下去。”[1] 我们所醉心的“基础扎实”的本质是：在一种不正常的训练体制下所日益强化的“应试技能”的扎实；知识源自外部、源自教科书，与个体的经验和生活剥离，是机械的、惰性的；知识的熟练以创新精神的泯灭和人格扭曲为代价。因此，当前课程改革乃至整个教育改革的再一基本任务是归还学生探究的权利，尊重学生自己的观念。

由此观之，我国基础教育的根本问题是没有把学生作为学习的主体，以及由此导致的学生学习的被动、机械和教师教学的教条、僵化。这种不正常的学习和教学直接导致了学生的生存困境。

二、一心开二门

针对我国基础教育的根本问题，本次课程改革确立了一以贯之的基本理念：转变学习方式，崇尚创造，让学生在学习中获得个性解放。这里的“学习方式”主要不是关于学习的方法或技术思考，而是关于学习的价值思考：每一个人的学习方式都是其独特个性的体现，课程应尊重每一个人的学习方式的独特性。在这一基本理念的指导下设置两类课程：学科课程与综合实践活动课程。一心开二门。

学科课程旨在发挥学科知识（学科逻辑）对人的发展价值，它所解决的基本问题是每一个人的心理经验与学科逻辑的关系。综合实践活动课程旨在发挥生活世界对人的发展价值，它所解决的基本问题是每一个人的心理经验与活生生的现实世界（生活世界）的关系。

当面对阳光下盛开的花朵，多愁善感的诗人会把“我”投射到花朵

[1] 姜澎：《学而优则仕阻碍科学发展》，《文汇报》2004年6月22日。

中创造一种诗的境界:“泪眼望花花不语，乱红飞过秋千去。”久而久之，形成文学。理智好奇的科学家会把花朵变成反思和研究的对象：鲜花在阳光下盛开的内在机制是什么？通过借助实验室分析和数学计算，他得出了“光合作用”的假设。日积月累，形成生物学。这就是学科的由来。学科当然有价值，通过它，我们不仅可以和早在千年以前的人分享对这个世界的意义的理解，而且可以和远在万里之外的人分享真善美。个人的视界由此超越了特定时空的限制。但无论学科的价值有多大，它也不能代替我们的心灵、我们的眼睛：面对阳光下盛开的鲜花，我看到了什么？鲜花在对我说些什么？我建构了怎样的鲜花的意义？这就是综合实践活动课程要解决的问题。因此，学科课程与综合实践活动课程不仅是两类课程，更是两种价值、两种视界：一是学科的视界，一是生活的视界。二者不能互相替代，只能互补、联系、整合。

学科课程与综合实践活动课程互相联系。首先，二者都崇尚探究，都强调学习方式的转变。学科的本质是探究。只有在探究中，学科课程才能促进人的发展。如果只是把学科知识现成地接受下来，那人的心灵会变成人类过去改造环境的战利品的俘虏。[1]探究是揭示生活意义的基本途径。探究态度不仅有助于创造理智的、健康的生活，而且有助于抵制生活中的愚昧、迷信和专制。其次，学科与生活互相促进，历史地统一。学科源自生活，并指向于提升生活的意义。生活诞生学科，并为学科所改变。因此，学科课程与综合实践活动课程应当也能够建立内在联系。

由此观之，我国基础教育新课程由学科课程与综合实践活动课程互动构成。学科课程由单学科（如语文、数学、外语、物理、化学、生物、历史、地理、音乐、美术、体育等等）与综合学科（如科学、品德与社会、历史与社会、综合艺术等等）互动构成。综合实践活动课程由指定领域（考察探究、社会服务、设计制作、职业体验）与非指定领域（如

[1] John Dewey, “*Democracy and Education*,” in *John Dewey: The Middle Works, 1899–1924*, Vol.9, ed. Jo Ann Boydston(Carbondle: Southern Illinois University Press, 1980), p.195.

班团队活动、校传统活动、学生的心理健康活动等等）互动构成。

- 新课程的结构
  - 学科课程
    - 单学科
    - 综合学科
  - 综合实践活动课程
    - 指定领域
    - 非指定领域

图 3-1 新课程的一个解释框架

学生的个性是一个整体，有助于个性成长的课程也应是一个整体。因此，学科课程与综合实践活动课程的一体化是学生个性成长的内在要求。就综合实践活动课程而言，要基于学生经验生长的连续性原则和生活逻辑的内在要求整体一贯设计，并将学科知识积极运用于生活问题的探究之中。就学科课程而言，要基于探究原则和学科逻辑的内在要求加以重建，并从学科的视界对生活做出独特的解释、建构出独特的意义。

总之，综合实践活动课程只有像学科课程那样具有连续性、有力量，在教育上才是有意义的；学科课程只有像综合实践活动课程那样具有探究性、生活化、个性化，才有助于学生个性发展。

三、指导即倾听

综合实践活动课程是探究、体验生活的课程。人的探究性（探究欲望和倾向）源自哪里？

法国思想家卢梭在其旷世名著《爱弥儿》中曾讲过这样一个故事：

假如一个科学家带着他的书和仪器被流放到一个荒岛上，他将不会再自找麻烦去研究太阳系、万有引力定律或微积分。他甚至再也不会打开书本；但他再也不会静止下来，直到他把他的荒岛的最偏僻的角落都探索完毕。[1]

从这个故事，我们可以得出“两种需要”的理论。人有两种需要或兴趣：一为自然的需要或兴趣（natural needs or interests），一为人为的需要或兴趣（artificial needs or interests）。前者是人与生俱来、不学而备的需要或兴趣，如上述那位科学家对荒岛的探索，就是出于自然的生存需要或兴趣。后者是人后天在社会化的过程中形成的，如上述那位科学家对太阳系、万有引力定律或微积分的研究。植根于生活的综合实践活动课程首先尊重人的自然的需要和兴趣，因为这是人的探究的好奇心的“第一本原”。综合实践活动课程当然不否认人为的需要和兴趣，但强调将其与自然的需要和兴趣结合起来。

杜威继承了卢梭尊重人的自然的需要或兴趣的思想，并将其精致化为四种兴趣、本能或冲动：第一，社会本能（the social instinct），儿童生来就有社会交往的兴趣；第二，建造本能（the constructive instinct），儿童生来就有建造、制作的兴趣；第三，探究本能（the instinct of investigation），儿童生来就有探究或发现事物的兴趣；第四，表现本能（the expressive instinct），儿童生来就有表现自我和世界的兴趣。探究、建造、交往、表现这些在综合实践活动课程中得以充分表现的兴趣，在杜威看来，是儿童与生俱来的自然兴趣。杜威把尊重儿童的自然天性和需要的教育，称为“教育上的天国”。[2]

由此观之，人的探究的种子已经先天地埋在了心灵之中。探究和创造是人的自然天性。尊重儿童的自然天性是摆脱教育的专制、进入民主

[1] Jean-Jacques Rousseau, *Emile,* trans. Barbara Foxley (Lodon: J.M. Dent&Sons Ltd, 1911), p.130. Quoted from John Darling, *Child-Centred Education*:And Its Critics (London: Paul Chapman Publishing Ltd, 1994), p.7.

[2] 张华：《经验课程论》，上海教育出版社，2001，第78页。

教育的基本标志。我们由此可以梳理综合实践活动课程的价值基础：

1. 儿童天然具有探究心、创造性，儿童的探究和创造由“惊奇”（wonder）来引导；

2. 儿童的探究性、创造性在程度上是由低级到高级发展和生长的过程，而非“不全则无”的过程；

3. 儿童的探究性、创造性的泯灭是崇拜必然性、程序化、技术化、去情境的教育的结果；

4. 儿童与成人享有同样的探究和创造的权利，但“成人的研究”有“成人的研究”的价值，“儿童的研究”有“儿童的研究”的价值，尊重“成人的研究”与“儿童的研究”的差异，确立“儿童的研究”的独特价值，是综合实践活动课程的价值基础。

既然儿童天然具有探究性、创造性，那么，在综合实践活动课程中，教师该向儿童提供些什么帮助、如何帮助？倾听儿童说出他们的想法，站在儿童的立场上帮助儿童，在任何时候都绝对避免向孩子强加成人的规范。指导即倾听，倾听者是美丽的。

指导即倾听，首先意味着尊重并积极呼应每一个儿童自然天性或潜能的无声的呼唤。儿童的自然天性或潜能不是等待成人贪婪地挖掘的宝藏，而是主动寻求生长、发育的精神的种子。教师和其他成人要积极观察、留意、关心、照料、呵护儿童精神的成长。

指导即倾听，还意味着倾听儿童自己的观念，并帮助儿童在综合实践活动中诞生新的、更精彩的观念。任何年龄阶段、任何发展水平的任何学生都是带着自己的观念进入综合实践活动的，因此，教师在指导综合实践活动时应首先倾听学生自己的观念，倾听他们对问题的看法，倾听他们对生活的理解，倾听他们对自己所选择的问题的探究过程和结果的解释。在倾听学生的基础上，运用教育智慧，创设深入探究的情境、条件和契机，帮助学生在探究中诞生新的、更精彩的观念。

倾听儿童，即是向儿童学习，欣赏儿童心灵的美丽、神奇和力量。倾听者由此成为学习者、探究者，一种新的指导者角色由此诞生。教师只有与儿童同时痴迷于探究时，综合实践活动课程才能真正成功。

倾听儿童，即是创造一种新的教育文化——以相互倾听为基础的文化。教师倾听儿童，儿童就会相互倾听，民主的教育文化由此诞生。

倾听儿童，不是放任儿童、逃避责任，而是把探究的权利和自由交还儿童。教师的指导不是限制儿童的自由，而是为了儿童的自由。

四、热爱生活

生活探究可能有如下三种态度和结果：

第一，探究生活是为了控制、驾驭生活。生活中的人、事、物均为控制对象，为“我的生活”服务的对象。探究生活是为了融入生活。“我的美好生活”的获得以牺牲别人的生活、利益，以及环境的破坏为代价。这是典型的工具主义生活观。

第二，探究生活是为了从生活中逃遁。生活中的人、事、物均为反思、批判的对象。生活既变化无常，又黑暗、残酷。众人皆醉，唯我独醒。为免遭生活的玷污，最好从生活中逃遁。这是悲观主义生活观。

第三，探究生活是为了融入生活、热爱生活、使生活更美好。首先，要反思生活、直面生活中的问题。生活尽管是美好的，但也不能简单地接受下来和现成地投入进去。要看到生活中的问题，运用智慧和想象去解决问题，创造可能的、更加美好的生活。其次，要形成关系认知和关系伦理，与生活中的人、事、物建立共生、互荣、和谐的关系。“我的生活”与“别人的生活”相互依存、荣辱与共。这是一种新型的乐观主义生活观。

综合实践活动课程的意义显然奠基于第三种生活观。这种生活观的核心是反思的生活态度、探究能力，以及关系认知、关系伦理。为体验这种关系认知、关系伦理，让我们欣赏一个叫作“掷海星者”的美丽故事——

> 我走在海滩上。人们在拾着退潮后散落在岸边的贝壳和海星。当走过拾贝者、拾海星者们翻滚的锅旁时，我注意到远处一个长长的身影。一个男人目不转睛地注视着沙滩上的什么东西。最后，他蹲下来将一个物体掷过飞溅的波涛。
>
> 当我终于走近，我看到那个男人又蹲下来了。在一个沙子和淤泥坑里，一只海星笨拙地伸出它的胳膊，从令人窒息的泥浆里爬出来。那个男人敏捷而又温柔地拾起它，迅即扔到远处的海里。“它可能还活着。”他对我说。我有点儿尴尬。他注意到没有别的什么人冒险来到这么远的海滩。“你也拾吗？”他边问边指着躺在岸边奄奄一息的生命，轻轻地说，“只捡这样的，而且只为了生存。”“有什么用呢？”我指着远处火锅冒出的滚滚炊烟说。“至少这一只海星还有生的希望。”他平静地答道。[1]

“掷海星者”听到了海星的呼喊，觉醒了对海星的责任。“至少这一只海星还有生的希望”，这是关系伦理的体现，是综合实践活动课程所崇尚的生活态度。

[1] 马克斯·范梅南：《教学机智——教育智慧的意蕴》，李树英译，教育科学出版社，2001，第45页。文字略有改动。

第四章

综合实践活动课程的自然维度*

综合实践活动课程是基于现实世界的视野对生活的探究与体验，自然世界本身由此成为课程内容。超越对自然的役用与膜拜，走向对自然的理解、欣赏与看护，是综合实践活动课程自然维度开发的基本原则。“在自然中”的自然探究、“关于自然”的自然探究和“为了自然”的自然探究是综合实践活动课程自然维度开发的基本内容。此外，在开发的过程中尚须注意季节的变化、在自然探究中渗入人文精神并引导学生慎重对待探究结论。

* 本章与安桂清合著。

自然、社会、自我是综合实践活动课程开发的三个维度。综合实践活动试图让学生在与自然、社会的直接接触中发展出良好的个性品质和内在德性。就自然维度的开发而言，综合实践活动的目的重在引导学生关注自然，培养对自然的丰富感受，加深对自然与人类之关联的理解，发展对自然的热爱情怀，提升自身保护自然的实践能力。为达成上述目的，综合实践活动课程的开发需要在审视人与自然之关系性质的基础上，把握人与自然之关系的时代追求，并以其为据，探索一系列具体的课程开发策略和注意事项。

一、人与自然之关系的性质

人生于自然，归于自然。回眸人与自然关系的历史，大体存在着三种论说和实践。

（一）膜拜自然

在古代，“自然”一词的主要含义是“本性”“天然”，而不是今天多数情况下所指的“天地万物”。比如中国古代思想家老子在其《道德经》中有句名言：“人法地，地法天，天法道，道法自然。”“自然”在此即“自然而然”的意思，整句话就是说人、地、天原本都应以自然之道为法则，按照本然的状态去生存和发展。在西方，古希腊人认为自然界渗透或充满着心灵（神明），人类应敬畏神明。即使苏格拉底教导人们“认识你自己”，亦是因为人的心灵内部已经包含着与世界本原相符合的原则。对自然力量和秩序的敬畏与依循是古代人与自然之关系的主要性质。这一性质在今天许多原住民的传统信仰中依然可见一斑，比如北美的印第安海达族人把树木看作人类的同伴，他们认为应该像尊敬自己同类的伙伴一样，给予树木同样的尊敬。当海达族人的手工艺者为编织篮子而收集树皮时，他要征求雪松的同意并且为了做出与树皮同样漂亮的篮子而歌颂它，如果有时雪松对手工艺者的请求说“不”，手工艺者将不得不去找其他的树，甚至有时到最后不得不放弃编织篮子的想法，因为没有树木同意给他树皮。[1] 这看起来不可思议，因为对今天的我们而言，一棵树只是一个东西、一种商品。但原住民笃信自然中弥漫着精神的伟大力量和所有事物彼此存在有机的相互联系，因此他们并不认为树木是一种与自我无关的东西，而是把树木作为他们中的一员。原住民世界观中充盈的这种对自然和神灵的敬畏之感可以使我们体认到，在古代自然观的影响下，自然并不是由人征服的“对立物”，反倒是人怀揣虔诚之心努力去理解的对象。

（二）役用自然

近代以来，人与自然的关系发生了急剧的变化。从培根呼喊“知识就是力量”开始，科学技术在征服自然、改造自然过程中所表现出的威力极大地张扬了人类对自然的征服欲和占有欲。人们开始坚信，只要借助科学技术的力量，自然界的神秘性将不复存在，人类完全可以主宰自然，成为自然的主人。古代社会那种对自然顶礼膜拜的谦卑如今也被认为是原始的愚昧。随着自然神性之光的消逝，生命、意义、价值、美丽、道德等从整个大自然中逃遁而出，留下的自然蜕变为人类的能源库、物资库和垃圾场。科学技术框架中的自然概念，已不再是事物生长发育的某种内在的根据，相反，它成为人类肆无忌惮地予以算计、开发和征服的“自然物之集合”。但人类并未因此得偿所愿，在充分享受各种各样自然物的同时，却离本真的自然越来越远。试想：今天四季充分供应的反季节水果还带有那种顺应季节、自然成熟水果的果香吗？树木被修成圆锥形、球形，除了剪刀的痕迹之外，“取法自然，妙在天成”的意韵又哪儿去了呢？不仅如此，人类的强取豪夺最终导致了能源危机和生态危机。而如何摆脱危机、改善人与自然的关系成为 20 世纪以来的世界难题。

---

[1] Heeson Bai, “Challenge for Education: Learning to Value the World Intrinsically,” *Encounter: Education for Meaning and Social Justice* 14, no.1(2001): 5.

（三）看护自然

从20世纪60年代开始，众多的国际组织、政府机构、研究团体以及民间人士参与了人与自然关系的改善行动。但科技的进步、法律的健全、协议的签署、民间组织的倡议无法阻挡自然环境迅速恶化的态势。典型的案例是被广泛推崇的人工林建造工程，由于自然生态系统庞大而繁杂，而人工林的建造者们对自然的理解过于单纯和简单化，致使大面积的人工林沦为新的“绿色沙漠”。人们逐渐意识到改善人与自然的关系根本在于改变人类的价值观。只要人类视自然为自我的对象，自然与人类之间便不可能有道德的关系。20世纪90年代以来，人与自然之间控制取向的主导关系受到另一种自然观的强烈挑战。这种自然观强调万物相连在一起，世界作为一个整体，个体是其中的一员，它们只有在整体的复杂关系网络中才有价值，只有在与其他事物的关联中才能被理解。“世界若不包含于我们之中，我们便不完整；同样，我们若不包含于世界，世界也是不完整的。那种认为世界完全独立于我们的存在之外的观点，那种认为我们与世界仅仅存在着外在的‘相互作用’的观点，都是错误的。”[1] 依照这一观点，我们对待任何事物都要从这种整体性思维方式出发，这种方式包容而又超越了分析法，引导人们根据关系、相互关联和背景来进行思维。既然人类是自然的一部分，人类的存在与自然其他部分的存在状况紧密相连，那么人便不应将自己看作自然的主人，而应作为自然的看护者和邻居去照料、关心和爱护它。今天，建立人与自然之间的这种道德关系已成为整个时代的精神追求之一。

二、综合实践活动自然维度的开发策略

依照上述整体论对人与自然关系的理解，综合实践活动自然维度的

[1] 大卫·雷·格里芬：《后现代科学——科学魅力的再现》，马季方译，中央编译出版社，1998，第95页。

开发要求学生体验人的存在与其他存在者的交融境界，感受人与自然之间子母般的孺慕情怀，发展对自然的依恋情感，提升保护自然的实践能力。显而易见，综合实践活动自然维度的开发不是组织学生仅仅开展认识自然的单纯活动，而是引导学生从事具备德性的自然探究。德性的自然探究是一种“在自然中”“关于自然”和“为了自然”的探究。综合实践活动自然维度的开发策略亦应围绕这三个视点加以探讨。

（一）“在自然中”的自然探究

这一视点意味着自然探究应让儿童进入自然，直面自然，从而与自然展开丰富多彩的交往，而不仅仅是获取关于自然的间接知识。

> 例如，蚂蚁往往是许多儿童感兴趣的探究事物，但儿童的探究方式却有所不同。一个探究小组利用网络搜集了很多有关蚂蚁的知识，包括蚂蚁的种类、分工和交往方式等等。同时，通过阅读百科全书，他们还了解到蚂蚁是靠自身分泌的气味找到回家的路的。他们掌握了同蚂蚁有关的多方面的知识。另一个小组则采取了另外一种思路：第一，他们在校园中全面搜索，仔细观察，以所在校园为样本，试图发现居住地区部分蚂蚁的种类；第二，他们对本地区不同种类蚂蚁的外形做了区分；第三，他们以校园中最常见的褐色小蚂蚁为研究对象，自建了一个蚁巢，作为他们的蚂蚁研究基地；第四，他们利用自建的蚂蚁基地，对同学们所提出的各个问题一一展开探究，并做出结论。[1]

正如前一个探究小组所做的那样，通过上网或书本资料查找所研究的自然物的属性往往成为综合实践活动自然探究的主导形式，似乎这种途径获得的知识才是准确无误的，并且对学生的发展有益而无害。但是

[1] 本案例由上海市孙桥小学顾丽红老师和罗山中学李惠利老师提供，引用前已征得当事人同意。——作者注

一方面，由于科学的过分专门化，学生从网络或书本上查找的资料会影响他们“全面了解”自然，有时可能陷入盲人摸象的境地，破坏了自然的整体性；另一方面，更为严重的是，仅仅关注文字记载的自然知识，不可能消除人与自然之间的陌生与隔绝状态，如果儿童没有机会体味自然的奥秘无穷，没有机会经历那些难以忘怀的奇妙而具有深意的瞬间，就不可能发展对于自然的丰富的感受和好奇心。一个研究苍蝇的孩子惊奇地发现苍蝇可以趴在光滑的玻璃上而不会掉下来；另一个研究昆虫的孩子则在仔细观察挡风玻璃上的两只昆虫时发现，其中一只昆虫有两对翅膀，而另一只昆虫只有一对翅膀（他无意中发现了蜂类和蝇类的差异之处）。只有在对自然的这种真切体验中，在儿童专注的目光中，儿童与自然的界限才可能消融，乃至化入物我两忘之境。试想，如果在综合实践活动自然维度的开发中，孩子们的大部分时间都是在完全人工化的环境中度过，他们又怎么会像上述孩子那样与自然进行富有深意的对话呢？因此，综合实践活动自然维度的开发鼓励学生依靠自己的知觉系统，在与花鸟虫鱼、山川树木、四季风景等自然万象的直接接触中认识和领悟自然，而不是投入社会知识的“稻草垛”里埋头查找相关的内容。依靠知觉系统，在直接体验自然世界的奇妙之时，儿童的兴趣、激情、想象力和好奇心得以释放和表达。这些情感和体验不仅吸引他们持续地探索自然，而且同时模塑了他们的性格。下面是一个美国小孩与他的奶奶一起在花园里栽种南瓜和番茄时所发生的故事：

有一个周日，我看到奶奶拿着大剪刀，把一根番茄枝整个儿地剪了下来。“奶奶！”我惊愕地捂住嘴，“你为什么要这样做？”“这株番茄不够强壮，支撑不了两条长满果实的大枝，”她说，“必须剪掉一枝，才能让另一枝长得更好。”“将来有一天，你可能要做同样的选择。”她说。“什么意思？也要把什么东西剪掉？”我问道。“不，亲爱的，”她笑出声来，“你可能需要做出决定，因为有时你必须放弃什么。”“我一定记住。”我说。[1]

可想而知，故事中的小男孩所经历的瞬间具有永恒性。这一瞬间带给他的心灵感悟有可能成为其人生的智慧，促使其对人、事给予足够的敬意。在综合实践活动的探究中，这样具有深意的故事比比皆是，同样是有关“蚂蚁”的探究，在一篇学生的探究日记中描绘了这样的情形：

今天我们小组蹲在蚂蚁窝旁边观察。为了引它们出来，我们在蚂蚁窝附近放了一条米虫。一只蚂蚁发现了，瞅准机会爬到米虫背上，但毕竟力量太悬殊了，蚂蚁要对付这个“庞然大物”，显然是“鸡蛋碰石头”，它狼狈地逃走了。大家以为“战争”就这样结束了，但过了一会儿，这只小蚂蚁带领着一群蚂蚁援军雄赳赳气昂昂地回来了。结果可想而知，它们齐心协力将敌人降服，“嗨哟，嗨哟”地把米虫抬回洞去。看哪，这就是集体的力量，这就是团结的力量！……通过这次实验观察，我们看到了蚂蚁身上所蕴含的顽强不屈和高度的合作精神，我们人类的生活又何尝不需要这些精神呢！[2]

“在自然中”的自然探究能够避免儿童沦为对生命的奇迹无动于衷的“专业傻瓜”，有助于“每一个学习者不断形成对自然的探究欲望、依恋情感、伦理精神、审美体验等自然意识”[3]。所以综合实践活动自然维度的开发一定要“在自然中”完成。

（二）“关于自然”的自然探究

“关于自然”的自然探究内涵丰富，包括探究自然带给人的惊奇、自

[1] 雪莉·安·维克：《一定会记住》，张霄峰编译，《教师博览》2006年第3期，第45页。
[2] 本案例由上海市孙桥小学顾丽红老师提供，引用前已征得当事人同意。——作者注
[3] 张华：《经验课程论》，上海教育出版社，2000，第264页。

然的多重价值和自在价值，以及自然与社会和自我之间的整体关系等多个方面。对每一个所探究的自然主题，综合实践活动都应试图从上述多个方面加以检讨和把握，以便通过丰富多彩的探究内容和探究活动建构儿童与其他存在的交融境界和对世界万物的整体认知。

第一，探究自然的奥秘，体验自然的神奇。“关于自然”的自然探究首要的就是引导学生去体验自然，感悟宇宙中存在的一切美妙之物。自然世界博大而精深，一片树叶，绿了又黄；一株含羞草，开开合合；一只蝴蝶，破茧而飞……更不论万里黄沙的悲壮，满地红叶的深情；落霞与孤鹜齐飞的胜境，秋水共长天一色的壮丽……自然总在生生不息中演绎出万千世界的传奇。在引导儿童认识姿态各异的自然景观时，我们会发现成人眼中微乎其微的事物，在儿童的眼中却是五彩斑斓、极具吸引力的，“树叶天地”小组的同学表达了他们心中的疑问：

> “为什么树叶一面颜色比较深，另一面颜色比较浅？”
> “树叶的形状为什么不同？”
> “为什么有些树叶有毒，有些树叶没有毒？”
> “为什么树叶有的是绿的，有的是红的？”
> “树叶有什么用处？”
> ……[1]

面对儿童惊异的目光和惊奇的语言，我们成人的内心是依然保留着那丝对自然的敏感和敬畏，还是早已被生活的苦难磨砺得粗糙坚韧，对自然的奇观视而不见、无动于衷了呢？倘若是后者，我们的人生该是多么的狭隘、乏味和无聊！为避免重蹈覆辙，综合实践活动鼓励儿童在接触自然的过程中探究自然的奥秘，体验自然的神奇，使自然时时在他们

[1] 本案例由上海市沪新小学陈茜老师提供，引用前已征得当事人同意。——作者注

眼前铺展，在他们耳边低吟，在他们心中驻足。正如池田大作在与狄尔鲍拉夫的对话中所说的："优美的山野令人心旷神怡，它使我们的精神从人生的忧愁中解脱出来，赋予我们以勇气和希望。奔腾不息的大河，使僵化思维活跃起来，得以扩展死板的思维范围。郁郁葱葱的大森林还诱发出对万象之源——生命的神秘感谢，唤起对生命的尊重意识。"[1] 儿童在与自然的真切交往中定能够感受到生活的惊喜和美好，并从中生发出对自然的热爱和敬畏之情！

第二，挖掘自然的多重价值。在理解人与自然的关系时，要引导学生探索自然为人类提供的多重价值，而不仅仅是使用价值。换言之，要使学生认识到自然价值的实现方式是多样化的，这在中国传统文化中体现得最为明显。比如中国古典哲学对自然审美价值的认识源远流长。来欣赏一下《庄子·秋水》篇中庄子与惠子的"濠梁之辩"吧。

> 庄子与惠子在濠水的桥上游玩。庄子说："白鱼悠悠自得地游来游去，这就是鱼儿的快乐啊！"惠子问："你不是鱼，怎么知道鱼儿的快乐？"庄子反问道："你不是我，怎么知道我不知道鱼儿的快乐？"

这则寓言生动地勾画出庄子那种人鱼共乐、物我合一的美学追求。古人对自然山水、花鸟草木等的欣赏都充满着这样的美学体验。孔子曰："仁者乐山，智者乐水。"古人咏叹："落红不是无情物，化作春泥更护花。""感时花溅泪，恨别鸟惊心。""我见青山多妩媚，料青山见我应如是。"绘画中的梅、兰、竹、菊则表达了四种别样的景致与风格。不仅如此，在中国古代，自然的价值还不仅仅是单纯的审美，它对人的精神慰藉更是须臾不可缺少的。在深谙"天人合一"哲学的中国人那里，人

[1] 池田大作、狄尔鲍拉夫：《走向21世纪的人与哲学》，宋成有、李国良、刘文柱、张力译，北京大学出版社，1992，第49页。

的生命是无法离开自然的，自然往往被邀请进入他们的生活与生命之中。李白的那首《月下独酌》生动地倾诉了自然界中的月光带给自己的精神慰藉：“花间一壶酒，独酌无相亲。举杯邀明月，对影成三人……”不仅是中国哲学，西方的许多哲人在其作品中亦以审美的方式表达着自然与人生的交融境界。R.W. 爱默生在《自然和精神》中给我们描绘了这种感觉，“……当我走进一小块草地，途经积雪的水洼，天空因乌云而昏暗，我虽无特殊的幸福感，却也把十分喜悦的心情带回了家。我的愉快接近敬畏，在森林里，人把年龄抛弃，宛如蛇蜕皮，于是无论多么老都能返回童年，森林具有永恒的青春。”受上述中西传统认识的启发，综合实践活动自然维度的开发需要挖掘自然的多重价值，比如“植物的叶子”这一研究主题就不能仅限于了解不同植物叶子的形状及其药用价值，而且需要了解不同植物的叶子的象征意义与文化内涵，包括体味“一叶落而知秋”“叶落归根”诸如此类的意境与情怀。自然价值的多元化不仅仅体现于此，如果试图使探究更为深入地开展，可以借鉴美国著名哲学家霍尔姆斯·罗尔斯顿对自然为人类提供的价值所做的划分。他认为自然承载着相互交叉的 14 种价值，如经济价值、消遣价值、科学价值、审美价值、历史价值、哲学和宗教价值、生命支撑价值、遗传和生物多样性价值、文化象征价值、塑造性格的价值、生命价值、统一性和多样性价值、稳定性和自发性价值、辩证的价值。[1] 日本教育学者西园芳信曾举过信州大学长野附小 1975 年开展“综合学习”实践的一个案例（小学三年级）：

> 儿童去附近的山野观察自然，发现山慈姑花。儿童们被鲜艳的花朵所吸引，开始了学习活动。首先，仔细地观察花朵，围绕山慈姑花或画画、或写诗，于是发现山慈姑花开花和不开花的日子。把它引进教室里，调节温度进行实验，于是发现开花和温度的关系。他们真

[1] 曾建平：《自然之思：西方生态伦理思想探究》，中国社会科学出版社，2004，第53–54页。

> 真切切地感受到了植物的生命活力。其次，上山挖掘山慈姑的块根进行实验，看看能否从山慈姑的块根中提炼山慈姑粉。再次，从地瓜、马铃薯中提取淀粉，比较它们之间的差异，学习植物的分类。另一方面，儿童们又把这种观察、实验山慈姑过程中所获得的感悟，或写成《山慈姑故事》，或创作曲子，用音乐表达出来。[1]

正如西园芳信先生分析的那样，通过这种“综合学习”，儿童发现了自己在同自然接触中的经验的意义，并把它们提升到科学经验、艺术经验和社会经验的高度。在这个案例中，我们可以发现哪怕是一朵不起眼的花也同样承载着多重的价值。理解自然价值的多重性有助于学生深刻领悟自然与人类息息相关的现实，从而激起对自然的某种道德情感和伦理行为。特别是自然的审美价值，中国古代哲人认为美是可以直接通达善的，如果人们心中更多的是期盼“鸢飞于天，鱼跃于渊”的美境，那么便会懂得以一种尊重的、平等的、仁厚的心态对待自然万物。

第三，体认自然的自在价值。除探索自然为人类提供的多重价值外，自然探究还要引导学生顾及和体认自然的自在价值。自然的自在价值或内在价值是自然所固有的不以人为尺度的价值。对一个整体的生态系统而言，每一个个体都是独一无二的，都把各自的丰富性带入整体，因此每一个个体都不是单纯的工具，都有着自己的内在价值。确认这一点，人们将会发现自己生活在一个整体中，这一整体先于我们而存在。正像19世纪60年代，美国印第安人酋长西雅图给要求购买其部落土地的总统富兰克林·皮尔斯的回信中所说的：“我们是大地的一部分，大地也是我们的一部分。芬芳的花朵是我们的姐妹，麋鹿、骏马、雄鹰是我们的兄弟，山岩、草地、动物和人类全属于一个家庭。”[2] 不仅如此，我们是通过

[1] 钟启泉：《对话教育——国际视野与本土行动》，华东师范大学出版社，2006，第115–116页。
[2] 周鸿：《文明的生态学透视——绿色文化》，安徽科学技术出版社，1997，第73页。

相互间的联系找到自我的，我们与自然的联结越是深刻，我们就越能发现自己的独特之处，因而也就越真切地确证自己的存在。基于以上论述，对综合实践活动自然维度的开发可以引导学生反省自己与其他事物相比有何相同和不同之处。比如研究彗星的儿童可以思考自己与彗星相比有何异同；研究“光合作用”的儿童可以与同伴分享自身的转化经验；而探究植物生长过程的儿童，则可以描述自己的成长经历，并将它与植物的生长做一比较。下面是参加“植物的生长”这一探究课题的一名学生所写的探究感言：

> 我们选择了绿豆做植物生长的实验，我们小心地培育着，看着它一天天地长大。哪怕一个细微的变化，都能让我们一组同学欣喜若狂。好不容易绿豆长成了绿豆芽。根据种植绿豆的实验，我们不仅知道了植物生长离不开水、空气、阳光，而且明白了植物的茎向上生长的特性。想想我们人又何尝不是这样呢？我们在父母的呵护、教师的教育和朋友的帮助下一天天长大，虽然会经历坎坷和曲折，但如果始终怀揣向上的信念，总会成长为一个独立的对社会有用的人。[1]

通过这种比较，儿童一方面可以了解事物各自所具有的个性，明了其意义并不只在于它的使用价值，还因为它是独一无二的；另一方面可以从中体味万物相通之理。“万物静观皆自得，四时佳兴与人同”，倘若带着这样的境界去开发和利用自然，与一味征服、掠夺自然相比，其结果注定大不相同。

第四，在儿童与自然、社会、自我的整体关系中探究自然。“关于自然”的自然探究不仅仅是对纯粹自然物的探究，更重要的是引导学生理解自然与人类的关联，理解自然问题与社会经济体制、生活样式的关联。

[1] 本案例由上海市罗山中学叶峰老师提供，引用前已征得当事人同意。——作者注

没有对后一问题的探讨，自然探究只是肤浅地了解有关“它”的故事，这一故事与“我”无关，于“我”个性品质的健全也无益。要使“它”的故事转化为“我”的故事，自然维度的开发必须对自然、社会、自我三者做整体关注，挖掘主题中所蕴含的社会因素与自我因素，使自然、社会、自我三者融为一体。比如对草莓的研究，不仅仅是搜集有关草莓的形状、品种、生长习性等文献资料，更重要的是引导学生通过实地参观草莓基地、亲自种植草莓和卖草莓等活动，了解草莓种植与家乡经济发展以及人民生活的关联，体味劳动生活的酸甜苦辣，引发自身对生活的思考。再比如，“手帕与餐巾纸”的研究活动，学生从比较手帕与餐巾纸的利弊开始，到探讨为造纸而砍伐树木所产生的环境问题，再到“让手帕回到你我手中”的宣传活动和身体力行，自然、社会、自我三个要素在一个主题的探究中融合和交汇，这有助于提高学生对自然、社会和自我之内在联系的整体认识，使自然探究成为学生良好个性品质发展的契机。

（三）“为了自然”的自然探究

“为了自然”的自然探究表明，自然维度开发的终极目的并不是让学生掌握自然规律，借以提高控制和改造自然的能力，而是培育学生的自然伦理，提高他们保护自然的实践能力。由这一视点出发，综合实践活动自然维度的开发还需践行以下原则：

第一，要对自然探究的目的、过程以及手段予以伦理关照。为探索自然事实与规律，不顾伦理原则，不惜把探究对象置于被动性的对象世界，任由自己掌控、役使和享用，这种做法不符合综合实践活动德性探究的精神。在问题解决和伦理原则发生冲突时，教师要给予学生正确的引导。在下面两则案例中，同学们采取了不同的探究手段：

我们小组研究的是“洗涤剂”。为了证明洗涤剂对人体有一定的伤害，我向邻居（研究人体运动学的大学教授）借了一只小白鼠做实验。由于小白鼠的基因数量与人类接近，至少 80% 的医学试验把小白鼠作为试验品，因此小白鼠被称为人类的替难者、活的精密仪器。我先用木棍把小白鼠的嘴撑开，然后将洗涤剂灌入它的嘴中。开始时它没有什么反应，但后来它突然死了。这说明洗涤剂确实对人体会有伤害。[1]

同学们正饶有兴趣地对几种蚂蚁进行观察、比较。欧阳东拿出了放大镜，十几个小脑袋凑在一起，边观察边议论。当然，蚂蚁们也不会乖乖就范，它们千方百计地想逃走，这让同学们有些气恼。有同学提出："我们把蚂蚁做成标本吧，这样观察起来就方便了，也更清楚了！""怎么做？"马上有同学响应："先用开水烫死，再用大头针固定在泡沫板上就可以了！"听着同学们热烈的讨论，看着他们探询的目光，我犹豫了。我也在想，同学们的提议固然有利于我们的研究，但我们为什么而研究？难道仅仅是为了了解客观事实吗？难道为了研究就可以让孩子们变得残忍吗？不！我对同学们说："你们研究蚂蚁，是想了解蚂蚁的奇妙。蚂蚁也是生命，它们像人一样有感知，受伤了也会痛苦地挣扎或死去。扼杀生命你们忍心吗？"听我这样问，同学们沉思了，然后他们纷纷说："我们不能杀生。""要爱惜生命。""标本不做了。"看到同学们的反应，我感到欣慰。但每节课随机找蚂蚁太不方便了，看来，自建蚁巢已是当务之急。[2]

显然，前一个案例不仅是实验设计粗糙，更重要的是实验方式残忍，对实验的对象没有予以伦理关照。后一个案例，教师运用自己的教育智慧很好地解决了探究中的伦理冲突问题。吸取两者的经验教训，综合实

---

[1] 本案例由上海市顾路中学曾雅英老师提供，引用前已征得当事人同意。——作者注
[2] 本案例由上海市罗山中学李惠利老师提供，引用前已征得当事人同意。——作者注

践活动的自然探究在涉及伦理道德的问题时应注意转换研究的视角，使学生有机会直面并处理这些问题。比如为获得对动植物的感性认识，最好通过自然的观察以及饲养、栽培等具体性的活动予以达成，避免采取“开膛剖肚”“剥皮抽筋”等任意凌虐的做法。坚持探究的伦理原则，发展对天地万物的恻隐、不忍、悯恤和顾惜之心，才可能养成善待自然、善待生命的德行。

第二，鼓励学生践履笃行自己所探究的保护和改善自然环境的方案。“保护自然”绝不是宣传口号和标语，尤为重要的是所有人的身体力行。因此，如果学生的探究涉及“环保”主题，意味着他们绝不能“坐而论道”，仅仅展示一份倡议书或组织一次宣传活动，必须要把口号转化为实际的行动，从身边做起，从自身做起，力所能及地改善周围的自然环境。比如一个研究“垃圾分类与处理”的小组，在对社区的垃圾分类与处理情况做详细调查后发现，社区内的垃圾分类现象并不理想，其中一个重要的原因是垃圾箱上的标识不清晰。他们不仅向社区提出了建议，而且看到校园里的垃圾箱也没有分类，就设计出明显的标识贴在校园的垃圾箱上，并号召全校师生按照垃圾分类的要求投放垃圾。[1] 只有通过诸如此类的亲身体验，才可能提高学生保护自然的实践能力。

三、综合实践活动自然维度开发的注意事项

同社会维度和自我维度的开发相比，综合实践活动自然维度的开发有其特殊性。根据开发过程中所积累的实践经验，自然维度的开发在实践中还需注意下列事项：

（一）课题的选择要考虑四时的节气变化

自然探究首要的就是考虑课题的选择是否顺应四时的节气变化，这

[1] 陈蕾、安桂清：《垃圾的分类与处理——小学综合实践活动的案例分析》，《全球教育展望》2002年第2期，第36–38页。

是自然探究非常独特的一点。因为自然万物有其自身的生长环境与生长节律，不顺应四时，自然探究就会因面临一系列棘手问题而无法顺利开展。比如，在9月份的新学期开始不久，有的探究小组选择将“植物生长的方向性”作为研究课题，有的探究小组则开始着手研究“蝴蝶”，虽然这些都是非常好的探究主题，但随着天气一天天变冷，前一个小组的植物生长实验一再失败，而后一个小组则无法实现实地观赏蝴蝶的计划。当然，我们可以提议他们的课题延伸至来年的下一个学期，但学生的探究兴趣能否持续到那时则又是一个棘手的问题。因此，自然探究必须要让学生意识到与万物的交往是一件很慎重的事情，虽不必“雪后寻梅，霜前访菊，雨际护兰，风外听竹”，但却必须既得其时，又得其地，这既是对自己的尊重，也是对万物的尊重。

（二）注意在自然探究中嵌入人文要素

如果自然探究仅是对自然物的形状、种类、特性、成分等自然属性予以关照，就实在是肤浅之至。自然探究不仅仅是一项科学探究，它还具有丰富的人文内涵。自然探究只有与诗歌、童话、戏剧、绘画、音乐等艺术形式的创造相结合，才有助于保持儿童对世界的惊奇与兴趣。正如范梅南所言：“对某个独特儿童的恰当的回答应是一个属于他的故事。一个好的故事提供了一个使儿童对问题感兴趣的回答。一个机智的教育者能够使儿童保持对问题的鲜活的兴趣。”[1] 研究“金鱼”的小组在欣赏了《海底总动员》影片后激起了创作有关“金鱼的故事”的灵感和欲望；研究“铅笔”的儿童用铅笔屑制作出他们心中的图案；研究“香蕉”的儿童则写下了有关香蕉的谜语：“黄金布，包银条，中间弯，两头翘”；研究“粽子”的儿童则创作了充满生活气息的儿歌：“糯米馅，竹叶包，一条绳子捆得紧。枣子缀，猪肉香，蚕豆甜来菱角酥。掀开锅盖香味溢，

[1] Max van Manen, *The Tone of Teaching* (London: The Althouse Press, 2002), p.22.

拎起一串喜笑颜。你一口，我一口，明年再盼端午时”[1]；……这些创造一改逻辑和理性占据主导地位的学习图景，使儿童的学习以一种富有创造和充满感情的方式进行，因此能够唤起儿童久被抑制的学习兴趣和学习热情。在自然探究中嵌入人文要素，更为深层的意义还在于能够促使儿童依靠自身的直觉和体悟发展一种热爱生命的深刻的生态主义自然观，而不是形成一种认为科学能够解决一切环境问题的肤浅的技术乐观主义的自然观。

（三）慎重对待学生在自然探究中所得出的结论

在与自然的交往中，基于某种自然现象，儿童通过自己的观察和实验会得出一些相关的结论。这是儿童创造性学习的过程，应当给予肯定和鼓励。但是，这并不意味着教师要全盘接受学生所得出的结论。对于学生的结论，教师必须慎重地予以分析，根据实际的情况引导学生对探究结论做出取舍或修正。如“可爱的小兔子”探究小组在一次活动中观察兔子喜欢吃的食物，他们给一只兔子准备了胡萝卜和青菜，但是这只兔子只吃青菜，不吃胡萝卜，于是他们就得出结论：“兔子不吃胡萝卜。”还有一次，他们让兔子和乌龟赛跑，发现兔子站在原地不动，小乌龟却爬得很欢，于是他们又得出结论：“兔子不喜欢跑步。”显然，学生得出这些结论的过程显得过于轻率了。一次性的观察和实验使儿童所建构的知识极具偶然性，此时，教师绝不能因之是“儿童的探究”而放弃规范和要求，对其听之任之。教师必须运用自己的教育智慧去思考，给予学生恰当的引导。仍以“可爱的小兔子”为例，教师可以引导学生经过长期的、多次的观察和实验来验证或修正自己的结论，也可以通过增加观察和实验的样本来解决这一问题。总之，综合实践活动的自然探究不是学生任意为之，教师和学生都必须慎重地投入探究的历程。

[1] 上述所举案例由上海市御桥小学的老师提供，引用前已征得当事人同意。——作者注

自然是人类的精神家园。人们常常对东方世界特有的那种天人合一的幽深境界中所流溢的对精神的看重、对自由的追求和对美的欣赏企羡不已。在熙熙攘攘的尘世能够投身于自然怀抱之中，体悟生活的片刻安宁，感受自然的闲情乐趣，该是多么美好的事情！大自然的“烟云供养”，不仅让人们安顿了自身的精神、获得了内心的宁静，更重要的是让他们找到了自身的价值。探究自然之学，体验自然之美，是对儿童生活的看护，也是对儿童尊严的捍卫。因此，让每一个儿童过一种“在自然中，由于自然并为了自然”的探究生活，是他们应有的权利，更是我们应尽的义务。

第五章

综合实践活动课程的社会维度*

以生活探究与体验为核心的综合实践活动课程具有重要的社会学意义。学会关爱与尊重、学会合作与共处是综合实践活动课程的重要社会价值追求之一。为此，综合实践活动课程开发要关注移情性、伦理性社会探究；要让学生参与并反思社会生活；要把以亲子关系、师生关系和同伴关系为核心的人际关系作为重要探究内容。与此同时，还要避免“形式化的合作”与“口号式的关心”。

* 本章与李树培合著。

学生与自然的关系、与他人和社会的关系、与自身的关系是综合实践活动课程内容选择和组织的三条线索。这三条线索并不是截然分离的，并没有精确或明晰的界限，而是相互交叉的，只不过有所侧重和偏向而已。学生与他人和社会、与自身的关系其实存在于学生的所有活动之中。儿童的社会性体现着儿童与他人和社会的关系，渗透着儿童与自然的关系，也反映出儿童与自身的关系，是综合实践活动课程的重要价值追求之一维。

翻开世界教育历史，我们不难发现不同历史时期不同国家和民族的教育目的一直在"个人本位论"和"社会本位论"之间游移和摆动。杜威在教育目的的思考中，把个人与社会统一了起来。[1] 杜威在他的纲领性著作《我的教育信条》一书中明确指出："一切教育都是通过个人参与人类的社会意识而进行的"，"如果从儿童身上舍去社会的因素，我们便只剩下一个抽象的东西；如果我们从社会方面舍去个人的因素，我们便剩下一个死板的没有生命力的集体"。[2] 社会维度是综合实践活动课程的重要支撑点，是儿童的社会化和社会的个性化的内在统一，渗透于儿童与他人和自然的关系中，具体体现为儿童的合作、共处、关爱、尊重等品质和能力的养成。

人同世界的关系始终是以同其他人的关系为中介的……人同他周围世界的关系越丰富，他的内心世界越丰富，他的生命表现就越复杂和多样。[3] 就个体而言，当一个小生命呱呱坠地时，就意味着一个人的诞生，但从严格意义上来讲，这时的他更多的是具备了人的自然属性，随着年龄的增长，随着在与他人、家庭、环境的各种关系中受到熏陶和教育，其社会性日渐占据上风。步入学校后，儿童越来越多地生活在人与人的

[1] 李雁冰：《论当代教育追求的理想人格形象》，《教育理论与实践》2000年第3期。
[2] 杜威：《学校与社会·明日之学校》，赵祥麟、任钟印、吴志宏译，人民教育出版社，2017，第3、5页。
[3] 瞿葆奎主编《教育学文集》，《教育与人的发展》，人民教育出版社，1989，第92页。

关系网络之中，不再像在家庭中那样居于中心，而只是众多班级成员中的一个。综合实践活动课程的独特性使得这个问题更为突出，怎样在小组中进行有效活动，怎样与人和谐相处，如何处理合作与竞争、个人与集体的关系，都成为儿童直面的现实问题。

一、学会关爱与尊重

情感是人之为人的根本，是人生活、工作、学习的原动力，是生活的意义所在。因为“只有情感才是真正属于个体的，它是内在的、独特的，是人类真实意向的表达。从这个意义上说，人的本质正是其情感的质量及其表达”[1]。正是关爱、尊重、理解、同情等人与人之间的这些情感彰显了人的价值和生活的意义。但爱只是人内心的潜能，很多时候需要我们去唤醒、去激发。

这是四年级的一节综合实践活动课，这节课的主要任务是分组，然后确定课题。大家很快三五成群地基本组成小组了，只需稍做调整就可以了。突然，我看到倒数第二排一个女同学俯身在看书，仿佛置身事外的样子。我就问她怎么不加入小组当中，前边几个男生怪声怪气地脱口而出：“她是没人要的！”她抬起头来，脸涨得通红，欲言又止。我注意到她眼神中一闪而过的难堪、受伤，以及接下来的无奈、麻木，我意识到她受到了伤害。平时的学习和活动掩盖了她的校园生活状态，但在不同于其他学科课程的综合实践课程里，她的生存状态被无情地揭开并赤裸裸地展示于众。在这样的残酷时刻，如果不能够改变她被孤立、排斥的境遇，那么对她造成的伤害将是无法想象和估量的。不行，我必须得有所作为。我故作轻松地微笑着说：“开什么玩笑啊？你们哪个人我都要！你们虽然各有特点，有的害羞，有

[1] 朱小蔓：《教育的问题与挑战——思想的回应》，南京师范大学出版社，2000，第172页。

的爱动，有的喜欢讲话，但我都喜欢！”教室里明显安静了下来，好几个同学都瞪大了眼睛。我看了一下，大概还有三四个同学没有归入小组，借机让他们一起以某种方式加入小组吧。我说道：“现在还有三四个同学没有找到自己的家呢，还有几个小组人数不够，我们就请他们加入就近的人数不够的小组吧。大家以掌声欢迎他们加入！”我带头鼓掌，或许是气氛的感染吧，那几个人数不够的小组都热情地叫他们几个加入。看着那名女同学略显拘谨地加入旁边的小组，我不禁长吁了一口气。

课余时间，我向班主任和其他任课老师了解情况，得知这个女生性格有点儿孤僻，家庭环境不是很好，学习成绩、卫生习惯也不大好。以后的课上，我总抽时间特意到她所在的组，倾听他们的讨论，并鼓励她讲出自己的想法。有一次看到她的娟秀的字迹，我建议说：“你们不是打算编小报吗？若是配上这样的字，将是锦上添花啊！”果然，最后他们小组的小报非常不错，在展示的时候她也能够开口发言了，虽然还是有点儿怯怯的。她不再总是一个人独处了，渐渐地和周围的同学讲话、讨论问题了，周围同学有什么好玩儿的东西和活动也会叫上她，她的表情也逐渐快乐了起来。[1]

孩子们会对他们喜欢、亲近、熟悉的人表示好感，但他们也会仅凭自己的好恶而无意间残忍地伤害到另一些人。就像上文中的女同学，她性格孤僻、家境不好、学习不好、卫生习惯不好，但这就完全是她一个人的错吗？她就应当被孤立、被冷落吗？毕竟一个人没有办法选择他出生的身份和环境，但是每一个人在生命意义上和人格层面上是平等的。在幼年时代就受到这种冷遇，如果没有教师或其他人的关怀和鼓励，很难想象她在成长的过程中怎样独自舔舐创伤，怎样再对他人抱有爱心和

[1] 本案例是在昆山玉峰实验学校的试验中观察到的，并与指导教师讨论过后由指导教师结合实际情况撰写的，引用前已征得当事人同意。——作者注

信任。和谐关系的建立都基于一份关爱和尊重，任何人都没有资格和权利随便否认另一个人，任何人都有他自己存在的价值，我们应尽量避免草率地用自己的价值观去判断别人并影响别人。价值观特别是宽容思想不能作为狭义的教学内容加以对待：如果想把事先确定的、不易被人接受的价值观强加于人，那么这种想法最终会使它们遭到否定，因为只有被个人自由选择的价值观才有实际意义。因此，学校至多能为一些日常的宽容实践提供方便，具体办法是帮助学生考虑他人的观点，以及诸如鼓励就一些道德难题或需要做出伦理选择的情况展开讨论等。[1]

凤凰卫视播放的一段在日本小学课堂上拍摄到的镜头：全班学生被分为几个小组，每个小组成员合作制作一只竹筏。经过几个月的努力，每个小组都完成了任务。今天下午，每个小组成员都要乘坐自己小组制作的竹筏下水，这是大家期盼已久的。可是，活动开始之前，教室里发生了一件事。伊藤同学不顾东郎老师的一再提醒，在课上不停地讲话，老师忍无可忍，把他叫到前面，狠狠批评了一番，并说："下午乘坐竹筏的活动你就不要参加了。"伊藤难过地低下了头。教室里鸦雀无声。突然，坐在第一排的学生站了起来，说："伊藤讲话是不对，但是乘坐竹筏与这件事情没有关系，老师不应该以此来惩罚他。"另一名同学随声附和："对，老师，您没有权力这么做。"教室里的同学开始七嘴八舌，纷纷为伊藤求情。一名女同学哭着站起来："伊藤是我们这一组的，为了制作竹筏，他费了很大力气，我们小组不能没有他，我们需要他。"渐渐的，教室里面传来了一片哭泣声，伊藤也抹起了眼泪。东郎老师闭起眼睛，平静地听着学生的建议，终于缓缓地说道："同学们说得对，老师的确没有权力这么做。好了，让我们一起到游泳池边开始活动吧。"

[1] 国际21世纪教育委员会：《教育——财富蕴藏其中》，联合国教科文组织中文科译，教育科学出版社，1996，第45页。

> 短片的旁白还介绍说，东郎老师自己曾有过两个孩子，但都不幸夭折了。因此，他在教育中，格外注重让学生学会珍惜生命的可贵，让孩子充分享受生活中的各种快乐。在教育孩子处理人与人之间关系的时候，“相互关心是通往幸福的钥匙”这句话东郎老师经常挂在嘴边。[1]

如今的孩子尤其是城市里的孩子已经丧失了广阔的世界，如花鸟虫鱼、田野河流，他们的日常生活主要限制在某个班级而且被分割成支离、孤立的部分，因此学生在班级里、在课堂上的生活质量很大程度上决定了学生的整体生活质量。课堂绝不只是学生学习知识的场所，而是他们生活世界的核心。在我们看来，学生上课插嘴讲话受到批评和惩罚是再平常不过了，其他学生也因司空见惯而无动于衷。东郎老师的课堂上也有批评和惩罚，但其他学生有自己的独立判断，他们会大胆地向老师质疑，勇敢地说出自己认为正确的事情，更令人欣喜的是，东郎老师接受了学生的提议。在这里，学生之间不只是外显的激烈的学业竞争者关系，而是相互呵护和珍视的同学情谊。“哪里能找到真正的生活，而不是被官僚计划者和学校君主控制的令人憎恶的生活，哪里就有充满着精神内容、彼此之间负责任有义务的人类友谊。”[2] 的确，“相互关心是通往幸福的钥匙”。当儿童都能够遵从自己的理智和情感而不是屈服或刻意地违心地迎合成人时，当他们能够主动关心和维护同伴的利益时，当他们在整日沉浸其中的课堂里能够感受到真情和幸福时，他们必定能够留恋课堂生活并舒展智慧，能够明了学习的意义并主动学习，能够体味品格的内涵并自觉践行，能够感悟生活的真谛并珍视生活。此时，学习及生活的意义得以体现，个人的价值得以张扬，教育的真意得以彰显，因为“教育正是借助于个人的存在将个体带入全体之中。个人进入世界而不是固守着

---

[1] 万伟：《从思想到文化，究竟要走多远？——来自一位教育者的反思日记》，《全球教育展望》2005年第10期。

[2] 雅斯贝尔斯：《什么是教育》，邹进译，生活·读书·新知三联书店，1991，第35页。

自己的一隅之地，因此他狭小的存在被万物注入了新的生气。如果人与一个更明朗、更充实的世界合为一体的话，人就能够真正成为他自己”[1]。

英国诗人约翰·邓恩说，“谁都不是孤岛，而是广袤大陆本身；海浪每冲刷掉一寸土，它就少了一块……”[2]，即使在被钢筋水泥物欲横流所裹挟的都市里，即使在把陌生和距离视作生存常态的成人世界里，人类渴望关爱、尊重、肯定的本性并未改变，坚硬的外壳下每个人的心里面都还隐藏着柔软易感的角落。“将他者纳入我的感情之网，建立一种彼此依赖的结合，这种重要的相互关系也是我一人的创造和我的唯一责任”[3]，这是时代的呼唤，也是社会的呼唤，更是我们教育的责任。在教室里，与对物对人的冷漠做斗争的实践，应成为以“学”为中心的教学的中心课题。[4] 综合实践活动课程中会出现很多需要做出伦理选择的情况，需要教师极大的耐心、敏感和机智，需要教师营造充满关爱和尊重的环境。“真正的教师与其学生的关系是‘我—你’关系的一种表现。为了帮助学生把自己最佳的潜能充分发挥出来，教师必须把他看作具有潜在性与现实性的特定人格。更准确地说，教师不可视他为一系列性质、追求和阻障的单纯聚合，而应把他的人格当作一个整体，由此来肯定他。这就要求教师要随时与学生处于关心型的关系中，把他看作伙伴而与之相遇。同时，为了让自己对学生的影响充溢整体意义，他不仅须从自己一方，且也须从对方的角度，根据对方一切因素来体会这种关系。”[5] 任何美好、高尚的伦理、原则只有学生自己理解了认同了，才会转换成他日常生活的一部分。在这种充盈着人与人之间的理解、同情、关爱、尊重的氛围里长大的儿童，必然会把这种爱拓展、充实，并延展到整个人类和自然

[1] 雅斯贝尔斯：《什么是教育》，第54页。
[2] 转引自吴锡平：《敬畏自然，爱护生命》，《东方》2003年第7期。
[3] 齐格蒙·鲍曼：《生活在碎片之中——论后现代道德》，郁建兴、周俊、周莹译，学林出版社，2002，第66页。
[4] 佐藤学：《静悄悄的革命》，李季湄译，长春出版社，2003，第4页。
[5] 马丁·布伯：《我与你》，陈维纲译，生活·读书·新知三联书店，1986，第158-159页。

界，他们长大了必然会“老吾老，以及人之老；幼吾幼，以及人之幼”，这个世界才更加美丽动人，才是人类真正要栖息的家园。

二、学会合作与共处

在综合实践活动课堂上，我们往往可以看到三五个学生围坐在一起，讨论得很投入，气氛也很热烈，以为这就是新课程所倡导的学习方式和教学方式了。走近后就会发现热闹活跃的表面背后掩盖了不少值得我们反思和注意的问题。

一天，我刚吃过午饭，吴丽就急匆匆地冲进了办公室，很委屈地对我说道：“老师，我不当小组长了！”我猜想她肯定遇到困难了，先看情况怎样再说。我就问道：“先别急，给老师说说怎么了。”吴丽噘着嘴说：“我这小组长根本没有办法当了。前天题目确定下来后，我们已经讨论过两次了，可是根本没有用，每个人都认为自己说的最好，根本就不听我说的，到现在还不知道接下来到底该做什么。”哦，原来是工作没有进展，大家没有协调好，我就问：“大家都有自己的看法，你不高兴了？”她想了想说：“不是不高兴，而是想法太多了，都认为自己的好，也不听我的。”我就安慰她说：“想法多了说明大家都思考过了，这是好事啊，你做组长的应该高兴才对啊。你说他们不听你的，那你认为你的想法怎么样，是不是就比他们的好呢？”她说：“我觉得我的还不错，因为我动脑筋了啊。但是我也不能说我的就最好了，大家都只顾着说出自己的想法，还没仔细听别人到底都说了什么呢。”我暗自高兴，问题出来了：“你是动脑筋了，其他人肯定也是动了一番脑筋的，他们的心情肯定跟你差不多，都觉得自己的不错。就像你所说的，大家只顾说自己的了，还没仔细听都说了什么呢。那你觉得是否一定要按照你的来做呢？”她若有所悟地说：“我们应该先仔细听听大家提供的方案再来做决定。”我高兴地说：“不错，就是这样。我们一个小组就像一个球队一样，大家都有不同的位置和想法，你做组长的不是说要他们一切听从你的，而是在争执不下时能够带领大家做好协调，所以说你的作用照样很大呢。大家都很信任你啊，小组长真的不想当了？”她不好意思地笑了：“还当组长，我知道怎么做了。”……[1]

在合作过程中这是很典型的例子，还有其他各种各样的问题，比如小组分工时挑三拣四，合作时瞧不起学习困难的同学，出现困难时相互指责、埋怨、推诿，讨论时只关注自己的发言机会、不会聆听别人的发言，等等。这些都表明学生还缺乏合作意识和合作技能。古人所说的“独学而无友，则孤陋而寡闻”，就是强调学习者同辈群体之间相互交流共同学习的重要性。《教育——财富蕴藏其中》就把“学会共同生活，以便与他人一道参加人的所有活动并在这些活动中进行合作”[2]看作教育的四个支柱之一，可见交往能力、与他人共事的能力、管理和解决冲突的能力在当今社会越来越重要了。但合作意识和合作能力是在合作的实践中得以养成并提高的，“没有积极的意向，欢迎那些迄今为止属于异己的观点，没有考虑改变现有目的的积极的愿望，那是不可能的。保持生长的能力就是虚心接受意见的一种报酬。顽固不化，抱有成见，最大的坏处就是抑制发展，使心灵没有接受刺激的机会”[3]。

在合作学习中，一般来说，学生需要掌握三种基本类型的社交技能：一是组成小组的技能，包括向他人打招呼问候、介绍自己、介绍别人等；二是小组活动的技能，如表达感谢、对别人感谢的回应、注意倾听别人谈话、鼓励他人参与、用幽默活跃气氛等；三是交流思想的技能，包括

[1] 本案例由上海浦东东方小学陈老师提供，名字为化名，引用前已征得当事人同意。——作者注

[2] 国际21世纪教育委员会：《教育——财富蕴藏其中》，第75页。

[3] 约翰·杜威：《民主主义与教育》，王承绪译，人民教育出版社，2001，第191页。

提建议、对别人建议的应答、询问原因、说明原因、有礼貌地表示不赞同、对别人不赞同意见的应答、说服他人等。[1] 我们在综合实践活动课程中，一定不能忽略活动过程中尤其是学生合作方面所出现的种种细小问题，这些都是教育的契机，借此对学生加以指导和点化，可以无形中培养我们一直刻意追求的东西——如何与人相处，如何与人合作。必要的时候，可以就我们观察到的小组合作中普遍出现的问题进行全班讨论和分析，其实这也是一种社交教育，也是一种教育的生成和延展，这比思想品德课上单纯的思想教育要有效、及时得多，而且更具有情境性和迁移性。这样可以使儿童不管平时行为习惯如何，不管性格倾向如何，都能够对所研究的课题、对小组活动真诚地投入，小组成员之间都能够有真正的对话——“无论是开口说话还是沉默不语——在那里每一位参与者都真正心怀对方或他人的当下和特殊的存在，并带着在他自己与他们之间建立一种活生生的相互关系的动机而转向他们”[2]。这样，每一个儿童都能够敞开自己的内心，专注自己的思维，并逐渐领会和践行合作的重要因素——积极地倾听与对话。当合作精神日益内化于心时，“儿童的合作就上升为不仅是遵守游戏规则和行为规范，而且上升为人与人之间的相互欣赏、肯定和促进。此时学习者之间的合作就不只是单纯为了解决某一问题而相互之间必须遵从一定的规范，进行明确的分工，各自完成自己分内的任务。更重要的是，在合作学习中，学习者之间彼此相互欣赏与倾听，每个人都能产生自我表达和倾听的愉悦，在任务的实现中能看到和印证人类的力量，同时增强自我的自信”[3]。

网上有新闻称，在南方某城市，一个小学四年级的班级要数学考试了，同学们忽然发现，班里数学成绩最棒的那个女孩子没来参加考试，同学们正奇怪，老师说她的爷爷去世了，她请假了。同学们听后立时一

[1] 刘吉林、王坦：《合作学习的基本理念（二）》，《人民教育》2004年第2期。
[2] 马丁·布伯：《人与人》，张健、韦海英译，作家出版社，1992，第30页。
[3] 李政云、孙俊三：《论新学习方式中的审美内涵》，《教育实践与研究》2004年第5期。

片欢呼声，说她数学之所以考第一，是因为她爷爷是个数学教授，我们没办法超过她，现在她爷爷可死了，我们可以超过她了，小孩儿们兴奋得又是敲桌子又是跺脚……

孩子们不加掩饰的“兴奋”，不禁让人感到孩子对生命的冷漠；也不禁让人感到担心，当一个人对分数的追求超越了对生命的敬畏，他的心里、他的眼中还有什么是真正有意义的、真正有价值的？“她爷爷可死了！”——孩子们“幸灾乐祸”的另类表达，据说让老师感到有如见到狼群一样毛骨悚然。其实，我们应当感到可怕的不是孩子们错位的“兴奋”，也不是“兴奋”表情背后的学业压力，而是孩子们在竞争中表现出来的反常和扭曲了的心态。因为压力在任何社会、任何环境里都是必然存在的，任何人都无法逃避压力的作用，人们只能选择如何调适和化解压力。那么，在学习竞争、就业竞争、经济竞争日益加剧的今天，我们的孩子心理上有准备了吗？我们教会他们如何应对压力了吗？面对试卷，勤奋的和聪明的学生总能找出标准答案。可面对人生呢？怎样做一个人？如何面对爱，面对痛，面对软弱，面对不公，面对人性中的种种谜题？如何表达和处理关于爱、恨、快乐、悲伤、愤怒、竞争、压力、生命与死亡的问题？这些可能是我们一直以来疏忽了的重要教育内容。长此以往，诸如几年前某留美博士枪杀中国同行和美国导师等数人，北大28岁研究生称“自己没有能力”而离家出走，任由年迈的父母几近癫狂之类的悲剧还会上演。他们都是在生活中找不到答案，在竞争中迷失了方向和自我，从而以一种极端的、不负责任的方式毁灭和反抗。

我们教育者必须拓展学习的丰富内涵，在多样的学习活动中让儿童看到自己的和他人的独特价值，体验到合作和竞争的力量，学会正确地理解和遵守游戏规则，学会解决矛盾冲突的态度和方法。因为“儿童学习的最大的吸引力不是来自不断的统一考试，而是来自文化的和创造的力量，这就把人的注意力从人际的低层次的竞争，转向到人自己的提升和人与自然、社会之关系的关注，与客观世界对话，同大自然对话，同人类社会对话，同自己的心灵对话，关心自然的和谐与人类的命运，关心自己的成长与发展”[1]。

三、建立关心型关系

1989年召开的“面向21世纪教育国际研讨会”上提出了“学会关心”的教育思想，美国斯坦福大学内尔·诺丁斯（Nel Noddings）教授的《学会关心——教育的另一种模式》更是以女性特有的细腻笔触阐述了以“关心”为核心的新教育模式，我国本次课程改革新增设的综合实践活动主要是以合作学习方式进行的自主探究活动，学习方式的改变和学生间的人际交往都成为其课程内容的一部分。凡此种种都奠定了“关心”思想在教育中的重要地位。“关心”一词由于太过日常和通俗，反而让人弄不清楚它的真正含义。在技术日益发达而人与人之间却更为冷漠的今天，非常有必要重新审视本该成为生活常态而实际上甚为稀缺的“关心”。

我们习惯于把关心看成一种甘于付出和奉献的品质和美德，如此一来，关心仿佛是单向的独白。然而真正的成熟的关心关系是双向的、相互的，关心者能让被关心者感知到、体验到，双方之间形成一种独特的关系伦理。当然，我们还应该意识到关心关系并不都一样，有平等的关心和不平等的关心两种类型。我们在日常生活中也会体验到其中的差别，譬如爱人、朋友、同学、同事、邻里等都是一种平等型的关心，双方都同时是关心者和被关心者，只有这样，关心的关系才能维持。而亲子关系和师生关系本质上则是不平等的关心关系，其中一方长期扮演关心者的角色，而另一方则处于被关心者的位置。尤其是师生关系，教师必须全身心地感受和了解学生的需要，尽可能地与每一个学生形成独特的关心关系，却不能要求实际上也不可能要求学生同样地明白教师的心思并

[1] 郭思乐：《德育的真正基础：学生的美好学习生活》，《教育研究》2005年第10期。

同样地关心教师。

关心关系不仅仅局限于人与人之间，还应涉及人与动植物之间、人与非生命的物体之间、人与知识和思想之间。内尔·诺丁斯认为，教育最好围绕关心来组织：关心自己，关心身边最亲近的人，关心与自己有各种关系的人，关心与自己没有关系的人，关心动物、植物和自然环境，关心人类制造出来的物品，以及关心知识和学问。[1]关心不是一套有模板的行为方式，而是一种内在于心的生命存在状态，必须从小时候起就在日常生活中逐步感悟积淀的生命体验。

（一）关心自我

自我是一个充满哲学意味的概念。自我的确立离不开他所处的整个世界的所有关系。婴儿最开始意识到的是自己的身体，他会吸吮自己的手指、脚丫，慢慢地他能够把自己与外部环境分开，能够在各种关系中定位自己。人们可能对“关心自我”这个提法感到疑惑，谁不关心自己，谁不爱自己？但实际上受传统教育和传统文化的影响，低调内敛多被推崇，自我在一定程度上被忽视、抵制。就像毕淑敏在文章中所写的那样，有谁能够自信勇敢地在光天化日之下表示我很重要？对儿童来说，关心自我，首先应关心自己的身体，悦纳自己的身体，懂得身体的软弱和极限，能够有效地保护和促进身体健康。关心自我，更重要的是关心自己的独特意义和价值，尤其是在与父母、与朋友的关系中意识到自我的独特价值，其实也是相应地负起自己的一份责任，也是对自我生命价值的一份承诺。关心自我，还意味着要关心自己真实的内心渴望和兴趣，并尽可能去发掘实现。

（二）关心他人

家庭教育是孩子学会关心的基石，父母待人接物的行为表现会影响到孩子的品格。很难想象对外人冷漠自私的父母会培养出热情有爱心的

[1] 内尔·诺丁斯：《学会关心——教育的另一种模式》，于天龙译，教育科学出版社，2003，第3页。

孩子。为人父母者应引导、启发、激励、教育自己的孩子，从小在孩子心中播下爱的种子，让他懂得怎样关心别人、尊重别人，即使孩子还无力表达自己的关爱，他内心也懂得感恩，也存有爱的暖流。正是由充满无条件关爱的家庭开始，个体才能够逐渐过渡融入一个由亲人到同伴、朋友、老师以及众多他人甚至整个民族的世界。尤其值得一提的是，我们说到关心他人时，很容易联想到关心残疾人、贫困者等弱势群体，他们当然更需要我们的关心和帮助，但是要注意的是对他们的帮助必须基于真正的尊重，要在平等的姿态下给予，否则，没有了善意的态度，就变成了傲慢的施舍，很容易变成对他们的侮辱或伤害。

（三）关心动植物

绝大多数儿童都喜欢动物，保护动物鲜活的生命最有利于培养孩子的同情心。父母带孩子到动物园或教师讲到动物的话题时，可以给孩子讲动物妈妈怎样辛苦地生育和抚养动物宝宝，讲动物界一物克一物的食物链，讲各种动物的天敌，让孩子明白动物和人类一样也有它们自己的生活世界和各种困难，进而在需要的时候能够去关心和保护它们的生命。否则，孩子可能对狗的种类、产地、生活习性等了如指掌，却对路边流浪、受伤的小狗视而不见甚至粗暴相待。植物由于其静态特质，在儿童眼里更多的是一种审美价值，尤其漂亮的花草对于小女孩而言。我们可以与孩子一起种植一些植物，在观察和感受植物慢慢成长的过程中，孩子会真切意识到植物鲜活的生命，可能不会再随手折断盛开的花朵据为己有，而是懂得去欣赏，能够感受到“植物就像脐带将我们与大自然相连，它创造出一个合约，要我们与自然彼此关照”[1]。

但是，保护、关爱动植物的倡导与人们食用动植物、猎杀动物获取皮毛的现实，可能是一个永恒的悖论。对于这个问题，不可能有标准回答。我们可以与孩子一起根据他们已有的知识如生物界中食物链的客观

[1] 内尔·诺丁斯：《学会关心——教育的另一种模式》，第171页。

存在，做出各种假设，进行多角度思考，可能他们会有自己的理解。比如我们可以与孩子一起观看《可可西里》和《导盲犬小Q》等影片，他们会有自己的判断，会理解何谓真正的人性，何谓真正的敬畏生命。“如果你在任何地方减缓了人或其他生物的痛苦和畏惧，那么你能做的即使较少，也是很多”[1]，这就是对生命的敬畏。敬畏生命的信念提醒我们“不要片面地只为了摆脱物质困境而努力，而要考虑更多地把人性、内在自由和其现实生活状况统一起来”[2]。

（四）关心知识和思想

儿童天生就是个哲学家。还记得一个小朋友在选题时提出了自己的困惑：为什么小狗是人的宠物，而人不是小狗的宠物？为什么每个东西都有一个名字，这个东西叫这个名字而不是另外一个名字？可惜现在很多时候很多地方都把知识窄化为教科书的知识甚至是要考试的知识，其他的皆不在考虑和关注之列。很多时候教师为了提高学生的得分率而反复讲授解题步骤，作文考试要充分揣摩出题者的意图，然后编造故事去迎合这个主题，那么出现千篇一律的试卷和作文也就不足为奇了，学生真实的声音和思想就是这样逐渐退隐消失的。我们提倡扬长避短，但更多情况下并没有扬长而总是付出很多精力去补短，结果造成更大面积的平庸。我们总是轻易否定学生稍显独特的思想和见解，理由是不大现实。其实学生尤其是小学生“对自己能力不现实的乐观看法……对自身局限性的无知使孩子尝试更多样化更复杂的行为，而如果他们更真实地看待自己的能力，就不会去做这些尝试……这些尝试使孩子的技能在实践中得到提高，并有可能带来长期的好处”[3]。

---

[1] 阿尔贝特·史怀泽：《敬畏生命》，汉斯·瓦尔特·贝尔编，陈泽环译，上海社会科学院出版社，1992，第23页。

[2] 同上书，第37页。

[3] 乔纳森·布朗：《自我》，陈浩莺译，人民邮电出版社，2004，第242页。

（五）关心非生命的物体

现在“用后即丢”的快速消费观念甚嚣尘上，仿佛占有得越多、消费得越多就越幸福。每到儿童节各家商场会开展儿童用品“捆绑消费”的促销活动，商家欢度“六一”的热情似乎比儿童还要高，儿童及家长的消费欲望也在这种推波助澜下持续升温。现在很多城市儿童再怎么吃喝玩乐也没有什么特别的新鲜感，这不禁让我们感慨小康生活让儿童不大懂得甜美生活的来之不易，因为所拥有的一切太过理所当然、太过唾手可得也就不懂得了珍惜。过去，孩子们几乎没有也不可能有大人陪同（大人都忙于劳作），几个小伙伴一起踢毽子、抓石子、捉迷藏、玩泥巴，还用细竹枝或粗鹅毛做笔杆制作圆珠笔，大家总是玩得不亦乐乎，忘记回家。现在或许是孩子少了、玩的场地小了，孩子除了去游乐场、看电视、打游戏，似乎就没有什么可玩的。因为物品没有生命不能表达爱恨，儿童难以像对待人和动植物那样去关心、爱护、珍惜它们。因此，我们可以与儿童一起分享，建立起儿童与其私人物品，如玩具之间的亲密关系，让他们品味每一玩具的来历和故事，帮助他们形成多多未必益善的消费观念，比如对自己已有玩具的欣赏和珍爱，而不是一味迎合风尚、喜新厌旧。

儿童正是在与他人、与世界的交往互动中确立起真正的自我意识，在此基础上其社会性得以养成，日后才能够真正融入社会。目前中小学所倡导的生命教育，究其本质就是倡导学生与他人、与世界、与自我之间形成一种关爱伦理，所以我们认为不必将“关心”教育增设为一门独立的课程，可以与综合实践活动结合在一起，比如孩子们提出的“宠物狗”“交通安全”“盲人如何过马路”“我的牙齿”“绿豆芽”等等充满学生精彩观念的课题都在无声地传递和诉说着学生对自我、自然、社会的积极体认和关怀。

四、社会性培养的误区辨析

由于综合实践活动与学科课程的一大不同是更为强调学生社会性的培养，而教师和学生都已习惯偏重与固定知识打交道，所以在课题探究的实际过程中，双方对于社会性的理解和实践难免会出现偏颇。其中一些误区本章前文已有所涉及，为使问题更为明晰凸现，此处再做一番简单辨析。

（一）形式化的合作

“合作学习”的理念已被广大教师认可并加以运用，但在实践中依然发现很多貌合神离的现象。不少老师认为学生天生会合作，认为在教室里面将桌子摆成“L”形、“O”形，几名学生围在一起听课、看书或者讨论就叫作合作学习。但实际上简单地把几个学生划定在一块的做法，并非真正的合作学习。合作学习毫无疑问是为了追求优化的学习效果，可是课堂上对什么样的问题进行合作，或者在什么样的情况下进行合作，是不可回避的问题。一般而言，开放性的问题、教学中的重点难点、综合性活动宜进行合作，有了这样的大方向，我们才不至于滥用“合作学习”这一形式。

综合实践活动课程的课题小组一般以课题为中心，由学生自由组合。这样，按照学生学业水平的差异，这些小组便形成了由不同层次成员组成的异质组或水平相近的同质组。从合作学习的理论看，异质组通过合作，更有利于运用小组各成员所拥有的不同文化资源，互相取长补短，增进学习成效。而同质组的学习形式，可能更有利于优等生的学习，而不利于后进生的进步。[1]我们在实验学校的确发现学生根据所选课题自由分组后有时会出现同质组的情况，学业优秀者在一组，而学业落后者集中在一组。第一种情况教师反映学生自主性很强，比较好指导，而第二

[1] 钱在森：《学习困难学生教育的理论与实践》，上海科技教育出版社，1995，第158–159页，转引自张肇丰：《研究性学习的社会学意义》，《教育研究》2004年第2期。

种情况下教师感觉很难带，尤其是小组里没有凝聚力的时候。在第二种情况下，指导教师必须弱化学业成绩在这些学生身上的折射和影响，从课题本身出发、从学生对这些课题的理解和兴趣出发，及时发现每个成员身上的优势和特点，让他们能够体会到自己的力量和潜能，鼓起继续探索的信心和勇气。

很多教育工作者想当然地认为，学习好或者能力强的学生能够帮助学习差的学生，因此往往有意识地把学习成绩好、中、差的学生分配在一个学习小组中。这样分组其实是存有风险的。学业成绩本身并不能反映学生的全部特质，何况在一个集体里面，没有绝对的好学生，也不会有绝对的差学生。如果引导不当的话，这样分组容易使一部分学生产生某种优越感，而另一部分学生产生自卑感，因为他可能会觉得自己对集体没有什么贡献。结果就是某几个成员的决策和行为代替了其他多数人的思想，会影响这个小组学习的进一步深入。我们必须想办法克服热闹背后所掩盖的无效或低效合作现象，使不管是异质组还是同质组的小组成员都能够真正分享、有所收获。

小组中可能出现这样的现象：形成一个“小权威”，其他同学容易盲从，随声附和；或者有几个同学结成一个小圈子，不公平地对待这个小圈子外的人，反对不同于自己的观点……合作技能并不是天生就会的，教师要像传授知识技能一样培养学生合作学习的技能，学生需要教师指导他们作为团队的一员该如何行事，如何做得更好。教师可以和学生讨论一个团队意味着什么，每个成员之间是什么关系，让他们能够明白自己对团队的承诺以及团队对自己的约束，学会在团队里有效发挥自己的力量并相互依赖。教师可以和学生一起讨论社交礼仪的具体表现，比如“倾听他人”，可以体现为“有眼神接触”“有直接或间接的反馈”等等，并让学生在小组讨论时运用这些技能，使他们意识到真正的沟通和分享远胜过表面热闹但无人倾听的独白。

合作学习强调所有的学生都积极参与到学习中来，每个学生对集体的成就都负有重要责任。在实践中，有的指导教师认为个人的成绩就是集体成绩的简单平均，并以此作为奖励的依据。这种简单化做法很容易造成“搭便车”现象，打消成员的积极性。在合作学习的过程中，不同学习者参与情况不同、贡献不同，理应得到不同的评价。合作学习的评价问题相当复杂，一般来说，小组成绩与个人成绩应该分开评价并分开奖励。尤为重要的是，教师切忌在小组成员之间做量化的等级划分，因为每个成员所负责的方面有所不同，建议把学生与他本人的过去做比较，建议运用描述性的语言进行评定。比如可以设立最佳合作小组奖作为对合作任务完成出色的小组进行鼓励，这项荣誉为该合作小组的全体组员享有，可以设立最佳风采、优秀个人等奖项作为对个体的奖励。合作小组的评价应着重于过程，主要评价小组成员的参与度、积极性、情感态度、研究结果等方面，可采用成员自评、教师评价和同伴互评等形式。但指导教师要注意的一点是，“让年龄很小的学生来评判他们朋友工作的好坏也许是不明智的，友谊和归属的需要在小学生身上表现得如此强烈，也会影响评估或评价的准确性”[1]，这需要指导教师对学生相互评价进行恰当的引导。

（二）口号式的关心

综合实践活动特别注重对学生关爱、合作精神的培养，但由于师生双方都习惯了以知识为中心、不触及或轻易不触及内心的交往，对人与人、人与自然、人与思想间的关爱显得极为不适，在实践时会出现偏离关爱本质的情况。

学校教育中很多教师习惯于兢兢业业地把孩子们培养成为“优生”，即成绩名列前茅、德智体美劳全面发展等等，但其实成绩优秀者出现心理偏差、学习能力弱、缺乏同情心、不善于合作等现象也不在少数。很

[1] Kathleen Montgomery：《真实性评价：小学教师实践指南》，国家基础教育课程改革“促进教师发展与学生成长的评价研究”项目组译，中国轻工业出版社，2004，第157页。

多人想当然地认为“智力上的关心与人际关系间的关心紧密相连”[1]，但实际上智力上的关心更多的是一种认知和兴趣，而人际关系间的关心是一种移情和态度。纪实频道曾讲过一位具有精湛专业知识的巴基斯坦年轻人，狂热地试验自制炸弹，分装之后蒙混登机然后再在厕所里组装起来，以这种手法制造了多起令人震惊的飞机爆炸惨剧。儿童身上也可能出现这种偏差，他可能对昆虫有浓厚兴趣，小小年纪就知道很多关于昆虫的事情，却恶作剧地以残忍的手段虐待昆虫，如把胶水涂在蜘蛛、甲虫、蚂蚁身上。[2] 所以，教师在自己成为一个关心者的同时，要努力帮助学生建立起一种关心的关系，帮助学生发展关心能力。

听过一节语文课，讲的是人类自私残忍地破坏沙漠上坚强可贵的红柳，老师引导学生：“你会保护树木吗？”学生回答：“会。”老师再问：“你怎么保护？”学生：“我要尊重它们的生命，保护它们的生命。”“尊重”和“保护”在此略显空洞和无力，其实对于小孩子而言，言语的告诫远远没有行为的示范更令人信服。“种子的生长——绿豆芽研究”小组最开始对于绿豆发芽的条件不是很了解，结果由于水太多，种子基本上全腐烂了，孩子们很难过，他们不忍把这些烂掉的种子直接丢进垃圾筒，指导老师就建议他们在操场旁边空地上新栽了几棵小树，将种子埋在树根的土堆里，让它们“化作春泥”。小组中几个成员在每次的体育课上都会好奇地去看看有无变化。一天，意想不到的事情发生了，他们看到小树下的土堆里钻出了好多长着两个嫩芽的豆苗，这一发现让他们雀跃不已，他们马上告诉了指导老师和小组其他成员，于是每天下午放学后小组成员都有过来观察的，还为它们不定期地浇水。他们写下了详细的观察日记，还把这些豆苗与教室内养的豆苗做了比较，探究的热情极为高

---

[1] 内尔·诺丁斯：《学会关心——教育的另一种模式》，第27页。

[2] Max Van Manen, *The Tone of Teaching* (Ontario:The Althouse Press, 2002), pp.16–17. 转引自张华、李雁冰等：《研究性学习的理想与现实》，上海科技教育出版社，2004，第19页。略有改动。

涨。教师的建议创造了一个意外的惊喜，孩子们从难过到不舍到惊奇到振奋，亲见了种子“化腐朽为神奇”的力量，我想这种生命的奇迹会在他们幼小的心灵上刻下难忘的痕迹。

有些指导老师在指导学生课题研究时，为了凸现课题的深层意义和价值，总是想方设法跨学科挖掘，扩大课题影响范围，让学生写倡议书并签名，有些老师甚至根据多元智能理论中的七个智能分门别类地设计活动。这些做法的初衷很好，但前提应该是学生真正达到某种认识后的自觉行为。因为只有这样，学生写下的呼吁和承诺才能成为他们心灵的见证，否则只是为了博取注意的表演，只是空洞的口号和标语，只是有形式而无效果地说出老师希望说的话。

综合实践活动倡导融入社会，其中一个部分就是社会服务，设计思想是倡导关爱，让学生体会到社会是一个人人休戚与共的整体。必须注意的是，社会服务并不单是为了培养孩子服务和实践的技能，主要是为了养成他们关心的态度，所以活动安排要以关心为出发点。有些老师为了激发学生献爱心的积极性，会对学生关心行为的次数、范围甚至形式都有所规定并作为评价的量化部分。这些做法值得商榷，因为过于关注外在的要求和评量，会让学生不再真正关心他所付出关心的人或物，而是关心起自己所获得的外在结果。指导教师可以讲述自己或身边的令人感动鼓舞的故事，让学生也讲述自己被关心和关心他人的成长经历，双方在坦诚、温馨的氛围中逐步践行关爱。

想起法国著名作家圣埃克絮佩里的童话《小王子》，小王子曾经指引飞行员在沙漠中寻找水源，他用的方式是去“唤醒”一口井，我们也需要去唤醒心灵，需要从早已成为常态甚至略显重复的教育生活中发现不同。对于这种不同，狐狸说“它从来不吃面包，小麦对它毫无用处，麦田也不会使它产生任何联想，但是小王子有一头金黄色的头发，一旦小王子驯养了它，金黄色的小麦就会使它想起小王子，就连那滚动的麦浪里的风声，也会让它喜欢听”。狐狸所说的这种驯养关系，需要耐心、约定、习惯才能形成。这种状态是我们所缺乏和渴慕的，也是我们通过综合实践活动对社会性的追求所期望获得的一种成熟，“我们不断磨砺自己，变得日益质朴，日益真诚，日益纯洁，日益平和，日益温柔，日益善良和日益富于同情心”[1]。希望这种课程所营造的教育情境中培养出这样的人——“他们能够与别人和平相处；他们善待自然环境；他们待人接物都追求一种理智与和谐”[2]。

[1] 阿尔贝特·史怀泽：《敬畏生命》，第61页。
[2] 内尔·诺丁斯：《学会关心——教育的另一种模式》，第20页。

第六章

综合实践活动课程的自我维度*

综合实践活动课程是学生参与开发的课程，自我价值因而得以充分彰显。学会思考与判断、学会选择与负责，是综合实践活动自我价值的集中表现。自我本身就是一个生活世界，自我因而是丰富的探究资源；自我永远是独特的，但这种独特性是在关系中形成和发展的；自我价值的实现依赖于反思性探究。这是综合实践活动课程自我维度开发的基本原则。与此同时，我们在培养学生自主性时，要避免“被动的主体性”和“虚幻的自由”。

* 本章与李树培合著。

综合实践活动课程实施十几年来，一直是课程改革的热点，有的人津津乐道，主要是由于该课程是作为第八次课程改革的亮点；也有人为之纠结，主要缘由是在实施过程中一直找不准方向；更有人不知所措，不知道如何达成课程的目标……

综合实践活动课程还是一直向前进，其主要动因就是综合实践活动课程以其独有方式融入基础教育课程体系里面，以多样化的教育呈现融入师生的教育活动过程。

自 2017 年 9 月《中小学综合实践活动课程指导纲要》发布以来，对综合实践活动课程如何在中小学有效落实就成为我国现代教育语境下面临的重要话题。

自我维度体现着儿童与自身的关系，同时也映射着儿童与他人和社会的关系，渗透着儿童与自然的关系，是综合实践活动课程重要价值追求之一维。

马克思指出，人的生成和发展总体上分为三个阶段，“人的依附关系”是人的最初形态；“以物的依赖性为基础的人的独立性”，构成人的发展的第二大形态；“建立在个人全面发展和他们共同的社会生产能力成为他们的社会财富这一基础上的自由个性，是第三个阶段”。[1] 目前人类基本上告别群体本位时期，进入了个体本位时期，个人的价值、尊严、主体性得到了前所未有的肯定和凸显。综合实践活动所倡导的自主性必然包含两层含义：首先是学生选择的自由和思想的自由，通过这种自由充分体现自我的存在；其次是对这种自由承担责任，自由不是自我的膨胀，自我要与社会和自然发生关系，并对它们负责，为它们服务。[2] 自我维度是综合实践活动课程的出发点和价值旨归，折射出并渗透于社会维度和自然维度中，表现为儿童个性化的彰显和自主性的提升，具体体现在儿

[1] 中共中央马克思恩格斯列宁斯大林著作编译局编译：《马克思恩格斯全集》（第46卷），人民出版社，2003，第104页，转引自冯建军：《主体的历史生成与教育的三种形态》，《南京师大学报》（社会科学版）2000年第5期。

[2] 张华：《经验课程论》，上海教育出版社，2000，第222页。

童独立思考并付诸实践、有所选择并敢于负责的意识和能力的提高。

人与其他动物一样，都有其生存的现实过程，但人之生命活动却又不是与这种现实的生活过程相等同的，人与其他动物之区别还在于它总要对他的现实生活做出反思，去追寻现实存在的各种意义。[1] 有了独立的个人存在也就是说人有了自主性，人才可能成为社会的人，即人与人关系中的人。自主性的核心是自由和主动，即人都有选择的自由或免于受控制的自由，还要担负起主动地参与和行动的责任。自主性更多的是一种能力和素养，要以一定的环境条件为基础才能不断发展和巩固。对儿童来说，综合实践活动课程是一个发展自主性的良好渠道，如果引导得当的话，我们着力强调的人格品质如学会思考、判断、选择、负责等会得到集中培养和明显提升。

一、学会思考和判断

在综合实践活动的课堂上，"课题""方案""报告"等专业化、成人化意味很浓的词汇频频传入耳朵。我们一方面为儿童高兴，高兴他们有了自主探究的空间，能够动手动脑做点儿自己感兴趣的事情，同时也难免产生疑惑，在这些好听的名词背后他们做得怎么样？

二年级一组小朋友确立的研究课题是郁金香。在最后的展示会上，他们介绍了自办小报的内容，大致内容有对郁金香进行"纲目科属"的科学分类，介绍其外形"叶属披针形，有白粉，花通常鲜红色，花心黑紫色，花瓣倒卵形，结蒴果"，其他的小朋友听得云里雾里，索然无味。一个小孩子实在是坐不住了就嘟囔了一句"我想闻闻它"，立刻引发很多孩子的共鸣，他们小心翼翼地把鼻子凑上来，"哇，闻得想吃！""和我妈妈的脸一样香。""像香水的味道。"……孩子们一下子兴奋了起来，教室里荡漾开了孩子们的欢声与笑语，这

[1] 鲁洁：《一个值得反思的教育信条：塑造知识人》，《教育研究》2004年第6期。

才是儿童自己的世界。

三年级的课堂上，正在进行展示交流。“恐龙”小组制作了精美的小报，介绍了各种各样的恐龙，给大家朗读了上面的内容。然后主持了一个抢答活动，问了一些问题，诸如最大的恐龙是什么、最小的恐龙是什么，哪些是食草的、哪些是食肉的，等等。其中两个男生就某类恐龙是食草的还是食肉的争执得面红耳赤，一个说他从《十万个为什么》中看到的是食肉的，另一个说他在《恐龙博览》里看到的是食草的。主持人只好说我们下去再查查资料看看到底是什么。

五年级的一个小组确定的研究课题是日本侵华战争，在展示会上他们先对战争的定义进行考证，然后介绍二战中日本侵华罪行，特别详细介绍了南京大屠杀，并且对日本侵略者的行径进行抨击，但这些多是从史书中摘录而来。尽管言之凿凿，慷慨激昂，但是其他学生多对此毫无触动，面无表情。他们还排演了一个抗日英雄王二小的小品，结果只是在同学的哄笑中结束了。[1]

《人民政协报》2002 年 10 月 24 日报道，北京师范大学实验幼儿园的一次“做中学”课上，老师问小朋友小兔子爱吃什么，孩子们有说爱吃香蕉的，有说爱吃肯德基的，甚至有说爱吃石头的。老师说：“好好好，明天把你们认为小兔子爱吃的东西带来喂一喂试试看，小兔子究竟爱吃什么。”令老师啼笑皆非的是，第二天，孩子们拎来了一大堆萝卜，孩子们告诉老师：“妈妈说我瞎说，小兔子最爱吃萝卜。”[2]

恐龙可能是小学生尤其是男生比较感兴趣的话题，美丽的花草等可能是小女孩比较喜爱的东西，这从某种程度上也体现出性别差异。他们

[1] 上述三个案例均来自上海浦东东方小学的实验，由吴老师提供。——作者注
[2] 转引自孙俊三：《教育机会的把握与教育智慧的生成》，《教育研究与实验》2004年1期。

搜集了不少资料，对其类别、习性等如数家珍并引以为豪。就像现在大家都以儿童小小年纪就掌握多少英语单词、背诵多少唐诗宋词为荣一样。他们这种单纯的以见识多为荣的小小虚荣心也反映出儿童对成人的敬佩，对知识的渴望，对成长的向往。儿童基于自己的兴趣提出问题，并通过一定的方法，克服困难，搜集资料，在一定程度上解决了问题。这些都是以上活动中表现的进步之处。但是这还远未达到综合实践活动的应然要求。很多学生买了崭新的书，把相关内容剪下来，然后贴起来组成一份花花绿绿的材料，他们以为这就大功告成，对此心满意足。听着他们结结巴巴地读着那些剪贴或摘抄的晦涩句子，总让人有种异样的感觉。这是一群误闯入成人世界的儿童，他们对未知世界充满了强烈的好奇心，兴冲冲地想了解它，但是他们相信唯一的答案在书里，书里的内容就是权威。这也是我们传统教育方式使学生形成的积习。所以我们的孩子能想到做的一切就是查资料，这样便一头栽进了抽象的符号世界。这是一个成人的世界，对孩子来说高深莫测，他们或许并不理解，但是他们却对之深信不疑，虔诚而敬畏。就像一个追求美丽的小姑娘，并不知道怎样的打扮才适合自己，于是穿了妈妈的高跟鞋，或同样的一个小男孩，打上了爸爸的长领带……滑稽、尴尬、不合时宜。[1]

孩子们的所作所为对于他们已经很难能可贵了，但总觉得还少了点什么，除了当个恐龙知识和花草知识的小专家之外，是否还有某些更深层次更内在的东西值得我们注意呢？对于他们津津乐道的东西，他们到底是怎么看待的？跟他们自己的生活究竟有哪些关联？

不由得想起在网上很流行的一个笑话。一所国际学校出了一道题目，请来自世界各地的小朋友作答："对于其他国家粮食短缺问题，请你谈谈自己的看法。"结果，没有任何一个国家的小朋友会回答。非洲小朋友不知道什么叫作"粮食"，欧洲小朋友不知道什么叫作"短缺"，拉丁美洲小朋友不知道什么叫作"请"，美国小朋友不知道什么叫作"其他国家"，

[1] 张华、周翔：《试论小学综合实践活动课程的自我向度》，《山东教育科研》2002年第1期。

中国小朋友不知道什么叫作“自己的看法”。……

法国哲学家帕斯卡说，人只不过是一根苇草，是自然界最脆弱的东西，但他是一根能思想的苇草，因而我们的全部尊严就在于思想。虽柔韧，却不能放弃思考的权利，否则人便只是苇草了。我们不是天生就有自己的看法，也不是每个人都有着鼓励自己发表看法的家庭氛围和环境，所以我们学校就理应担负起培养学生独立思考、自主判断的责任，免得走出校门的学生尽管脑中塞满各种符号、公式、定理和术语，但缺乏情感和灵魂，一问及自己的看法就色变失语。

德国教育家第斯多惠早已指出：“发展与培养不能给予人和传播给人。谁要享有发展与培养，必须用自己的内部活动和努力来获得。”[1] 就像别人不能代替你生活一样，思考也必须自己来进行。但思考的习惯和能力是可以养成和巩固起来的。

比如在上面关于恐龙的案例里，当小组成员沾沾自喜于自己丰硕的“研究成果”时，教师在肯定和认可之余，是否可以借助小朋友善于想象的天性，引导他们想象一下：自己就是那个他最喜欢的远古时代的恐龙，那么他会有什么样的生活？有什么样的喜好和家族？有什么样的恐惧和危险？当时有没有人类？有的话可能是什么样子的，与恐龙的关系如何？……这样，远古时代的一切（当然不可能是真实的复现）跟他就有了关系，他就不再是可以完全抽离的旁观者，相反他会有感同身受的真切体验，有可能产生当初所没有的仁慈和爱怜。这时他与“恐龙”之间的关系不再只是冷冰冰的“我—它”关系，而是上升为马丁·布伯所说的“我—你”关系，因为此时他不只是把恐龙看作研究的对象和利用的工具，更把它当作自己的生命并与之对话。在日本侵华研究的案例里，他们只是搜集了种种数字、史料，而缺乏情感的融入，难怪班级其他同学会无动于衷，如果他们尝试去理解惨遭屠杀的30万人的概念，而不仅仅是记住这个数字，尝试从一个个具体的个体入手，那种惨烈，那种震

[1] 第斯多惠：《德国教师培养指南》，袁一安译，人民教育出版社，1990，第78页。

撼可能会大不一样，因为历史是活生生的、具体的、跟今天的现实生活密切相连的。

在关于小白兔的案例里，教师精心营造的教育情境被孩子母亲的善意无意间破坏时，教师不必叹惜教育机会的丧失，其实此时又有新的教育机会产生了，比如既然妈妈告诉了他们小兔子喜欢吃萝卜，那么除了萝卜之外，小兔子还喜欢吃什么呢？“教育情境通常不允许教师停顿下来进行反思，分析情况，仔细思考各种可能的选择，决定最佳的行动方案……教师平均每分钟就要做一个决定……教师要在不断变化的情境中不断采取行动。”[1] 教育情境是多变的，任何预设都可能落空，需要教师抱着开放的心态，用灵性和智慧去应对和捕捉珍贵精彩的瞬间。

除了营造鼓励思考的学习氛围和捕捉需要思考的教育时机，我们还要鼓励儿童阅读时的积极思维参与。儿童整日沉湎于电子游戏等屏幕类的东西，整日埋头于教科书中未必都是好事，即使玩耍也要多带他们到大自然中去、到同龄孩子中去，那样他们接触到的才是灵动的鲜活的人、物、景。过于依赖电子媒介，过于依赖既定知识，如教科书等，可能会剥夺儿童独处的空间以及畅想和思考的机会。现在有些小孩子缺乏幸福感，这也与他们缺乏快乐独立的阅读，缺乏自己精神上的独立空间和自我体验有关。

在探究课上，一个关于阅读的小组正在活动，大家都在七嘴八舌地说自己看过的以及最喜欢看的书是什么，一个记录员在负责记录，但有个戴眼镜、短发、面容清秀的小女孩却一脸漠然地坐着，仿佛置身事外。我发现记录下来的都是儿童文学，如《男生贾里》《女生贾梅》等等。我坐到这个女孩身边，跟她先闲聊了几句。然后问她看过大家列出来的那些书吗，她说没有看过，我就问她是不喜欢看呢

[1] 马克斯·范梅南：《教学机智——教育智慧的意蕴》，李树英译，教育科学出版社，2001，第144–145页。

还是没有看过，她说那些书没有什么意思，我很好奇她看些什么书，她说她看的都是优秀作文写作技巧之类的。看着她与年龄不符的老成持重、脸上的漠然、眼中仿佛闪过的不屑与渴望，我心里不禁有点儿难过。或许她父母不让她看课外“杂书闲书”？或许她自己喜欢写作？或许她口味独特真不喜欢同年龄段孩子都喜欢的读物？抑或是我多虑了？[1]

阅读其实是一件很私人化的事情，是每个人充实自我的有效渠道。学生阅读面的狭窄，课外书的名不副实（就像上述案例中的小女孩连课外书都是与考试有关的），必然会导致学生整体阅读的单调、功利，思维的定势和体验的划一。“即使当一个人离群索居、沉溺于他自己的各种观念之中时，他实际上也是与已经思考过他正在思考的事情的其他人生活在一起的。他阅读各种书籍，回忆他曾经拥有的各种经验，并且设想他有可能在其中生活的环境。这里存在的内容始终具有某种社会性。”[2] 当然这种阅读不仅仅为了寻求既定的知识，而且借助文本与他人的思想进行交流和碰撞，对自我过去积淀的事件、经验、观念等进行重新思考和建构，于是思维的火花就会激发，独到的见解得以产生，一个新的与他人紧密相联又不同于他人的自我就逐渐确立。

二、学会选择和负责

综合实践活动给了儿童很大的自主权，他们可以按照自己的兴趣和爱好确立主题，可以自己寻找合作伙伴，甚至自己选择指导教师，人们不禁会问：这么多的自由对于小小年纪的他们来说能否消受得起呢？因为自由毕竟不是一件物品，不是能够直接给予的东西；自由更多的是一种习得的能力，是一种行事的方式。

[1] 本案例为在综合实践活动课程实验学校的观察记录。——作者注

[2] 鲁洁：《一个值得反思的教育信条：塑造知识人》，《教育研究》2004年第6期。

上课铃响了，匆匆忙忙整理了一下思路，进了教室。学生陆陆续续地走了进来，因为他们来自不同的班级，所以要比平时多花一点时间适应新环境。看得出，有的人一下子就适应了，神情平静地看着我，而大部分学生，过了好几分钟，眼神和动作还是慌乱茫然的。好不容易把他们安顿好了，简单介绍了一下探究课的特点，特别强调它不像平常上课一样"老师讲学生听"，而是让学生自己去研究探索自己感兴趣的事情，老师只是指导帮助他们完成研究工作。我的话一说完，许多学生脸上的表情轻松了不少，有少部分学生表现出跃跃欲试的神情，当然还是有一部分学生的脸上仍然是茫然的。猜得出，他们并不知道也没想过他们要来干什么。

接下来，我提出了两个问题让他们思考并写到纸上：

1. 在生活中，你对什么事物或什么现象产生过兴趣，思考过为什么？

2. 如果你想对它们进行研究，你认为自己具备什么条件？

学生们很快行动起来了，我把交来的纸条快速浏览了一遍，出乎我的意料，绝大部分学生对第一问题的回答都集中在天文宇宙方面，只有两个学生写了历史，还有一个学生写了生物。而对于第二个问题，大部分学生没有回答。大概是我说得不够清楚，只好又重复了一遍。于是有不少同学回答家里有电脑可以上网查资料，也有同学说家里有书或者可以到学校图书馆查资料。当然仍有一部分同学脸上还是一片茫然。[1]

的确，人们的担忧不无道理，从小孩子习惯了给予和束缚，孩子从小的行动选择总是受到别人尤其是成人的影响和干涉，他逐渐习惯接受

[1] 本案例为综合实践活动课程实验学校吴老师的选题实录。——作者注

别人给他做出的选择，轻易放弃自己的选择，甚至不想自己动脑筋做出选择，一旦有了自由，他们反而不知所措，反而留恋起枷锁来。当让他必须做出选择的时候，就出现了上例中好几次出现的词——茫然。但这并不意味着我们要顺应这种惯性，继续保持甚至加紧这副枷锁，相反，我们还是要尝试放手让学生独立选择，哪怕先出现暂时的混乱和不适。吴老师在后续的反思中写道：

> 学生选题太窄，一方面是因为学生第一次参加这种活动，还不太适应；另一方面是受老师的影响，我是他们的地理老师，学生在选题时，潜意识会选择与老师所教学科相关的课题。更深的原因是，绝大部分学生平时很少有过对周围世界的好奇与思考，今天很多学生提出的问题是临时想出来的，而不是他们平时真正思考过、关注过的。后来，又用了两节课，让学生继续思考、讨论、头脑风暴，终于确定了两个课题，一个是“色盲怎么过马路”，一个是“仙人掌”。虽然我所指导的学生光选题就用了将近三周时间，但我觉得学生从一开始的茫然到思路逐渐打开，选出他们感兴趣的能够展开研究的有点儿意义的课题，这本身就是一个值得肯定的进步。[1]

很多时候，学生表现出来的无能并不是学生真的无能，而是源于我们对学生的不信任，一切都要指定、插手，甚至包办代替，久而久之学生就真的无能了。北大有位博士抱怨导师不给他上课，只让他看书：“我习惯听课，教师不讲让我问，这算什么教师？”这种令人啼笑皆非的尴尬促使我们深刻反省我们的教育教学的价值追求，检视我们习惯行为背后可能暗含的文化意蕴。的确，“从道德上和理智上对儿童的极端轻视和对他们过于热情的理想化，都有它们共同错误的根源，两者都来源于把

[1] 本案例为综合实践活动课程实验学校吴老师的选题实录。——作者注

儿童的生长各阶段看成是某些不相联系的和固定的东西”[1]。一位音乐老师曾经跟我们分享过她的一个故事：有节课一个学生忘记带笛子，老师就让他指挥，结果他超常投入，指挥得非常出色，这位老师说如果当时呵斥批评他没有“带武器上战场”，很有可能学生会忐忑不安甚至怀有敌意地度过这节课，而自己也不会发现他的指挥才能，不会发现换种处理方式会带来这么意外的惊喜和收获。

> ……这次展示中出现了很多意想不到的精彩之处。小红和小兰研究的是橡皮，而且她们的指导教师中途由于学校里的其他事情而撤出这个阵营，不再指导她们了，真担心她们无法继续。没有想到今天她俩表现得这么好！她们编了一个小品，两人分饰了五个角色：两个孩子、各自的妈妈还有心理医生，讲述的是两个孩子由于学习压力以及妈妈的严加管教而得了橡皮综合征的故事，演得非常生动、感人，赢得了不少掌声。之后她俩对同学的提问也进行了非常巧妙和圆满的回答。小红还总结道：自己之所以能够较好地回答有些同学的提问，就是她从电视上的辩论赛中学会了怎样巧妙地把问题抛还给提问者，给自己争取时间，同时也让问题更加清晰明确。她们还说最开始由于指导教师的离开，再加上查不到资料，两人曾灰心丧气了好一段时间，最后想：总不能“弃甲投降”加入别的小组吧？再怎么也有两个人，就不信研究不出点东西来！所以两人就相互鼓劲儿、经常讨论，还常常向家长和别的指导老师请教，终于达到了今天展示的这个程度。[2]

小红和小兰在这个课题的研究过程中表现非常出色，她们对自己所

[1] 约翰·杜威：《学校与社会·明日之学校》，赵祥麟、任钟印、吴志宏译，人民教育出版社，1994，第121页。
[2] 本案例取自我们在江苏昆山玉峰实验学校的实验。名字为化名。——作者注

选课题的坚持和执着，对自己的严格要求和负责，勇于挑战困难并花时间和精力求教他人，值得我们思考如何在综合实践活动课程里培养学生普遍具有这种精神和行为。因为事实表明，还是有不少学生在教师放权让自主选择的时候，反而不知所措，却转过身来期待教师给出明确的题目甚至具体操作步骤，他只要按部就班照着做就可以了。而一旦遇到困难首先想到的就是放弃，再换个题目。“人怎样生活，就会成为怎样的人。如若十几年的学校教育，养成了依赖、等待、随从等对待生命的消极态度，那么，走上社会以后他们还会依然期待着有决定权的人来决定自己的行动。而且，一旦他们有了决定权，还会无视生命发展的主动权应该属于每一个人，还会同样以主宰者的身份去控制所能管辖的人。”[1]真正的教育只有在自由的氛围中才能成立。质疑的自由、表达的自由以及人格成长的自由，都是不可或缺的。综合实践活动为学生自由权利的实现提供了前所未有的条件，而这种自由权利的实现需要师生双方共同的理智努力和情感投入。

苏霍姆林斯基说：“在人的心灵深处，都有一个根深蒂固的需要，那就是希望感到自己是一个发现者、研究者和探索者，而在儿童的精神世界中，这种需要则更强烈。”[2]儿童都有探究的兴趣和冲动，但儿童也有畏难趋易的本性，他们的兴趣很多时候是表面上的甚至是叶公好龙式的喜欢，是从众性的跟随，所以在综合实践活动课程里如何保护儿童探究的冲动，如何尊重儿童的需要，如何巩固学生的兴趣，如何激起学生承担责任的勇气和意识，等等，都是教师要着力解决的问题。比如在上面的案例里，小红和小兰付出了种种努力，获得了大家的认可和肯定。我们教师就可以借此营建一种不畏艰难、挑战自我的精神氛围，使得大家产生对成功的渴望和期待，并使这种难能可贵的精神得以加固并深化为面对问题和困难时的一种行为习惯。

---

[1] 叶澜：《“新基础教育”语丝》，《基础教育》2004年第5期。

[2] 转引自陈培瑞：《教育：新的挑战与抉择》，山东教育出版社，2001，第192页。

选择的自由不仅仅意味着一种权利，同时也意味着要承担相应的责任，在综合实践活动中有深刻体现的这种品质和要求是我们对儿童的期待和希望。但这种品质和素养并不是靠随意的课题研究活动和盲目的摸索经验就能养成的，正如埃默森所指出的，这种对儿童期和青年期的敬重，这并不为教师开辟一条容易而悠闲的道路，“却立刻对教师的时间、思想和生活提出巨大的要求。这个方法需要时间，需要经常运用，需要远见卓识，需要事实的教育……”[1] 这需要教师和其他相关成人有意识的引导，需要教师对儿童在活动过程中遇到的各种问题和困难保持高度的敏感和警觉，需要教师恰当及时的引导和回应，帮助儿童探究外部世界的奥秘、体验内心深处的感悟。教师有意识的、及时的、明确的引导和建议，其实是对儿童选择的一种肯定、确认和鼓励，让儿童感受到一种安全、信任、关爱、理解和希冀，儿童就知道在课题探究的道路上，他们并不孤独和单薄，那么他们就可以更加独立自由地选择并勇敢坚毅地承担责任。

三、自主性培养的误区辨析

经济条件的改善使得孩子从出生起就处于层层保护和关爱中，很多家长甚至早早地规划好了孩子的人生发展路线，导致孩子自己真正的兴趣和选择的能力受到忽视和压抑。其实孩子进入社会后每天都要面临选择，如果那时他还等待别人给他做决定和安排，如果从那时起再来培养自己的独立性、责任心、选择能力和判断力，可能会丧失很多机会。综合实践活动正是出于这样的考虑，把学生自主性的培养作为一个重要的价值追求，可是长期以来重视知识传递和接受的教育积习，使得教师和学生在课题探究过程中对于获得的自主机会并不能恰当充分地享用。因此，我们对综合实践活动开展中常见的误区进行辨析。

[1] 约翰·杜威：《民主主义与教育》，王承绪译，人民教育出版社，2001，第61页。

（一）被动的主体性

这一现象在选题阶段表现得尤为明显。很多老师生怕学生提出的问题太过怪异，超出自己把握的限度，就自己先确定范围或者直接指定题目，使一切都在自己的掌控之中。于是师生就在“自主性”的旗号下继续着有标准答案或固定程式的“探究”活动。

Z老师无精打采地坐在教室后排，她的小组成员有10个左右，此时四散而坐，有的在写作业，一个女生在收作业，还有几个男孩子无所事事。第二次路过Z老师的教室，她仍坐在原来的位置上，还是忧心忡忡。两个老师围在她旁边。一听之下，他们还在讨论选题的事情。一位男老师大声建议说：“就在那本书里面选就行。那本书蛮好的。自己想一个太难了。”

那本书。又是那本书。

我们第一次注意到那本书是在“钟表”课题小组的王老师手里，当时她正在给学生布置回家后的任务——搜集各种钟表的标牌，手里举着一本书，要求学生把搜集到的标牌贴在书的某一页上的表格里。这本书引起了我们的注意。要来一看，原来是一本浦东新区出的研究性学习资料手册，封面上清楚地印着：适用于3—5年级。而“钟表”这一主题，以及学生刚刚在课题研究记录本上填写的各个子问题，赫然就在书中。在“纸”课题小组的教室里，我们在讲桌上发现了同一本书被扣放在那里，翻开，“纸”这一课题以及学生计划中的子课题也在其中……老师过来解释说，这本资料挺好的，正好适用于3—5年级，而且问学生，他们也很感兴趣。在和王老师的约见中，她也表达了同样的想法。据了解，这位王老师上学期是通过调查学生确定的课题。以前没有这本资料，王老师如是说。看来，从这本研究性学习参考资料中选题，进而确定更具体的研究计划正在成为一种普遍现象。[1]

可以说，集多位专家之力编写的这本资料中的主题非常全面，也很适合学生探究，问题是这样指定范围且后续步骤都事无巨细地列出参考建议，学生只要按照上面的要求就能够得出成熟的“自己的探究结果”，这样的探究还能催生学生自己的思想吗？恐怕催生出的只是学生更加坚定无疑的信念：任何东西都是有标准答案的，任何答案都可以借助搜索引擎获得，任何提问和对答案的探寻只不过是一场知识竞答的游戏，固定答案就在那里，存在差别的只是谁掌握得更多更熟练。

问题的症结不在于学生没有问题，而是我们成人想当然地认为学生没有问题，或者想当然地否认学生的问题。或许学生在学习能力、接受新事物的速度、行为习惯等方面天生会有差异，但作为一个人，任何一个学生在内心深处都有好奇的本性和探究的欲望，毕竟，在生活中没有旁观者。“一个人必须有他自己的目的和问题，并且能自行思考，在心理方面才是一个个体。”[2]

教师应该以平常心来看待探究，探究并不是专家学者的专利，儿童天生就是探究家、哲学家，儿童发自内心的探究实际上大都来自真实的生活情境。比如实验学校进行的比较深入的探究主题——“我们的早餐”“牙齿”“小河”，都是在日常生活真实情境中产生的，他们对真实问题的关注促使他们调动已有的知识和经验，主动寻求新的资源来解决问题，获得的亲身体验将是任何书本无法预设和替代的。所以指导教师自己必须放低眼光，关注到具体细微的日常生活，关注儿童所感知和体验的日常生活，敏锐地捕捉真实的问题，或营造类似的真实情境，促发儿童的问题意识。

我们对儿童的探究注重的应该是“态度上的独创性”，儿童的探究不

[1] 摘自刘宇撰写的学校田野记录。——作者注

[2] 约翰·杜威：《民主主义与教育》，第321页。

可能像专家的创造那样影响深远，但“只要能有真正的学习，他们就能获得从他们自己的观点来看的发现，在正常的熟悉别人已知的教材的过程中，甚至年幼学生也会以出乎意料的方式做出反应”[1]。如果学生有一个真正的自己的问题，“它唤起他的好奇心，使他热切地寻求有助于解决问题的知识，同时他又具备相当的实行工具，那么这个人在理智上就是自由的了。……否则，他表面上的注意力，他的温顺驯良，他的一切记诵和复述，都将带有理智上的奴性”[2]。对于这种理智上的奴性，社会哲学家弗洛姆曾形象地描绘道：“学生们只会用心地听课，记住老师讲的每一句话，从而理解它们的逻辑结构与意义，并尽量一字不漏地把它们记在自己的活页笔记本上，以便他们以后记住这些笔记，顺利地通过考试。……他们不需要产生和创造任何新的东西。事实上，这种占有型的个人往往会因某一课题的新思想或新观念而感到不安，因为新的思想或观念动摇了他们所获得的固定的知识。”[3]

综合实践活动中必须努力避免这种“理智上的奴性”，努力培养起理智上的自由，培养出具有开放心态、对问题敏感且善于思索的学生。那么我们指导教师首先须开阔视野、放眼看世界，“像悉心培育精神抖擞的良驹那样培育好奇心，天天攀山越岭，奔驰在茂盛的、充满阳光的山林”[4]，在错综复杂的教育景观里，把隐藏在日常事件中的教育问题当作一个个机遇，在探索和发现的心灵之旅中获得惊喜。指导教师须直面自己的内心，直面儿童的探究，关注日常生活和儿童心灵，与学生一起确立起他们力所能及的、真正感兴趣的问题，把自己向伟大的奥秘开放，在理智的传统中、在巨人的肩膀上形成自己的思考、发出自己的声音。唯有如此，学生的主体性才不会是“悬在半空中的神话”，教师才能培养出

[1] 约翰·杜威：《民主主义与教育》，第322页。
[2] 同上书，第322-323页。
[3] 黄颂杰主编《弗洛姆著作精选——人性·社会·拯救》，上海人民出版社，1989，第612页。
[4] 帕克·帕尔默：《教学勇气——漫步教师心灵》，吴国珍、余巍等译，华东师范大学出版社，2005，第113页。

能用自己头脑思考的下一代，“21 世纪是中国人的世纪”才可能不再被认为是“近似狂妄的痴人说梦”。

（二）虚幻的自由

对于自主性的另一误解是想研究什么就研究什么，想怎么研究就怎么研究。于是，学生天马行空，根据电视影像或科幻博览类书籍中的内容想出各种问题，如百慕大三角的秘密、牛痘的形成、太阳黑子、台风、宇宙等问题，教师也觉得要遵循学生的兴趣和自由，于是就采取“民主”的表决方式，确定了其中的某些课题。综合实践活动并不是由着学生的性子，尤其当学生脱离实际太远或者价值观念、课题方向出现偏差时，教师必须发挥关键的引导和促进作用，“让学生置身于与所要研究的领域相关的现象——即真实的事物而非书本或是讲授——以帮助他们关注有趣的东西，使他们参与其中，如此方能使之继续思考并惊叹所要认知的事物”[1]。

教师在与学生共同探究的过程中要尊重学生的兴趣和能力，但切忌放纵学生沉溺于虚幻的空想。因为综合实践活动的目的是基于生活、在生活中、为了生活，而一味鼓励异想天开，可能“意味着鼓励哗众取宠，并把胡思乱想、胡说八道合理化，结果或许可能促成某些儿童将来有原创性的成就，然而随心所欲，自以为是，若习惯成自然，也可能成为儿童通向科学道路的障碍”[2]。何况小学生所掌握的知识技能储备有限，教师应引导他们关注身边的日常生活，在实际生活中找到自己感兴趣的问题，在体验和感受生活中通过一系列的思考探究来解决问题，发展敏感的观察力以及探索的热情。

在探究的过程中，学生没有了日常课堂教学中标准答案的束缚，获得了表达自己想法的机会和自由。经常看到讨论热烈的小组，可你旁听

[1] 爱莉诺・达克沃斯：《精彩观念的诞生——达克沃斯教学论文集》，张华等译，高等教育出版社，2005，第164–165页。
[2] 陈桂生：《教育实话》，华东师范大学出版社，2003，第48–49页。

一会儿后，会发现这些孩子如一群小鸟一样叽叽喳喳，每个人的发言内容都跟另外一个人几乎毫无关联。或者在分工时大家很难协调好，每个人都不愿妥协，自己想做哪一部分就要做。杜威曾说，学校是自由和社会控制这种虚构的对立表现得最鲜明的地方，“只要涉及相互交流的主动作业的学习，在学习过程中就发生社会控制……对自由的要求的实质，就是需要有一些条件，使个人能对集体利益做出他特殊的贡献，并且使他在参与集体活动时，社会指导应该是他自己的精神态度，而不只是他的行动受到权威的支配”[1]。综合实践活动就是涉及相互交流的共同学习，个人的自由绝不是散乱的为所欲为，而是围绕共同主题的集思广益，必须学会分享和倾听。“只有在‘用心地相互倾听的教室’里，才能通过发言让各种思考和情感相互交流，否则交流是不可能发生的。”[2] 教师要与学生一起建构出相互倾听的氛围，改变争当发言主角、结果只关注自己发言机会的局促紧张氛围，而是把焦点真正放到每个人发言的内容上，使大家都能够耐心、平和地真正倾听每个人的观点。

这是一节《只有一个地球》(人教版语文六年级上册)的公开课。在老师的启发下，学生对珍爱地球、保护地球资源有了强烈的忧患意识，执教老师顺势发问：“闭上眼睛想一想，在生活中你有没有做过浪费资源、破坏环境的事情呢？”孩子们陷入了深深的沉思，老师自责地说道：“我就曾将吃过的饭盒随手丢弃。”顿时，老师的率先自省，如一石激起千层浪，“我乱吐过香口胶”“我看见水龙头在滴水却听之任之”。一时间，群情激动，水到渠成，孩子们纷纷表示要从自己做起、从现在做起、从小事做起，立即投入环保行动。

这时，一个孩子激动地站了起来：“其实生活中不必要的浪费无处不在，老师，请原谅我说句不该说的话，现在咱们这个课堂上就在

[1] 约翰·杜威：《民主主义与教育》，第319页。
[2] 佐藤学：《静悄悄的革命》，李季湄译，长春出版社，2003，第24页。

浪费电力资源。”我定睛一看：那是个胖胖的高个子男孩，稚气的脸上写满了执着。一语惊人，听课的教师也都在下面低声议论。

上课老师显得有些惊慌，她问孩子：“为什么这样说？”孩子指着老师身后巨大的投影屏幕心情沉重地说道：“屏幕上这些字书上都有，为什么我们就不能看书呢？这句话打在屏幕上快十分钟了，我们又不用看它，白白耗费电力资源，这不就是一种浪费吗？”

的确，大屏幕上的那句话——“我们这个星球实在是太可爱了，同时也太容易破碎了”寂寞地待在屏幕上已很久没人注意了，这一下显得那么刺目。电教室里静得出奇，我也是满腹狐疑，老师会怎样解决这突如其来的异议呢？

“我把课文内容用屏幕打出来是为了方便听课老师。”老师辩解着，显然有些不悦。那孩子刚想张开的嘴又闭上了，默默地坐了下去，沮丧的神色中仍旧透出一丝不服。

且不说本案例中多媒体技术使用的恰当性和意义何在，我们单就教师对于学生的质疑所做出的回应分析何谓真正的自由。教师以身作则地启发学生自我反思、自我批判，但当学生真正提出质疑，且矛头直指教师本身的时候，教师无力的辩解立马戳破了自己千方百计营造的良好反思氛围的泡沫，结果很可能助长“坐而论道”的消极风气，培养出更多“口头上的巨人、行动上的矮子”。

“自由并不轻松，自由是一种人生责任，是一种能力、一种素质。”[1]但这种能力、素质并不是与生俱来的，因为可能并不是人人都自然地渴望自由，并愿意承担真正的自由所必然附带的责任。“在何种条件下人们会企求自由并能够自由地行动？在何种条件下他们愿意并能够承担自由所赋予的责任，并将这些责任不怎么视为负担而是他们乐意接受的自我

[1] 张华：《经验课程论》，上海教育出版社，2000，第222页。

改造？”[1] 这些都是我们应该思考的永恒课题。教师在指导学生共同探究的过程中，要努力就何谓真正的自由做出表率，让学生体验如何维护和行使自己的自由，并促进别人的自由，达致共同成长的自由与和谐。

[1] C·赖特·米尔斯：《社会学的想象力》，陈强、张永强译，生活·读书·新知三联书店，2005，第189页。

第七章

项目学习论

“项目学习”，即基于项目理念和方法理解并组织学习的课程取向，而项目则是对源自现实世界的课题的深度研究。项目学习的根本特征是：它是儿童的真实研究；它立足儿童的真实生活；它体现儿童的文化特征与个性特征；它是学校的核心课程。尽管作为一种教育实践活动，项目学习已有 400 多年历史，但其理论和实践的正式确立则是 19 世纪末 20 世纪初的进步教育运动，杜威与克伯屈是其理论的创立者。启蒙运动以来儿童的发现、教育的民主精神、教育的理性精神体现了项目学习的本质。项目学习的设计与实施既要体现儿童做项目的特殊性与复杂性，又要处理好与其他课程的关系。

自19世纪中后叶、特别是20世纪以来的世界教育，可以总体地称为“民主主义时代的教育”。教育中的民主精神和科学精神在学校课程与教学中的重要体现是“项目学习”的登场。考察“项目学习”的精神实质、历史发展和实施过程，不仅对我国方兴未艾的综合实践活动课程提供启迪，而且对反思传统的课程与教学观具有重要帮助。

一、项目学习的历史发展、内涵与特征

作为一种课程与教学取向，“项目学习”（project-based learning，简称PBL）起源于16世纪末罗马和巴黎的建筑学校或艺术学院中，到18世纪中后期，它作为一种学术和教学方式在教育中正式获得确认。自18世纪中后期至19世纪末，经过100多年的演进，“项目”（project）由建筑领域拓展到工程领域，成为理工大学的常规教学方法，而且由欧洲移植到美国。从19世纪中后期至20世纪初，“项目学习”成为手工训练学校的普通教学方法，并将这种手工训练普遍应用于从幼儿园至高中的普通公立学校中。从20世纪初至20世纪60年代，在美国进步主义教育思潮和进步教育运动的影响之下，“项目理念”（project idea）和“项目教学法”（project method）被重新界定，视为“民主化时代培养学生自由个性、民主素养的基本理念和方法”，是“民主社会的基本要求”。这样，关于“项目”的理念和方法不仅在美国迅猛发展，而且被重新移植回欧洲。20世纪70年代以来，“项目”理念和方法重新复兴，在欧美和东亚国家特别是北欧、中欧、美国、日本被广泛倡导，众多当今教育改革运动如“综合学校运动”（comprehensive school movement）、“社区教育运动”（community education movement）、“开放课程运动”（open course movement）、“实践学习运动”（practical learning movement）等，都把“项目教学法”作为实施其改革方案的重要策略。倘从19世纪中后期算

起，这是第三次在世界范围内倡导“项目”理念和方法。[1] 进入 21 世纪，伴随信息技术、知识经济和数字化时代的到来以及教育民主化运动的新进展，“项目学习”已成为世界基础教育领域的基本教学方式和课程取向之一。

“项目学习”，一言以蔽之，即基于“项目”理念和方法理解并组织学习的课程取向。“项目”（project，亦可译为“课题”或“设计”），“是对源自现实世界的课题的深度研究，这些课题值得儿童关注并付出努力。”对一项特定课题（topic）而言，通常是由整班同学共同完成，班内再分成不同小组，分别承担不同子课题（sub-topic）。有时候，班内的一个小组也可承担一个课题，即一个班分成不同小组，每个小组承担不同的课题。极少情况下，一个人也可承担一个课题。[2]

有人把“项目学习”的共同特征概括为如下九个方面：（1）学生在一个较长的时间段里对所选课题进行多方面研究；（2）“项目”的内容是学生所关心的现实世界的问题；（3）针对一个来自现实世界的总体挑战，学生遭遇障碍、寻找资源并解决问题；（4）在学生完成不同任务的过程中，他们在不同观念之间做出自己的联系并获得新的技能；（5）学生运用真实的工具即现实生活中的资源和技术解决问题；（6）学生对他们自己的思想的价值可以从相关专家和现实生活的检验中获得反馈；（7）现实世界的问题以其充分的复杂性得以呈现；（8）学生在不同观念间发现学科之间的联系；（9）学生在解决问题的过程中与模糊性、复杂性和不可预测性做斗争。

从对“项目学习”的定义和特征的种种探讨中，可以梳理出其四个关键内涵或特征：

第一，“项目”即研究。“项目学习”一定是学生对其生活所展开的

---

[1] Michael Knoll, “The Project Method: Its Vocational Education Origin and International Development,” *Journal of Industrial Teacher Education* 34, no.3 (1997): 59–80.

[2] Lilian G.Katz and Sylvia C. Chard, *Engaging Children's Minds: The Project Approach* (2nd ed.) (Stamford, Connecticut: Ablex Publishing Corporation, 2000), p.2.

真实的研究，即一定要在生活中发现问题，经过理性反思将问题上升为研究课题，事先对课题研究进行计划，实际到生活情境中对课题展开研究，事后要对课题研究的结果进行系统反思。这是儿童理性的学习生活、探究生活的过程。尽管这个过程兴味盎然、妙趣横生，但它却不同于儿童自发的游戏活动，尽管游戏对儿童发展同样重要。

第二，“项目”即生活。“项目学习”信奉的基本理念是“学校即生活”“生活即教育”——儿童需要在学校里过真实而非虚假的生活，生活本身具有教育价值。尽管学校科目中的学科知识归根结底是对现实世界或真实生活的理解和反映，但学科却不能代替生活，生活本身具有独立价值。儿童的“项目”源自现实世界或真实的生活；儿童要到真实的生活情境中去“做项目”；儿童“做项目”的目的是融入生活、完善生活。

第三，“项目”即儿童。儿童“做项目”的过程就是儿童做自己的研究的过程，这个过程既体现出儿童个体的独特性，又体现儿童同伴文化的共同特征。因此，“项目学习”体现了儿童的兴趣和需要，在很大程度上是“学生驱动的”（student driven）。从提出问题、确定课题，到制订计划、展开探究、反思结果，在这一系列过程中，学生具有很大的自主性，尽管这些过程成功的必要条件是教师的有效指导。“项目”不是科普常识，而是儿童对自己生活的理解和创造。“项目”对教师同样是未知的，因此，教师不能向儿童强加自己的理解和规范。

第四，“项目”即课程。“项目学习”是旨在发挥生活的教育价值的学校核心课程和核心教学策略，而不是学科学习的辅助和边缘。因此，基于巩固学科知识和技能的目的而做应用题、做实验，甚至从事附加的社会实践的内容，不属于“项目学习”之列，因为这些活动未自觉地直面学生自己的问题和发挥生活的教育价值。只有承认真实生活或现实世界具有学科知识所无法替代的独特教育价值，才能使“项目学习”成为学校课程的有机构成、核心构成，而不被置于边缘或排除在外。

二、项目学习的思想基础

如上所述，作为一种教育实践，"项目学习"已有400多年的历史；但作为一种公认的课程项目理念和教学思想在基础教育领域确立下来，不过百年时间，是美国进步教育思潮和欧洲新教育思潮的产物。

杜威的"建构性作业"（constructive occupations）或"主动作业"（active occupations）的理念第一次系统确立起"项目学习"之思想基础。杜威始终把教育与民主主义的理想紧密地融为一体。在杜威看来，民主不仅是一种社会组织形式或政治体制，还是公民的生活方式或态度。因此，培养学生的社会洞察力和社会问题解决能力是民主化时代教育的永恒目标。把学习变成一种主动探究过程，探究的内容是各种"建构性作业"或"主动作业"。所谓作业，是指"复演社会生活中进行的某种工作或与之平行的活动方式"[1]。这是着眼于儿童经验的发展而对社会生活中的典型职业进行分析、归纳和提炼所获得的各种活动方式，如商业、烹饪、缝纫、纺织、木工、金工等。杜威说："准备社会生活的唯一方式是参与社会生活。"[2] 通过主动探究各种精心选择的项目和具有真实社会意义的"作业"，学生不仅发展社会理解力和责任感，而且满足经验持续增长的要求和持久学习的兴趣，并发展科学的反省思维或问题解决的能力和思考问题的习惯。[3] 杜威在1896至1904年间于其创办的芝加哥大学实验学校成功实验了这种教育理想。[4] 杜威的"建构性作业"或"主动作业"是人类教育史上的伟大发明之一，是"项目学习"的经典形态之一，是一份伟大的课程遗产。

---

[1] John Dewey, "The School and Society," in *John Dewey: The Middle Works, 1899–1924,* Vol.1, ed. Jo Ann Boydston (Carbondale: Southern Illinois University Press, 1976), p.92.

[2] Michael Knoll, "The Project Method: Its Vocational Education Origin and International Development," *Journal of Industrial Teacher Education* 34, no.3 (1997): 59–80.

[3] 张华：《经验课程论》，上海教育出版社，2001，第104–107页。

[4] 张华：《杜威"研究性学习"的思想与实验》，《当代教育科学》2005年第22、23、24期。

与杜威同时代的理查兹（C. R. Richards）在杜威思想的基础上发展出“自然和社会学习”（natural and social learning）的理念，并将之付诸实践。他在哥伦比亚大学师范学院的贺拉斯·曼学校（Horace Mann School）成功实施了这种理念。例如，在老师的启发下，二年级的学生决定从事一项“印第安课题”（an Indian project）研究。他们阅读了诗人朗费罗（Longfellow）的诗歌《海华沙之歌》（*Hiawatha*），讨论了印第安人的习俗和礼仪，参观了自然历史博物馆。他们进而做帐篷、做服装、造弓箭，目的是要过一天印第安人的生活。在做课题的过程中，学生获得了相应的知识与技能。因此，教学并不先于“项目”（课题）而进行，而是融在“建构性”项目之中的。[1]

杜威的学生和同事克伯屈（W. H. Kilpatrick）在 1918 年发表的《项目教学法》（民国时期将此文译为《设计教学法》）一文第一次明确提出“项目教学”的概念。他于 1925 年又出版了《方法的基础：关于教学的非正式谈话》一书，进一步发展了这一概念。克伯屈把“项目”界定为“热情的目的性行为”（hearty purposeful act），这一行为包括四个方面，即确定目的、制订计划、执行和判断。在他看来，任何“目的性行为”从建造机器到学习法语单词，甚至看日落和听贝多芬交响乐，均可成为“项目”。这样，“项目”的外延就大大扩大了。克伯屈的“项目”理念与杜威相比至少存在三个区别：第一，杜威强调社会问题解决并以培养社会能力和社会洞察力为目的，而克伯屈却带有浓郁的儿童中心主义色彩；第二，克伯屈的“项目”具有强烈的行为主义色彩，深受桑代克（Edward L. Thorndike）学习心理学的影响，从而对活动的智力或思维方面重视不够，而杜威强调反省思维并将智力的自由运用视为教育的重要目标；第三，杜威致力于儿童的经验和学科知识之间的平衡与整合，而

[1] C. R. Richards, “The Function of Handwork in the School,” in *Teachers College Record*, Vol.1, (1900), 249–259. Quoted from Michael Knoll, “The Project Method: Its Vocational Education Origin and International Development,” *Journal of Industrial Teacher Education* 34, no,3(1997): 59–80.

克伯屈基于“儿童未来的需求是不确定的”这一观点而反对“预定”学科内容。[1]

通过克伯屈的一系列研究尤其是其出众的演讲才能，“项目教学法”深入人心，很快在教育实践中得到普及。在20世纪20年代，“项目教学法”几乎在美国所有小学得到实施。而且，克伯屈的“项目教学法”即使在今日欧洲依然影响深远。所以，克伯屈的主要贡献是使“项目教学法”在实践中得到普及和实现。但是，其思想中存在一定的儿童中心主义和行为主义倾向。

进步教育运动之后，“项目学习”依然在继续发展，其思想基础可概括为如下方面：第一，进步主义教育思潮的当代形态，如兴盛于20世纪70年代的“开放教育运动”〔open education movement，亦称“自由学校运动”(free school movement)〕；第二，改造主义教育思潮（该思潮认为学校教育不是被动适应现实社会需要的工具，而是着眼于未来改造社会现实、建立一种社会秩序的过程）以及批判教育思潮（把教育作为一种“反思性实践”，通过社会批判而实现社会公正和人的解放）；第三，盛行于20世纪五六十年代的学科结构运动强调分科且脱离社会，但其倡导对学科结构进行“探究—发现”学习的观点为“项目”理念运用于学科逻辑积累了宝贵经验；第四，最近二三十年以来认知神经科学和心理学的新进展引起了学习理论的革命，认为“知识、思维、操作和学习情境难解难分地缠结在一起”，为“项目学习”提供心理学基础；第五，在认识论上，建构主义（constructivism，认为知识的获得是学习者主动建构的过程而不是外部世界的摹写或外部知识的授受）以及创生主义〔enactivism，认为知识建构的本质是“共生”(co-emergence)，即学习者与环境或他人互动和交往的结果〕的崛起，为“项目学习”提供新的哲学基础。

总结百年来“项目学习”理念的发展，我们对其思想基础可至少获

[1] 丹尼尔·坦纳、劳雷尔·坦纳：《学校课程史》，崔允漷等译，教育科学出版社，2006，第174页。

得如下三点结论：

第一，启蒙运动以来“儿童的发现”。儿童阶段具有内在价值，每一个儿童都具有独特价值。儿童的内在价值、独特价值集中体现在儿童自己的思想之中。儿童的思想在表达和实现中发展。“项目学习”是儿童思想发展的内在要求。

第二，教育的民主精神。教育不仅为了民主主义的社会理想，而且本身必须组织为民主生活方式，这是民主化时代的必然要求。“项目学习”立足社会生活和社会问题，在学校和社会之间架起桥梁。而且，“项目学习”本身充满了对差异的尊重和民主合作精神。

第三，教育的理性精神。现代科学的一大成就是引发了“教育革命”，使教育摆脱了单纯的信仰教化和规范灌输的古老形态，建立在理性反思的基础之上。教育不仅为了科学进步，而且本身必须是科学的——具有科学研究的本质特性。教育即研究。学习是学习者主动探究生活和学科的过程。“项目学习”就是把学生视为真正的研究者而主动探究其生活的过程。

三、项目学习的实施

“项目学习”在项目和实施上远比学科知识的系统讲授以及学生根据教师的安排做练习要复杂得多。好的“项目学习”可以使学生积极参与到学习过程之中，将学习过程变成探究过程，在探究中生成新的探究，学习因而与人生统一起来，成为持续终身的个性发展过程。而坏的“项目学习”可能比坏的“接受学习”还糟，它可能会形成浮躁虚夸、浅尝辄止的坏的学习习惯，可能会浪费时间而一无所获。由于“项目学习”尊重了学习的复杂性，它本身是复杂的，因此，“项目学习”的项目和实施依赖于复杂的条件。

从现实世界中选择一个“话题”（topic）并使之成为学生探究的“课题”（project），是实施“项目学习”的第一步。研究幼儿园和小学“项目学习”的资深专家、加拿大阿尔伯塔大学教授查德（Sylvia C. Chard）列举了一系列判断一项“好课题”的标准，我们将之归纳为如下十九条：（1）儿童是否对课题感兴趣；（2）课题是否源自现实世界；（3）儿童对课题是否已经具有一定的个人经验；（4）课题是否便于儿童进行动手操作（探究）、取得第一手经验；（5）为获得研究课题必要的信息，儿童对成人或书本的依赖程度有多大（要适度依赖）；（6）是否有人能来到儿童身边向他们谈论关于本课题的第一手经验；（7）儿童对课题是否会产生许多不同的问题；（8）儿童是否有机会主动探究他们自己的问题；（9）课题是否有助于儿童以不同的方式表现其研究发现；（10）儿童在关于研究成果的戏剧表演中是否有机会承担不同角色；（11）是否有供儿童计算、测量和比较的东西；（12）课题研究中事物的形状、颜色、质地、大小等重要变量怎样；（13）能从儿童的家长那里获得怎样的专业支持；（14）倘若儿童对本课题的兴趣是短暂的，能否从中自然生成新的探究课题；（15）课题是否能够帮助儿童更好地理解他们生活的世界；（16）课题是否有助于儿童彼此间更好地理解；（17）课题是否促进儿童与其家长的交往；（18）课题能否使儿童在现实生活的情境下理解文字素养和数字素养（literacy and numeracy）的价值；（19）课题是否鼓励儿童到校外寻找信息来源。很显然，这些标准主要是针对小学和幼儿园的孩子从事“项目学习”的特点而提出的。

美国学者韦伯斯特（Tupper Webster）在《项目即课程：条件是什么？》一文中从更宏观的角度探讨了理想的“项目”的条件，亦即标准：（1）所开发的课题是否反映了儿童的问题；（2）课题是否能够引发儿童的独立思维和创造性思维；（3）课题的管理方式能否适应不同的参与水平并提供多样化的认知挑战，以使每一个儿童都不会把自己视为失败者；（4）课题的探究过程是否具有这样的特点，它使基本学术技能的运用成为必要；（5）课题是否有可能使所有参与者体验社会合作与道德责任，以保证课题的成功完成；（6）对儿童生活的世界中的一切——材料、物体、人和事，参与课题是否提供可能让儿童既增加有关它们的知识，又促进对其欣赏；（7）课题是否反映了儿童试图建构他们自己的理解和解释的愿望。[1] 不难看出，韦伯斯特是从课题对学生发展的价值的角度确立标准的，这些标准可适用于任何年龄阶段的“项目学习”。

有效实施“项目学习”的关键是理解其发展阶段和构成要素，即其结构问题。关于“项目学习”的结构，查德曾这样写道：

> 一方面，当指导原则确立起来之后，结构包括了限制。儿童并非简单地做他们喜欢的任何事情。另一方面，结构给儿童提供一个框架，帮助他们理解别人期待他们做的事情。如此说来，结构不仅是限制，还是解放。比如，儿童能够在一个总的框架之内以独特而灵活的方式完成他们的工作。在此过程中，不同的观点得到确认，又致力于达到一个共享的目标：使课题成功。[2]

解放而不放纵，有指导亦有自由，这是教师指导“项目学习”的基本原则。

查德据此提出了“项目学习”的三个阶段和五个特征，这是查德对“项目学习”结构要素的基本理解，我们可将之简称为“三五”模型。理解这个模型是实施“项目学习”的关键。

关于“项目学习”的三个发展阶段，查德等人写道：“课题的结构恰如一个好故事，它们都有开始、中间与结尾。这些结构要素被界定为典型的彼此衔接的三个总的阶段。”[3] 这样，查德等人就根据一般常识把

[1] Tupper Webster, “Projects as Curriculum: Under What Conditions?,” *Childhood Education* 67 no.1 (1990): 2–3.

[2] Sylvia C. Chard, *The Project Approach: Managing Successful Project, Book 2* (New York: Scholastic).

[3] Lilian G. Katz and Sylvia C. Chard, *Engaging Children's Minds: The Project Approach* (2nd ed.) (Stamford, Connecticut: Ablex Publishing Corporation, 2000), p.71.

“项目学习”分成“课题计划与启动”“课题实施”“课题反思与结论”三个阶段。

第一阶段：课题计划与启动。“项目工作第一阶段的主要任务是，参与的儿童就选择的话题说出他们已知的信息、观点和经验，以建立课题探究的共同基础。在第一阶段，教师帮助儿童对选择的话题建立共享的观点，形成引导其探究的一系列问题。”[1] 对特定话题已经知道什么？尚存在哪些需要探究的问题？如何对这些问题展开研究？比如到哪里去访问，访问谁，该做些什么，该探究什么对象，如何表现探究的结果，如此等等。本阶段要做的主要事情是：创造问题情境；对话题形成观念图（梳理已有的观念、知识）；列举探究问题；制订详尽的研究计划。

第二阶段：课题实施。根据预定计划展开课题探究过程，包括到具体情境中展开一系列研究，以及采用各种方式表现自己的研究所得。本阶段要做的主要事情是：准备现场工作（field work）；到现场与具体的物、人、情境接触而展开具体研究；对现场工作进行讨论、总结与提升；必要时再次进入现场对遗留问题或新产生的问题进行追踪研究；访问相关人员等。本阶段是课题研究的主体。

第三阶段：课题反思与结论。“项目工作第三阶段的主要任务是帮助完成个人和小组的工作，并总结已经学会的东西。在第三阶段，希望绝大多数儿童会对所选择的话题分享彻底的、深入的理解。”[2] 在本阶段，教师既帮助儿童反思其探究过程，又帮助儿童用富有想象力的方式如艺术、故事、戏剧等将所获得的新知识个性化，同时要敏锐地运用儿童的思想和兴趣在已完成的课题和下一个即将要探究的课题之间实现有意义的过渡。本阶段要做的主要事情是：反思探究过程和结果；展示探究成果；使获得的知识个性化。

---

[1] Lilian G. Katz and Sylvia C. Chard, *Engaging Children's Minds: The Project Approach* (2nd ed.) (Stamford, Connecticut: Ablex Publishing Corporation, 2000), p.70.

[2] Ibid., p.72.

尽管三个阶段在“项目”发展过程中首尾相接、层层递进，但各阶段的内容却并非呈僵化的线性关系。制订计划的任务不仅表现在第一阶段，在第二阶段，随着课题的进展，预定计划很可能会不断得到调整，而第三阶段又预示着下一个项目的研究计划。不仅在第二阶段展开课题研究，第一阶段的问题提出和计划制订、第三阶段的反思本身就是研究。而课题反思不仅是第三阶段的内容，还始终渗透于第一阶段和第二阶段。

关于“项目学习”的五个“策略特征”，查德等人写道：“好的项目工作是教师对项目进行明智的结构化的结果。成功的项目拥有一个由几个结构特征所构成的灵活的框架，这些特征适用于一个项目的所有三个阶段。”[1] 查德等人把这五个“策略特征”归纳为“讨论”“现场工作”“研究”“表现”和“展示”。

“讨论”（discussion）。这是贯穿“项目学习”始终的特征或要素。所谓“讨论”，就是“当鼓励儿童从其生活经验出发协作商谈并发展思想时所谈论的东西”[2]。这种讨论的最大特点是始终存在于孩子们之间、始终基于生活经验，而不是像许多学科教学那样，因讨论是掌握学科的手段，故最终必须回到老师、回到学科逻辑。

“现场工作”（field work）。这是带着研究问题和方案到问题或课题所在的现实情境或现场进行观察、访谈、实验、操作、记录等探究和体验工作。从空间上看，这主要是一种走出教室或校园的探究、体验活动。它旨在获取关于问题或课题的一手经验。可以说，没有“现场工作”，就没有真正意义的项目学习。

“研究”（investigation）。这是“项目学习”之核心。“项目总包含着

---

[1] Lilian G. Katz and Sylvia C. Chard, *Engaging Children's Minds: The Project Approach* (2nd ed.) (Stamford, Connecticut: Ablex Publishing Corporation, 2000), p.73.

[2] Karen Gallas, *The Languages of Learning: How Children Talk, Write, Dance, Draw and Sing Their Understanding of the World* (New York: Teachers College Press, 1994), Quoted in Lilian G. Katz and Sylvia C. Chard, *Engaging Children's Minds: The Project Approach* (2nd ed.) (Stamford, Connecticut: Ablex Publishing Corporation, 2000), p.74.

某种研究。”[1] 不论是到现场取得一手经验，还是围绕课题从书本或网络寻找资源，都要经历产生假设、验证假设、完善假设、生成思想等阶段。这是儿童基于生活经验所从事的深度研究，而不是简单的、无目的地玩耍或嬉戏，尽管其中充满了探究乐趣。

“表现”（representation）。这是儿童用多种方式（如戏剧表演、绘画、建造、文字、图表、音像等）表现其经验、先前知识、问题、研究发现和对结果的解释的过程。“对任何一个项目，教师自始即可帮助儿童运用所选择的表现方式彼此共享经验、知识和技能。儿童亦可结合表现策略澄清并提升他们计划要共享的信息。”[2] 这样看来，“表现”既是对所获得的知识的个性化过程，又是共享思想的过程，还是思想不断发展的过程。

“展示”（display）。这是把课题探究的结果汇总起来，通过某种手段如展板、教室墙壁、书架、桌面等呈现出来，由此进行系统总结、反思、欣赏、评价、提升的过程。在这里，“展示”带有评价的功能，既有助于反思已有的结果，又预示着未来项目的方向。

这五个特征彼此间是相互渗透、相互交叉的。如“研究”精神渗透于所有五个特征之中，“讨论”过程亦可贯穿于“现场工作”“研究”“表现”和“展示”之中。

“三个阶段”和“五个特征”之间的关系又如何？根据查德等人的观点，它们彼此间是复杂的、纵横交织的网状关系。一方面，“五个特征”可能存在于每一阶段中，不过有所侧重而已。比如，“讨论”“现场工作”“研究”“表现”和“展示”都可能在以制订计划为核心的第一阶段呈现出来，尽管本阶段的主要特征是“讨论”“研究”和“表现”。另一方面，每一个特征在三个阶段中的表现形态和功能又不尽相同，呈递进关系。“讨论”在第一阶段表现为分享关于话题的先前经验和当前知

[1] Lilian G. Katz and Sylvia C. Chard, *Engaging Children's Minds: The Project Approach* (2nd ed.) (Stamford, Connecticut: Ablex Publishing Corporation, 2000), p.75.
[2] Ibid..

识；在第二阶段表现为准备现场工作和访谈，评论现场工作，学习二手资料等；在第三阶段则表现为准备分享课题的故事，评论和评价课题探究。“现场工作”在第一阶段表现为儿童与其父母谈论他们的经验；在第二阶段表现为走出教室到现场做研究，在现场或教室访问专家；在第三阶段则表现为以外部的、别的小组的眼光来评价课题。“表现”在第一阶段表现为用绘画、书写、表演等方式分享先前经验和知识；在第二阶段表现为现场的草图和笔记，用绘画、文字、数学图表、地图等各种方式表现其新学习的东西；在第三阶段则表现为浓缩、总结探究故事以便与他人分享探究成果。“研究”在第一阶段表现为根据现有知识基础提出问题；在第二阶段表现为研究初始问题，通过现场工作和图书馆研究提出进一步的问题；在第三阶段表现为对新问题进行推论和思考。“展示”在第一阶段表现为分享个人经验的各种表现；在第二阶段表现为分享新经验和新知识的各种表现，不断记录项目工作；在第三阶段则表现为总结整个项目学习。

由此看来，这五个“策略特征”不仅是“项目学习”的结构要素，而且是衡量“项目学习”是否有效实施的标准。只要落实了这五个要素，“项目学习”就能得到有效实施。

四、项目学习与其他课程之关系

从历史与现实、理论与现实综合来看，作为一种课程与教学取向，“项目学习”与其他课程之关系，大抵包括如下四种情况。

第一，“项目学习”跟随系统知识、技能学习之后。这是一种古老的模式，一直沿用至今。学生先在系统教学中学习规定的知识、技能，然后将所学知识、技能独立地、创造性地应用于“实践性项目”（the practical project）之中，由此实现知识、技能熟练和创造力、想象力发展之双赢。这种模式起源于19世纪末的手工训练学校，当时的重要倡导者是美国华盛顿大学理工学院院长伍德沃德（Woodward）教授[1]，如今盛行于各类学校的“毕业项目”即属此模式。在中小学广泛运用的学完某些知识、技能之后搞相应的“探究活动”，亦属此模式。该模式的优点是容易被广大教师接受和采纳，不足之处是不利于知识、技能学习过程的真正改善，“项目”活动有可能流于形式或成为知识、技能灌输的点缀或辅助。

第二，将“项目”置于教学核心并贯穿教学始终。该模式产生于19世纪末、20世纪初美国“进步教育运动”，但比第一种模式略新，也一直流行于今天。该模式认为知识的本质是经验，只有在整合主动操作和反思的“项目”活动中才可能发生真正的知识学习，“做中学”（learning by doing）是学习的本质，因此，“项目学习”在学校课程中占主导地位。像杜威在美国芝加哥大学实验学校所实施的“主动作业”理念，前述理查兹在杜威思想基础上实施的“自然和社会学习”理念，均是典范。影响深远的克伯屈的“项目教学法”亦属此模式。该模式的优点是能够实现知识学习的彻底改造，不足之处是操作困难、对教师的要求高，尤为不利的是容易遭遇强调“标准化测验成绩”的社会环境的排斥。

第三，既强调“项目学习”在学校课程中的核心地位，又为其制定内容标准。这种模式是新近产生的，由美国巴克教育研究所（Buck Institute for Education）开发，被称为“基于标准的项目学习”（standards-focused PBL），其内涵被这样界定：“通过拓展的探究过程使学生参与知识技能学习的系统教学方法，该过程围绕复杂、真实的问题与缜密项目的产品和任务而组织起来。”[2] 该模式强调学生围绕一个“核心问题”（a driving question）而从事项目学习，该“核心问题”与课程的内容标准紧密相连，并可根据内容标准来评价学习结果。这样各门学科知识都可以

[1] C.M. Woodward, *The Manual Training School, Comprising a Full Statement of Its Aims, Method, and Results* (Boston: Heath).

[2] Thom Markham, John Mergendoller, John Larmer and Jason Ravitz, *Project Based Learning Handbook* (Buck Institute for Education, 2003).

用这种基于标准的活动来学习。这种模式显然是根据社会需要对上述第二种模式所做出的“改装版”，正如该模式的倡导者所言，“之所以创造指向标准的项目，是为了更好地适应强调问责和表现的时代（the era of accountability and performance）”[1]。该模式的优点是易于为教师和社会所接受，潜在的危险是使“项目学习”的教育价值打折扣。

第四，“项目学习”与知识技能的系统教学及其他课程并行不悖、相互渗透、相得益彰。比如，查德等人主张在幼儿园课程中，项目学习可以和其他课程如户内外自发游戏、讲故事、音乐活动、搭积木、玩水、自发戏剧表演等并行不悖，其区别在于前者是有主题、有计划、持续时间较长，后者往往是自发的。在小学，项目学习和知识技能的系统教学亦可做到相得益彰：知识技能有目的地运用于有意义的活动中更可能被掌握，而项目活动有意识地运用了知识则更深刻、更有力量。[2]“项目学习”与系统教学，一个侧重对生活世界、现实世界的探究，一个侧重对学科知识的探究，二者完全可以做到相得益彰。但不要把二者的并行不悖变成学校课程的“两张皮”，杜绝把学科知识的灌输合法化。其实，二者的区别主要不是学习方式的不同，而是学习内容的不同。

无论采纳何种模式，需要谨记的是：第一，只有使学校课程成为一个有机整体，其教育价值才能充分发挥；第二，无论何种课程与教学取向，其价值的发挥都依赖于缜密的项目和富有创造性的实施过程，“项目学习”的实施与讲授教学相比，其复杂性更大、条件更为苛刻。诚如韦伯斯特所言：

> 一天、一月、一年中偶尔实施一下项目学习，其价值是有限的；鼓励、允许或要求项目学习与课程的其余部分绝少关联，也远远不

[1] Thom Markham, John Mergendoller, John Larmer and Jason Ravitz, *Project Based Learning Handbook* (Buck Institute for Education, 2003).

[2] Lilian G. Katz and Sylvia C. Chard, *Engaging Children's Minds: The Project Approach* (2nd ed.) (Stamford, Connecticut: Ablex Publishing Corporation, 2000), pp.11–17.

够。教师关于儿童学习方式和他们能学什么、应学什么的观点，以及反映在班级工作和关系中的价值观，是决定明智运用项目的关键要素。这些观点应持续体现在学校生活的每时每刻、群体生活的方方面面。[1]

五、项目学习与我国综合实践活动课程

“项目学习”相当于我国综合实践活动课程中的考察探究，即“研究性学习”内容（亦对应于当前上海基础教育领域倡导的“研究型课程”）。通过上述考察，我们至少可以获致下列结论。

第一，毋庸讳言，我国的综合实践活动课程有民族文化的深厚基础并有其自身的历史发展。但它必须拥有了世界教育史的视野才能既成为我国教育现代化进程的有机构成，又具有后工业时代、知识经济时代教育的特征。启蒙运动以来“儿童的发现”、教育中的民主精神、教育中的科学精神是现代教育（包括后工业时代的教育）与古代教育在理念上的分水岭，这是“项目学习”的思想基础，亦是我国综合实践活动课程的思想基础。

第二，“项目”是学习方式、教学方式和课程形态的三位一体。我国的“研究性学习”亦然。“项目即研究”“项目即生活”“项目即儿童”“项目即课程”是“项目学习”的基本特征，亦是理解我国“研究性学习”课程本质的重要维度。让儿童基于生活做研究，在反思生活中融进生活并学会有创意地去生活，是对“研究性学习”课程本质的一般概括。

第三，“研究性学习”课程追求学生创造个性的发展，其实施过程亦充满了创造性。但实施过程的创造性集中体现在使“讨论”“现场工作”“研究”“表现”和“展示”这五个关键的结构要素变成有机整体、

[1] Tupper Webster, “Projects as Curriculum: Under What Conditions?,” *Childhood Education* 67, no.1 (1990): pp.2–3.

得到落实和实现。教师有效指导“研究性学习”活动乃至整个综合实践活动课程的基本原则是：指导是为了而不是限制学生的自由。

第四，综合实践活动课程不仅要处理好研究性学习与其他内容（如社会服务、设计制作、职业体验等）的关系，还要处理好与其他学科课程的关系。学生的心灵不是不同课程内容、不同学科相互竞争和掠夺的领地。恰恰相反，它要求不同内容基于学生的经验和内在要求而组织为一个有机整体。历史上处理“项目学习”与其他课程之关系的种种探讨，为我国处理综合实践活动课程与学科课程之关系、使二者有机融合和相得益彰提供了有益借鉴。

第八章

服务学习论

服务学习是将社区服务与学科课程结合起来的课程与教学取向。该取向历久弥新，成为当今世界最主要的课程改革追求之一。服务学习最主要的特征包括：明确而真实的学习目标、适应真实的社区需要、学生做决定以及分析性反思。时至今日，服务学习已经历三个历史时期，发展到制度化阶段。服务学习不论对学生的学科学习成绩的提高，还是对其个性及社会性发展、公民责任感、职业意识，均有显著的积极影响。而服务学习价值的体现，依赖于高质量和创造性的实施。探讨服务学习，对完善我国方兴未艾的社会服务活动，乃至整个综合实践活动课程，具有不可替代的价值。

这个世界会好吗？这是一个全球伦理问题。为了让这个世界变得更好些，教育需要培养具有批判意识、民主精神和改造社会的能力的公民。这种公民是“主动的学习者”与“负责任的公民”两种角色的统一。为了培养这样的公民，“服务学习”应运而生。

一、服务学习的内涵

“服务学习”（service-learning）是学生在教师指导下通过从事社区服务而学习知识和技能、发展多方面能力、养成公民责任感和健全个性的课程与教学取向。正像这个术语本身所表明的，它是“社区服务”和“学术学习”（academic study）的整合。它把“学会服务”（learn to serve）和“在服务中学习”（serve to learn）两种行为整合起来。它把“为了更好的学生”和“为了更好的公民”两种目的整合起来。正如全美服务学习委员会（National Commission on Service-Learning）主席、参议员格伦（John Glenn）所言：“服务学习在读、写、算 3R 教育之上又增加了关键的第四个 R：责任（responsibility）。”[1]

服务学习种类繁多：可以是学校服务学习，如辅导同伴、为年幼儿童的学习与生活提供帮助、清扫校园并进行垃圾分类、美化校园与教室等等；亦可以是社区服务学习，如为福利院或养老院的孤寡老人提供帮助、为特殊学校的残疾儿童提供帮助、为医院或博物馆等公共场所提供帮助、各种保护环境的活动、各种维持交通安全的活动等。无论何种服务学习，其基本特征或要素包括如下四个方面：

第一，明确而真实的学习目标。服务学习的目的不是经济和社会效益，而是学生的学习改善与人格发展。这是服务学习与学生基于经济目的而做出的参与社会的行为（如大学生从事家教或其他“打工”）或单纯为了满足社区需要而做出的服务活动的本质区别。因此，学校的服务

---

[1] National Commission on Service-Learning, *Learning in Deed: The Power of Service-Learning for American Schools* (2002).

学习必须始终与学校课程相联系，与学生在一定学段、年级需要达到的学术标准（学科课程标准）相联系。美国俄勒冈州的督学拉德（Roger Rada）曾这样说："教师有时候为这样的理念而努力：服务学习不是某种附加在课程上的东西，而是传授课程的方式。通过参与服务学习，让孩子们参与社区服务并将课程与之联系起来，教师们将会用更有意义的方式传授课程。我的经验是：一旦老师尝试它，他们就爱上它。"[1] 总之，服务学习需要有明确而真实的学习目标：从事这项服务学习需要学习和运用哪些知识技能，发展哪些能力和情感，形成怎样的公民意识和社区责任感，等等。

第二，适应真实的社区需要。服务学习在本质上是解决学生为什么而学习，即学习的意义问题。每一个人必然生活在特定社区中，社区因而构成一个人的一切活动包括学习活动的"底色"。社区需要就是社区中每一个个人的需要。满足真实的社区需要不仅仅是为服务学习创造好的环境，这本身就是寻找学习的意义的过程。"只有当学生帮助满足真实的社区需要或帮助解决对社区重要的问题的时候，服务学习才是有效的。当服务学习被人为弄成或碰巧弄成'做做的工作'（make-work），它就是无效的。"[2] 这里的"社区需要"首先是"学校社区"的需要，如为年幼的儿童提供辅导或其他帮助；其次是学校及其学生所生活于其中的更大社区的需要，如环境保护、为孤寡老人提供帮助等。在满足真实的社区需要的过程中，社区工作者（合作者）会对学生的工作提供重要帮助，学生及其教师因此获益良多，这就实现了学校与社区的真正融合。

第三，学生做决定。服务学习是学生主动寻找学习意义的过程。从发现社区的需要和问题，到形成具体的服务和研究计划，再到具体执行计划和从事服务活动，最后到系统反思、评价研究和服务活动的过程和

[1] National Commission on Service-Learning, *Learning in Deed: The Power of Service-Learning for American Schools* (2002), p.16.

[2] Ibid..

结果，这一系列环节都是学生主动做决定的。“当年轻人在服务学习过程的各个方面主动参与决策制定的时候，它才是最有效的。”[1] 在有些情况下，学生可能自己发现了社区的需要或问题；在其他情况下，也可能是教师向学生呈现得到认可的社区需要，学生参与到制订解决方案的过程中。无论如何，学生一定是服务学习的主动参与者，而不是被动执行别人的决定，更不是从事一项自己不情愿的“苦役”。另一方面，教师的有效指导是保证服务学习质量的前提，在这里，教师发挥的是一个咨询者、组织者、指导者和共同参与者的角色。

第四，分析性反思（analytic reflection）。反思乃思想之“网”。人在学习过程中所收获的任何思想和体验无不是通过反思而进行的。因而，反思是服务学习的关键要素。所谓“分析性反思”就是将经验产生的过程与背景、经验本身在分析的基础上加以反思与综合。反思渗透于服务学习的所有阶段，从制订计划到实施再到评价。反思的内容包括：学生正在运用哪些方法来学习？学生正在学习或应用哪些学科知识？与学生正在探讨的问题有关的更大的问题是什么？这里的关键是，通过反思过程，学生可以明确他们的服务活动与其学习之间的联系。反思和分析可以发生在课堂讨论中、写作中以及理论与经验的比较中。由于服务学习是一种经验学习，经验是建立在反思的基础之上的。[2] 因此，对服务学习而言，反思既是一种构成要素，又是一种教学方法。“在教师的仔细引导下，反思成为一种实践方法，指向于发展复杂的、整合的思维，问题解决能力和深刻的理解。”[3]

全美服务学习委员会从校本服务学习（school-based service learning）“是什么”和“不是什么”的维度对之做出进一步剖析，这有助于我们理

[1] National Commission on Service-Learning, *Learning in Deed: The Power of Service-Learning for American Schools* (2002), p.17.

[2] 约翰·杜威：《民主主义与教育》，王承绪译，人民教育出版社，2001，第153-166页。

[3] National Commission on Service-Learning, *Learning in Deed: The Power of Service-Learning for American Schools* (2002), p.17.

解。[1]（1）“校本服务学习是一种把社区服务和课程学习结合在一起的教学方法，而不是与学术知识毫无联系的志愿者服务项目或社区服务项目。”这就是说，只有将服务活动与学术知识结合起来，才是服务学习。（2）“校本服务学习是与学术课程内容及标准整合起来，而不是‘附加’（add-on）在既有的课程中。”这就是说将服务活动表面地附加在学术课程上，不是服务学习。（3）“校本服务学习是学生帮助确定并满足真实的、明确的社区需要，而不是为了毕业而去计算一定数量的服务时间。”这就是说，服务学习是“真服务”，而不是“假服务”。（4）“校本服务学习在本质上是相互的，对社区和学生双方都有益，而不是片面的，或者对学生有益，或者对社区有益。”这就是说，服务学习是将学生和社区融合为“一”，而不是维持原先的割裂状态。（5）“校本服务学习是一种鼓励并促进将主动的公民作为公立教育一部分的有效方式，而不是由学校行政人员或法院作为一种惩罚形式所强加的强迫服务。”这就是说，服务学习具有教育目的论意义——为了培养好公民。（6）“只要适合于学习目标，服务学习是可以用于任何课程领域的教学取向，而不是只用于诸如社会科课程、公民课程等。”这就是说，服务学习是一种普遍教学取向，而不隶属于特定科目。（7）“服务学习是可以适用于任何年龄的人，即使是最小的孩子，而不是仅适用于高中生或大学生。”这就是说，服务学习具有年龄的普适性。

深入理解服务学习的内涵，还需要明辨它与几个相关概念的关系。这些概念分别是“社区服务”“地方本位学习”与“项目本位学习”。

与服务学习关系密切、且常常在理论和实践上被混为一谈的概念是“社区服务”（community service）。二者的共同之处在于都包含旨在满足真实的社区需要的服务活动。但其间的区别是显而易见的。（1）二者分属不同的范畴：“社区服务”属于社会学范畴，而服务学习则属教育学范

[1] National Commission on Service-Learning, *Learning in Deed: The Power of Service-Learning for American Schools* (2002), p.17.

畴。（2）二者性质不同："社区服务"只是为了满足社区需要，其外延要宽泛得多；而服务学习则必须同时实现满足社区需要和学习学术课程的双重目的，因此，其服务活动必须与学术内容整合于一体，是学术性知识和技能的社会生活应用。诚如美国学者洪内格（Meredith I. Honig）、卡尼（Joseph Kahne）和迈克劳林（Milbrey W. McLaughlin）所言："服务学习活动……是经过审慎设计的，旨在发展技能和加深对学术内容的理解。质言之，从定义看，服务学习是一种把学校和社区联系起来的社区服务形式，旨在通过审慎的努力为年轻人建构学习机会。"[1] 这就是说，服务学习的根本目的是教育目的，它把理智能力发展和社会性的培养融为一体。

与服务学习密切相关的另一个概念是"地方本位学习"（place-based learning）。"地方本位学习"亦称"地方本位教育"（place-based education），"是一种植根于学生自己的生活、社区和地区的课程取向"[2]。该课程取向旨在解决杜威100年前所提出的问题，即正规学校教育与学生生活剥离由此将学习异化为向学生强加的教条。"地方本位学习采用地方环境——社会、文化、经济、政治和自然环境——作为学生分享教育经验的重要情境。""通过将学习置于学生及其社区的生活和关切中，地方本位教育利用了学生对世界的自然兴趣和他们渴望被他人尊重的愿望。"[3]"拥抱地方""解决真实的问题""为学生提供生产知识而不是消费知识的机会""激发学习的愿望"是"地方本位学习"的重要特征。[4] 这样看来，"地方本位学习"与服务学习就是极其相似的概念。其间的细微区别只是表现在："地方本位学习"更强调地方和真实问题的解决，不一

[1] Meredith I. Honig, Joseph Kahne and Mibrey W. McLaughlin, "School–Community Connections: Strengthening Opportunity to Learn and Opportunity to Teach," in *Handbook of Research on Teaching (Fourth Edition)*,ed.Virginia Richardson (Washington, D.C.: American Educational Research Association 2001), p.1011.

[2] G. Smith, "Going Local," *Educational Leadership* 60, no.1 (2002): 30.

[3] Ibid..

[4] Ibid., pp.30–33.

定做出服务活动；服务学习则必须在服务活动中从事学习，而服务的对象未必是自己生活的社区，有可能跨越地区甚至国界来从事服务学习。

服务学习与“项目本位学习”的关系颇为微妙。“项目本位学习”是源自真实世界和儿童兴趣的研究，旨在探究“世界是什么”，不一定有服务活动，如儿童探究“种子的生长”或“蚂蚁的习性”等；而服务学习则是用实际行动回答“这个世界会好吗”，一定是在服务中学习。“项目本位学习”主要是探究学习或问题解决学习；而服务学习是一种更为综合的学习，除问题解决学习之外，“体验学习”占很大比例，如照顾孤寡老人和残疾儿童之类的服务学习，情感的升华是重要目的。

另一方面，“项目本位学习”和服务学习之间的内在联系和彼此交叉是显而易见的。“项目本位学习”不是价值中立的，其根本目的也是为了追求学习的意义，它不仅植根于儿童的生活和社区之中，而且是为了使生活和世界变得更美好。因此，在教育目的上，“项目本位学习”与服务学习是交叉、重合的。服务学习只有包含了问题意识和问题解决行为，才能理性、深刻和富有批判精神，否则会陷入肤浅的“感情主义”（sentimentalism）。诚如杜威所言：“我认为除了死板、呆滞、形式主义和千篇一律之外，威胁我们教育的最有害的东西莫过于感情主义。”[1] 这样看来，在性质和内容上，服务学习与“项目本位学习”又是互补的。那么，在教育实践中，二者的关系如何呢？美国知名课程史学家丹尼尔·坦纳（Daniel Tanner）和劳雷尔·坦纳（Laurel Tanner）在谈及“项目教学法在当代”时曾写道：“今天，项目教学法几乎在教育文献中被遗忘了。它甚至在美国教育研究协会出版的《教学研究手册》的索引中也没有出现。但是，项目教学法在科学、工艺制作以及各种职业科目如职业农学中仍然是一种可行的方法。”[2] 两个坦纳所说的《教学研究手册》

[1] 约翰·杜威：《我的教育信条》，载《学校与社会·明日之学校》，人民教育出版社，1994，第14页。文字略有改动。

[2] 丹尼尔·坦纳、劳雷尔·坦纳，《学校课程史》，教育科学出版社，2006，第176页。

是1986年出版的第三版[1]，其实2001年出版的本书第四版的索引中同样没有“项目教学法”（project method）。难道曾一度家喻户晓、影响深远的“项目教学法”已经退出人们的视域或在今日美国的教育实践中消失了？但与此形成鲜明对照的是，在美国从幼儿园到高中，服务学习却极其普遍。我们考察得出的结论是，在美国的教育实践中，“项目本位学习”与服务学习往往以融合的形态出现，历史上“项目教学法”的基本精神已被融合在今日更为综合的服务学习之中了。

二、服务学习的价值

服务学习给学生带来了什么？学生自己的描述最有说服力。美国一个叫米斯蒂（Misty）的学生说：“当我们第一次被告知要做服务学习课题的时候，我个人的反应是：‘啊，太好了！’现在我知道，我能够做我心里想做的任何事情。我知道任何事情都是可能的。”[2] 美国加利福尼亚州一个叫迈克尔（Michael）的11年级的学生说：“我永远不会忘记这项课题，永远不会忘记它使我用不同的方式看待这个世界。”[3] 学生的直观反应体现了服务学习对学生发展的最重要的价值：改变了学生对待自我、世界及二者之关系的态度——“我能行”；改变了学生看待世界的思维方式——“我的看法不一样”。

自20世纪80年代以来，国外尤其是美国积累了大量系统考察服务学习对学生发展的价值的文献，发现服务学习对学生的学业成绩、个性及社会性发展、公民责任感、职业意识四个方面产生了显著积极影响。[4]

[1] Wittroch and M. C. (eds.), *Handbook of Research on Teaching* (*Third Edition*)(New York: Macmillan, 1986).

[2] National Commission on Service-Learning, *Learning in Deed: The Power of Service-Learning for American Schools* (2002), p.42.

[3] Ibid., p.36.

[4] 这方面有代表性的研究报告包括：Alen Melchior, “National Evaluation of Learn and Serve America School and Community-based Programs: Final Report,” (1998). *School K-12.2* and Shelley H. Billig, “Research on K-12 School-Based Service-Learning: The Evidence Builds,” *The Phi Delta Kappan* 81, no.9 (2002): 658-664.

关于服务学习对学生的学业成绩或学术性学习（academic learning）的影响，众多研究发现，当服务学习能够明确与学术课程联系起来，并且教师能帮助学生理解其服务经验并从中引出意义的时候，服务学习不仅能降低学校的学业失败率和辍学率，而且还能提高学生标准化测验成绩及学习成绩等级。美国加利福尼亚州级公立学校教学督学伊斯汀（Delaine Eastin）说："服务学习是教授所有学术学科的一条强有力的途径……从社区服务到服务学习，非但不会与学术课程形成竞争，反而会使之学得更有效和巩固。"[1] 服务学习之所以有助于学术性学习盖有两个原因：其一，由于服务学习拓展了学习环境、资源和为学生提供的支持的种类，这使学生的学习机会比学校的单一环境大大增加了，学生由此增强了学习动机、深化了对学术知识的理解；其二，服务学习增强了学生的非学术能力（nonacademic competences），如社会的、情绪的、身体的、公民的和职业的能力，这有助于学业成绩的提高，"非学术能力"是影响学术性学习的关键要素。[2]

关于服务学习对学生的个性及社会性发展（personal/social development）的影响，各种研究均发现参与服务学习活动的学生不仅变得更负责任，而且将责任心上升为一种重要价值。与那些未参加服务学习的学生相比，这些学生倾向于将自己视为更具有社会能力，也被他人视为更可信赖，对他人也更具同情心。[3] 研究还发现，参与服务学习的学生获得更多自信、更大自我效能感、更大活力、对多元文化的更大敏

[1] National Commission on Service-Learning, *Learning in Deed: The Power of Service-Learning for American Schools* (2002), p.25.

[2] Meredith I. Honig, Joseph Kahne and Mibrey W. McLaughlin, "School-Community Connections: Strengthening Opportunity to Learn and Opportunity to Teach," in *Handbook of Research on Teaching (Fourth Edition)*,ed.Virginia Richardson (Washington, D.C. : American Educational Research Association 2001), p.1012.

[3] National Commission on Service-Learning, *Learning in Deed: The Power of Service-Learning for American Schools* (2002), p.27.

感性、对避免危险行为（如酗酒、吸烟等）的更大能力。[1]

关于服务学习对学生公民责任感（civic responsibility）或公民性（citizenship）的影响，越来越多的研究发现服务学习能够帮助学生增加关于社区需要的知识，使学生信奉“服务伦理”（ethics of service），并能对政治和道德发展更复杂的理解。他们由此也能获得更大的公民责任感和相信“我能使世界变得不同”的情感，并增强愿意成为社会的积极贡献者的愿望。[2]

关于服务学习对职业意识（career awareness）的影响，研究发现，参与服务学习的学生学会了职业和交往技能，增强了关于职业可能性和职业选择的意识，并能发展对职业场所的更为积极的态度。[3]

服务学习不仅有助于学生的发展，而且改变了学校文化和社区的态度。研究发现，采纳服务学习的学校教学中有更多对话、师生间有更多互动。[4] 而且，服务学习增强了社区和学校之间的联系，改变了社区成员对学生和学校的态度。[5]

三、服务学习的思想基础

美国学者洪内格等人谈及服务学习的思想基础的时候，曾这样写道：

服务学习的观念基础最普遍地与杜威的著作以及像克伯屈

[1] Shelley H. Billig, “Support for K–12 Service–Learning Practice: A Brief Review of the Research,” *Educational Horizons* 80, no.4 (2002): 185–186.

[2] National Commission on Service–Learning, *Learning in Deed: The Power of Service–Learning for American Schools* (2002), p.26. Shelley H. Billig, “Support for K–12 Service–Learning Practice: A Brief Review of the Research,” *Educational Horizons* 80, no.4 (2002): 187.

[3] National Commission on Service–Learning, *Learning in Deed: The Power of Service–Learning for American Schools* (2002), p.28. Shelley H. Billig, “Support for K–12 Service–Learning Practice: A Brief Review of the Research,” *Educational Horizons* 80, no.4 (2002): 187

[4] Shelley H. Billig and Jill Conrad, *Annual Report: K–12 Service–Learning and Educational Reform in New Hampshire* (Denver: RMC Research Corporation, 1997).

[5] National Commission on Service–Learning, *op.cit.*, p.29.

（William Heard Kilpatrick）和汉纳（Paul Hanna）这样的改革家联系在一起。这些教育家的目的是创造机会，让学生就社会价值问题一起工作。支持者们认为，通过把这些努力与学生的兴趣、社区需要和学术课程联系起来，这种课程能为学生学术内容的理解奠基并深化之，并能促进学生发展，培养民主社会所需要的各类集体行动能力，促进学生投入公民参与活动。总体来看，关于这些倡议的研究表明，上述结果往往是可以实现的，但是不能保证。[1]

这里所说的“杜威的著作”主要是1899年出版的《学校与社会》（The School and Society）、1916年出版的《民主主义与教育》（Democracy and Education）和1938年出版的《经验与教育》（Experience and Education）。“改革家克伯屈”主要是指他1918年发表《项目教学法》一文。[2]“改革家汉纳”主要指他1936年出版《青年服务社区》一书。[3]克伯屈和汉纳的工作是杜威思想的拓展和应用。其中汉纳的著作应当是最早以“服务社区”为书名的著作之一。当然，在这个“改革家”的名单上还可以写很多，但他们无一例外深受杜威的影响。

我们从杜威的著作中可以自然引出服务学习的思想基础。

第一，“服务精神”是公共教育的重要目的。一方面，教育是社会进步和社会改革的基本方法；另一方面，教育必须基于社会的精神而组织起来，学校由此“成为”真实的、理想的社会。当教育与社会生活水乳交融、融合成一个有机的“连续体”的时候，不仅会带来“教育上的天国”，而且会奏响“社会的福音”。杜威写道：“使每个学校都成为一种雏形的社会生活，以反映大社会生活的各种类型的作业进行活动，并充满着艺术、历史和科学的精神。当学校能在这样一个小社会里引导和训练

[1] Meredith I. Honig, Joseph Kahne and Mibrey W. McLaughlin, *op.cit.*, p.1011.
[2] William Heard Kilpatrick, “The Project Method,” *Teachers College Record* 19, no.4(1981): 319–335.
[3] Paul Robert Hanna. *Youth Serves the Community* (New York: Appleton Century, 1936).

每个儿童成为社会的成员，用服务的精神熏陶他，并授予有效的自我指导的工具时，我们将拥有一个有价值的、可爱的、和谐的大社会的最强大的并且最好的保证。”[1]“服务的精神”是民主社会的基本精神，因为民主社会里人与人之间、群体与群体之间是自由互动的，每一个人和群体都同时在“服务着”和“被服务着”。当教育基于民主社会的基本精神而组织起来的时候，必然会把培养服务精神作为重要目的。

第二，“知识科目”与“实用科目”相互渗透、相得益彰。有着自己的学科逻辑体系的科目，如语文、数学、物理、化学、历史、地理等，是“知识科目”。而与社会生活直接相关的内容如纺织、烹饪、木工、金工等，属“实用科目”，杜威又将之称为“主动作业”或“实际作业”。在教育史上，这两类科目曾长期分离，“知识科目”在价值上被无限拔高，而“实用科目”又被过度贬损。这反映了专制制度和旧式分工的影响。杜威基于其独特的经验主义哲学观和民主主义的社会理想消解了二者的对立，认为“知识科目”的本质也是主动的操作或实验，而“实用科目”也是理性的、反思的。“‘知识’科目不但不和主动的作业对立，而且代表实际作业的理智化。我们要更坚定地掌握这个原理。”[2] 杜威的这个观点不仅为林林总总的服务学习内容合法地进入正式课程提供了知识论基础，而且为合理处理服务学习和学术学科的关系指出了方向。

第三，真正的学习是行动和反思的结合。经验是人对环境的主动行动和对行动结果的反思。学习本质上是对经验的重组，是探究、反思和问题解决。“人们如果想发现某种东西，就必须对事物做一点儿什么事；他们必须改变环境。”“除非作为做的产物，否则就没有所谓真正的知识和有效的理解。”[3] 杜威的观点不仅有力地说明了为什么服务活动是一种学习，而且指出了“服务学习”成立的条件：把服务和反思结合起来。

---

[1] 约翰·杜威：《学校与社会》，载《学校与社会·明日之学校》，人民教育出版社，1994，第41页。着重号为引者所加。

[2] 约翰·杜威：《民主主义与教育》，第292页。

[3] 同上书，第293页。着重号为原文所加。

第四，儿童的学习要建基于儿童的生活。儿童的生活与成人的生活具有“等价性”。承认这一点是谈论儿童的学习和教育的前提，否则就会导致对儿童的压抑，即使是以“为了儿童”的名义。“儿童时代的生活在程度上不亚于成人的生活。”[1] 那么，儿童的学习与儿童的生活是什么关系呢？杜威说：“学习？肯定要学习，但生活是首要的，学习是通过这种生活并与之联系起来进行的。当我们这样以儿童的生活为中心并组织儿童的生活时，我们就看到他首先不是一个静听着的人，而是完全相反。”[2]“生活是首要的”“以儿童的生活为中心”意味着儿童的学习不仅要满足儿童的本能和需要并据此组织起来，而且要变成儿童的主动探究。服务学习是儿童的学习，不是成人的强加。服务学习要尊重儿童的问题、意愿和决定，这是指导服务学习的基本原则。杜威的上述观点是这一原则的根据。

四、服务学习的历史发展

美国学者奎克（Christine M. Kwak）、沈剑平（Jianping Shen）和克瓦诺夫（Amy L. Kavanaugh）在论及服务学习实践的历史时，这样写道：

> 服务学习既古老又年轻。说它古老，是因为它吸收了传统的师徒制（apprenticeship）的原则并建立在19世纪末及20世纪的教育传统的基础之上。像杜威和泰勒（Ralph Tyler）这样的教育改革家认为，当学生主动地参与到自己的学习中且这种学习有清晰的目的的时候，他们会学得最好。这些理念在今天通常被称为项目本位学习、动手学习（hands-on learning）或经验学习（experiential learning）。说它年轻，是因为将社区服务理念与学术课程联系起来的做法直到20世纪70年代尚未充分发展为一种教育创新举措，而且只是在过去10

[1] 约翰·杜威：《学校与社会》，载《学校与社会·明日之学校》，人民教育出版社，1994，第55页。

[2] 同上书，第45页。

年间，服务学习才在中小学和大学校园中传播开来。[1]

联系美国教育发展史，服务学习的发展大致经历三个阶段。第一阶段，始于19世纪末，终止于20世纪四五十年代。这一阶段可总体称为服务学习的进步主义与改造主义时代。本阶段的服务学习与项目本位学习或动手学习融为一体。此阶段的服务学习的目的指向民主社会所需要的服务精神和探究精神。从杜威到泰勒均属此阶段。第二阶段，始于20世纪60年代末，流行于70年代。这一阶段可总体称为服务学习的人本主义时代。针对教育中理性主义、学术中心主义的膨胀现象，本阶段的服务学习旨在培养理智与情感均衡发展的丰满人性，强调学校教育的社会适切性（social relevance），关注社会不利阶层。第三阶段，始于20世纪80年代，发展至今。这一阶段可总体称为服务学习的制度化时代。首先，从实践形态看，本阶段的服务学习既高度综合又日趋多元。它囊括了自19世纪末以来可统称为“经验学习范式”的各种形态，特别是其中的“项目本位学习”。而不同地区、不同学校的服务学习实践又是五彩缤纷、日趋多元的。其次，从理论基础来看，本阶段服务学习不仅囊括了历史上的进步主义、改造主义、人本主义等思潮，而且积极吸收了80年代以来时代精神的发展，特别是解放教育学思潮、生态伦理学、全球化思潮等。再次，从政策层面看，本阶段的服务学习日益受到各级教育行政部门的关注，相应的政策、法规日益完善，其实施日益制度化。

当前，美国教育实践中服务学习的迅猛发展可以下列数据为证：1985年，只有9%的高中提供了正式服务学习，但到1999年，这个数字猛增到接近50%。同时，32%的公立学校都将服务学习作为课程的一部分，而且，83%的学校都支持教师将服务学习整合进课程之中，绝大多数学

[1] Christine M. Kwak, Jianping Shen and Amy L. Kavanaugh, “An Overview of the Practice and Development of Service-Learning,” *Educational Horizons* 80, no.4 (2002):190. 着重号为原文所加。

校都把加强学生、学校和社区的联系作为实施服务学习的关键理由。在2000—2001学年，美国有超过1300万的学生投入了服务活动和服务学习活动；服务学习遍布美国的每一个州，许多州确立了服务学习目标，将之作为必修课程或高中毕业要求，同时作为重要的教育改革举措，并提供相应资金支持。在联邦层面，美国国会自1990年开始持续资助服务学习，这成为其迅速扩展的重要动力，服务学习理念还有两个重要法律做保障，即《1990国家和社区服务法案》（The National and Community Service Act of 1990）和《1993社区服务信托法案》（The Community Service Trust Act of 1993），通过这两个法案，联邦政府每年投入大量资金支持学校的服务学习。[1] 在当今美国，我们找不到任何一种教育改革举措像服务学习那样在实践中如此广泛地被采用，这本身就说明了服务学习的价值。

引人注目的是，当今美国，从总统到国务卿再到州长和参议员，从教育部长到学区督学，都对服务学习表现了极大热情和支持。这在一定程度上推进了服务学习的制度化。服务学习制度化的深层原因盖有两个方面：其一，教育中的新自由主义（一切以市场为准绳）和个人主义膨胀，学生的社会意识和服务意识下降；其二，由于学习动机和兴趣的下降导致日益加剧的学业失败现象。制度化尽管有助于服务学习的普及和深入人心，但亦存在潜在危险，就是将服务学习变成灌输美国主流意识形态的渠道。成人社会由于功利追逐、文化和意识形态冲突将世界破坏了，不能指望孩子们把它修复好。因此，加强批判意识和反省精神，找回服务学习的个人意义和民主性格，是使这个持续百年的现代教育不断发展的必由之路。

[1] Christine M. Kwak, Jianping Shen and Amy L. Kavanaugh, "An Overview of the Practice and Development of Service-Learning," *Educational Horizons* 80, no.4 (2002): 191-192.

五、服务学习的实施

服务学习的发展价值依赖于高质量的实施。与学科教学相比，服务学习更关注学生个性发展本身及学生与社区的关系，更强调对学科逻辑的超越和社会应用，更强调教师对学生活动的共同参与和指导。总结形形色色的研究，可以发现实施高质量的服务学习依赖于如下方面。

（一）将公民素养作为公共教育的重要目的

公共教育必然具有公共目的（public purpose）。“学校在把年轻人培养成为民主社会的负责任的公民方面发挥关键作用，这些公民承认并珍视民主价值，并为改善民主而努力。”[1] 为此，必须基于主动的、负责任的公民的要求重塑公共教育目的，强调公民价值观和技能，超越只是为了学业成绩的提高和未来职场上成功的狭隘教育目的观。实践证明，服务学习是发展公民素养的最好途径。为此，全美服务学习委员会建议将“学习成绩”的内涵拓展为包括学生的社区贡献，各级教育行政部门和学校要运用多种措施如“表现评定”（performance assessments）和“档案袋”（portfolios）来评定学生的服务学习。[2]

（二）将服务学习与学术课程有机整合起来

几乎所有的研究都发现，学生的服务学习经验与学术课程的联系越紧密，服务学习的成效就越大。[3] 服务学习与学术课程的整合不仅是实施服务学习的关键，而且是服务学习发展到新的历史阶段的重要标志。“高质量的服务学习帮助学生达到课程标准。它不是‘要做的另外一件事

[1] National Commission on Service-Learning, *Learning in Deed: The Power of Service-Learning for American Schools* (2002), p.39.

[2] Ibid., p.40.

[3] Meredith I. Honig, Joseph Kahne and Mibrey W. McLaughlin, “School-Community Connections: Strengthening Opportunity to Learn and Opportunity to Teach,” in *Handbook of Research on Teaching (Fourth Edition)*,ed.Virginia Richardson (Washington, D.C.: American Educational Research Association 2001), p.1013.

情'，而是'我们做事情的另外一条途径'。"[1] 因此，学校要明确地将服务学习与期望学生掌握的学术领域联系起来；教师要帮助学生理解其服务学习经验的意义并将之与学术课程建立明确的联系；教师要经常评估服务学习经验所产生的学术效果，并运用评估结果改善服务学习。[2]

怎样将服务学习与学术课程整合？一个重要途径是将服务学习与学科课程标准和相应教科书相联系。这里包括三个方面：

第一，将服务学习与一门学科的标准相联系。如美国威斯康星州数学课程标准这样规定："将比例思维（proportional thinking）应用于各种问题情境，这些情境包括比例、比率和百分率，但不只这些。"七年级和八年级的学生运用这些技能分析附近的河流，然后参与河流清污项目。他们也把研究资料和发现呈交其社区合作者及其他相关部门。

第二，将服务学习与多门学科的标准相联系。如美国波士顿的小学生在一个研究并尊重退伍军人的课题中达到了英语课程的标准"能够做有效的报告"和"有效理解和运用写作过程"，并实现了社会科的标准"参与历史分析与解释"。四年级学生利用互联网进行研究并访问了二战老兵，然后计划并实施了一个献给老兵的社区颂歌会。

第三，在超越学科界限的最综合的课题（a culminating project）中展示并反思其学科学习。如美国华盛顿州的几所高中要求其毕业班学生根据特定标准项目来实施一项课题，并记录和反思其工作。[3] 总之，对任何一项服务学习而言，从制订计划到实施最后到展示、反思和评价，倘能自觉与相关学科知识融合起来，将达到学科学习和服务学习的双赢。

---

[1] National Commission on Service-Learning, *Learning in Deed: The Power of Service-Learning for American Schools* (2002), p.30.

[2] Shelley H. Billig, "Support for K-12 Service-Learning Practice: A Brief Review of the Research," *Educational Horizons* 80, no.4 (2002): 188.

[3] Education Commission of the States: *Service-Learning and Standards: Achieving Academic Excellence by Serving Communities* (Denver, CO: Education Commission of the States, 2002).

（三）提供确定的时间进行高质量反思

研究认为，反思活动是影响服务学习质量的最强有力的因素。高质量的服务学习活动会提供持续的（每周至少一次）、结构化的时间，以反思和分析服务学习经验的内容与过程。[1] 而且，高质量的反思要超越仅仅总结服务经验或捕捉情感，[2] 反思即探究，要全面探究服务学习的问题与结果，要从反思中产生高质量的行动。

（四）学生在服务学习活动中高度自主、充分发挥个人能动性、且与成人形成“同事关系”（collegial relationships）

研究认为，学生在从事服务学习活动的过程中高度自主，感到能够“自由发展和应用自己的思想”或能够“追求我自己的兴趣”，其个人能动性（personal agency）就会充分发挥，这是提高学生自尊心的最强有力的因素。同时，学生能够与教师或其他成人自由讨论经验，由此与成人形成“同事关系”，这是改善学生亲社会的态度和推理技能的最强有力的因素。[3]

（五）创造有关服务学习的教师专业发展体系

服务学习对教师的专业发展有特殊的要求，如它要求教师由“演讲者风格的教学”（presenter-style teaching）转向“教练风格的教学”（coach-style teaching）。为此，需要由相应的教师专业发展体系做保障。全美服务学习委员会提出了三条建议：将服务学习纳入为教师和教育行

---

[1] Meredith I. Honig, Joseph Kahne and Mibrey W. McLaughlin, “School–Community Connections: Strengthening Opportunity to Learn and Opportunity to Teach,” in *Handbook of Research on Teaching (Fourth Edition)*,ed.Virginia Richardson (Washington, D.C.: American Educational Research Association 2001), p.1012.

[2] Shelley H. Billig, “Support for K-12 Service-Learning Practice: A Brief Review of the Research,” *Educational Horizons* 80, no.4 (2002): 188.

[3] Meredith I. Honig, Joseph Kahne and Mibrey W. McLaughlin, “School–Community Connections: Strengthening Opportunity to Learn and Opportunity to Teach,” in *Handbook of Research on Teaching (Fourth Edition)*,ed.Virginia Richardson (Washington, D.C.: American Educational Research Association 2001), p.1012.

政人员提供的职前教育体系和资格认证体系之中；从新手到熟练者，在所有水平上为教师提供有关服务学习的持续的在职专业发展内容；为教师创造多媒体专业发展资源，包括更多的网络资源。[1]

上述五个方面是实施服务学习的关键而不是全部。此外，为服务学习提供更多政策和经费支持，学校、家庭和社区协同形成服务学习的系统资源，亦非常重要。至关重要的是，服务学习有很强的地方性和个人性，需要创造性地实施。

六、服务学习与我国综合实践活动课程

服务学习大致相当于我国综合实践活动课程中的“社会服务”内容。通过对服务学习的系统考察，可以获致下列基本结论：

第一，“社会服务”是旨在寻找学习的意义的课程取向，而不是为了向学生传递意识形态和社会规范。个人生活于社区之中，“社区精神”也必然内在于人心之中。因此，为社区做点什么、使社区更美好，是学生个性发展的内在要求。成为一个好公民与成为一个好学生，二者不可分割。具有服务精神和公民素养，既是个性发展的要求，亦是民主社会的要求。设立“社会服务”乃至整个综合实践活动绝非权宜之计，而是现代民主教育的内在要求。

第二，正像服务学习与“项目本位学习”呈融合趋势那样，我国的“社会服务”与“考察探究”“职业体验”“设计制作”亦需整合起来。“整合”不只是一种提高效率的策略和手段，更是一种消解割裂和分离、走向共享和互动的价值追求。

第三，“社会服务”本质上是服务学习。因此，它一定要与各门学术课程有意识地融合起来，使二者相得益彰。倘二者割裂开来、变成“两

[1] National Commission on Service-Learning, *Learning in Deed: The Power of Service-Learning for American Schools* (2002), pp.44-45.

张皮”，不仅无助于学生学术课程学习的改善，而且“社会服务”本身也难以持续。

第四，“社会服务”是服务活动与服务经验反思的结合。消弭或弱化反思，必然走向为活动而活动的“活动主义”（activism）倾向。

第九章

跨学科学习

“跨学科学习”是整合两种或两种以上学科的观念、方法与思维方式以解决真实问题、产生跨学科理解的课程与教学取向。它具有目的与手段的双重特性。产生跨学科理解、运用学科思维、实现学科整合是“跨学科学习”的基本特点和判断标准。依据学科之间整合程度的不同，可将“跨学科学习”区分为“多学科学习”、狭义的“跨学科学习”与“超学科学习”。实施“跨学科学习”的基本行动策略是课程重构、跨学科教学与项目学习。

信息时代即“创造力爆炸”时代：人人都是创造者，世界在创造中发展，创业精神成为社会的首要精神。由于信息技术日益广泛和深入的使用，每一个人成为创造者不仅是必要的，而且成为现实与可能。这在人类史上是第一次。创造力和创业精神成为信息时代的最高核心素养之一。为促进人的创造力和创业精神的发展，“跨学科学习”成为世界中小学和大学教育改革的重要内容和发展趋势之一。

一、何谓跨学科学习

“跨学科”（interdisciplinarity）既是一个涉及所有学科领域的学术史与学术研究问题，又是一个特殊的教育问题、课程与教学问题。前者一般称为“跨学科研究”（interdisciplinary research），后者一般称为“跨学科学习”（interdisciplinary learning）。

尽管作为一种思想或理念的“跨学科”源远流长，可追溯至中国先秦时期和西方的古希腊哲学，但作为一个特殊的知识领域却直至20世纪下半叶才正式确立起来。美国研究“跨学科”问题的重要学者克莱因（Julie T. Klein）写道：“自19世纪末开始，西方理智传统中的知识分类学即被由划分为专门探究领域的分科体系所主导。然而自20世纪后半叶开始，分科体系受到挑战并被日益增多的跨学科活动所补充。”[1] 第一本主要的“跨学科”类型学诞生于1972年，这便是由埃普斯特尔（L. Apostel）等人主编的《跨学科：大学教学与研究问题》。[2] 该书源于由经济合作与发展组织联合赞助并于1970年在巴黎召开的国际会议论文集。时任国际教育局局长的皮亚杰（Jean Piaget）参加了此次盛会并提交了

[1] Julie Thompson Klein, “A Taxonomy of Interdisciplinarity,” in *The Oxford Handbook of Interdisciplinarity,* ed. Robert Frodeman (Oxford: Oxford University Press, 2010), p.15.

[2] Apostel, L., Berger, G., Briggs, A. and Michaut, G. (eds.), *Interdisciplinarity: Problems of Teaching and Research in Universities* (Paris: Organization for Economic Cooperation and Development,1972).

《跨学科关系的知识论》的论文，推动了跨学科运动。晚年的皮亚杰在接受访谈时多次批评大学的院系割裂现象，认为这是阻碍知识创造和大学创造性人才发展的体制根源之一。皮亚杰本人是“跨学科”研究的典范：将生物学、数学、哲学、心理学、教育学等领域紧密融为一体，由此在发生认识论、儿童心理学、教育学等领域做出了划时代贡献。2010年，经过长达10年的国际性跨学科努力，《牛津跨学科手册》正式出版，标志着国际“跨学科”运动发展到新阶段。总之，“跨学科”既是一种知识与生活、科学与人文、不同学科领域之间彼此融合的价值追求与时代精神，又是一种强调互动建构、合作探究知识的学科研究的知识论与方法论。

在教育领域，由于教育问题和学生发展的综合性，“跨学科”或“课程整合”的理念与实践诞生并确立的时间要早些。据研究，英国哲学家斯宾塞（Herbert Spenser）于1855年就将“整合”（integration）确立为心理学的重要原则，而美国哲学家詹姆士（William James）于1896年也将“整合”用于其《心理学原理》第一卷中。而教育学者伯特兰（Alexis Bertrand）更是于1898年提出了“整合教学”（integrated instruction）理论。[1]“跨学科学习”或“课程整合”的正式确立者当为赫尔巴特（Johann F. Herbart）及其弟子齐勒（T. Ziller）等人。他们在启蒙运动和启蒙理性的背景下，以学生的道德或意志自由为中心，将各门学科关联起来、统合起来，确立了所谓课程整合的“相关原理”（doctrine of correlations，强调学科之间的“自然联系”）或“中心原理”（doctrine of concentration，强调围绕“中心”统合课程）。在20世纪初的进步教育运动或教育民主化运动中，“跨学科学习”与“课程整合”获得了新的生命力且有了新的发展方向。以杜威、克伯屈、陶行知为代表的民主教育思想或生活教

[1] E. W. Ciccorico, “Integration in the curriculum,” *Main Currents in Modern Thought* 27 (November/December): 60–62. Quoted in Juile Thompson klein, “Integrative Learning and Interdisciplinary Studies,” *Peer Review* 7, no.4(2005): 8.

育思想，从根本上超越了赫尔巴特主义，让“跨学科学习”与“课程整合”建基于教育民主的理想，实现儿童经验、社会生活和学科知识的融合，植根于探究学习与项目方法（project method）。这为“跨学科学习”与“课程整合”指出了永恒的方向与愿景。[1] 在如今的信息时代，“跨学科学习”与“课程整合”成为培养“21 世纪素养”的重要举措，日益成为“协作式问题解决”的过程，与深度学习、项目学习融为一体。

何谓“跨学科学习”？美国哈佛大学“零点项目”（Project Zero）的首席专家鲍克斯·曼斯勒（Veronica Boix Mansilla）将之界定如下：

> 跨学科学习是个人和群体将两个或两个以上学科或已确立的领域中的观点和思维方式整合起来的过程，旨在促进其对一个主题（a subject）的基础性和实践性理解，该理解超越单一学科的范围。……跨学科学习者将信息、资料、技术、工具、观点、概念和/或源自两个或两个以上学科的理论加以整合，以创造产品、解释现象或解决问题，所运用的方式是单一学科的手段不可能做到的。[2]

这里的核心观点是：通过“跨学科学习”，促进学生的“跨学科理解”。所谓“跨学科理解”，就是运用多个学科的观念与方法解决问题、形成解释、创造产品。

鲍克斯·曼斯勒的观点深深影响了国际文凭组织的课程建设。该组织目前是世界范围内倡导“跨学科学习”的主要机构之一。它给出的定义是：“跨学科学习是这样一个过程，即学生对两个或两个以上学科或学科组的知识体和认识方法产生理解，并对它们加以整合，从而创造出新

---

[1] 张华：《关于综合课程的若干理论问题》，《教育理论与实践》2001年第6期。

[2] Veronica Boix Mansilla, “Learning to Synthesize: the Development of Interdisciplinary Understanding,” in *The Oxford Handbook of Interdisciplinarity*.ed. Robert Frodeman (Oxford: Oxford University Press, 2010), p.289. 着重号为原文所加。

的理解。”[1] 国际文凭组织进而指出“跨学科学习”的三个特点，这也构成衡量一门课程或一项活动是否真正是“跨学科学习”的三个标准：[2]

第一，它以产生跨学科理解为目的。在真实的问题情境中，当任何单一学科无法解决此问题时，需要运用两种或两种以上学科的观念与方法解决它，并由此产生新的理解。“跨学科学习”不是几门学科的简单叠加或机械混合，而是通过学科整合而诞生新的理解——跨学科理解。“整合各学科的观点本身并不是目的，而只是加深学生对周围世界的理解，并帮助他们增强理解能力的一种手段。”“当跨学科方面的努力目的不够明确时，就很可能出现臆造的联系和零散的学习。”[3] 在实践中，“跨学科学习”面临的主要问题或挑战是缺乏真问题、没有新理解，由此导致臆造的学科联系和散乱的学习过程，致使学生学习态度散漫、兴趣分散和思维肤浅。这种所谓的“跨学科学习”，对学生发展非但无益，反而有害。

第二，它植根于学科思维。跨学科理解与学科思维互为前提、相辅相成。唯有具备跨学科视野，一门学科的理解才能不断深化。唯其植根于学科思维，运用相关学科的观念与方法，跨学科理解才能产生并发展。“忽视学科文化的课程整合必将导致肤浅的教学计划，对任何学科都无意义。”[4] 真正的“跨学科学习”强调：（1）学科思维的充分应用；（2）让学生像学科专家一样去思考。是否深度运用学科思维，是检验“跨学科学习”质量的又一标准。

第三，它实现学科整合。每一个学科都是理解世界的一种独特思维方式，不同学科构成理解世界的丰富性与多样性。但由于世界本身存在

[1]国际文凭组织：《在中学项目中培育跨学科教学与学习》，国际文凭组织出版社，2014，第3页。

[2]同上书，第3–5页。

[3]同上书，第4页。

[4]Sam Wineburg and Pam Grossman (eds.), *Interdisciplinary Curriculum: Challenges to Implementation* (New York: Teachers College Press,2000), p.58.

内在联系，不同学科之间也有可能建立内在联系。岩石、树木、诗歌、社会关系彼此之间的差异显而易见，矿物学、植物学、文学、社会学必然存在差异。但是，树木生长离不开岩石与土壤，诗歌可以讴歌树木与岩石，社会关系的建立又受到自然环境的影响，因此，不同学科之间存在整合的基础。“跨学科学习”需要根据不同问题情境的需要，将各学科的观念和思维方式基于其内在联系实现整合，由此帮助学生创造性解决问题、发展理解力。仅仅围绕主题将不同学科知识杂乱无章地罗列出来，不叫“跨学科学习”。“跨学科”的核心是学科内容的整合与情境化。“跨学科学习要求教师和学生整合各学科的观点，并使他们的整合工作目的明确、富有成果。”[1]

由此观之，“跨学科学习”是整合两种或两种以上学科的观念、方法与思维方式以解决真实问题、产生跨学科理解的课程与教学取向。它具有目的与手段的双重特性。从目的意义看，它旨在培养学生的自由人格、跨学科意识和创造性解决问题的能力。从手段意义看，它是选择、综合各种信息、知识、手段、方法以解决复杂问题的策略，以及将学科知识情境化的策略。产生跨学科理解、运用学科思维、实现学科整合是“跨学科学习”的基本特点和判断标准。是谓“理解本位跨学科学习”。

二、跨学科学习有哪些类型

由于学科知识日益激增，个人问题、社会问题和自然环境问题日益复杂化，无论一般学术领域中的“跨学科研究”，还是教育领域中的“跨学科学习”，其类型日益复杂多样。对世界的理解是多元的，因而学科发展是开放的；理解世界的方式是互动、协作的，因而学科之间是互动、整合的。

为促进学术研究和教育创新，“跨学科分类学”已成为一个专门课题，所获得的结论也极其丰富。总结既有研究成果，着眼于发展学生

[1]国际文凭组织：《在中学项目中培育跨学科教学与学习》，第4页。

的“跨学科理解力”和教师的“跨学科”课程创造，我们可依据学科之间的整合程度和特性，将广义的“跨学科学习”区分为三类：“多学科学习”“跨学科学习”（狭义）与“超学科学习”。

（一）多学科学习

所谓“多学科学习”（multidisciplinary learning），就是保留学科界限，用多个学科的视角、观念和方法，探究一个问题或主题，由此发展“多学科理解”。不同学科之间可以并列关联，亦可先后关联，以探究问题或主题为核心实现学科知识的情境化。“多学科学习”的特点是：既保持学科原有的逻辑体系，又能在学科之间建立联系；既发展学科理解，又发展“跨学科理解”；只要存在两种或两种以上学科，就有可能走向“多学科”（multidisciplinarity），它因而设计起来相对容易。其不足之处在于学科之间整合不够充分，“跨学科理解”的发展也自然受到限制。

就学校课程体系而言，只要学生的抽象思维发展到一定阶段，或用皮亚杰的术语说，学生的认知水平到达“形式运算”阶段，学生就可以探究学科逻辑、发展学科理解。只要学生开始探究学科逻辑，就可以同时从事“多学科学习”、发展“多学科理解”。因此，“多学科学习”可以自初中阶段开始，一直持续到大学和研究生阶段。

在我国教育体系中，由于学科之间建立联系的机制和制度尚未建立，“多学科”意识极其淡薄，严重阻碍了教育的创新水平和学生的“多学科理解力”与创造力的发展。

（一）跨学科学习（狭义）

广义的“跨学科学习”涵盖所有学科整合的方式与形态。狭义的“跨学科学习”是指两种或两种以上学科融合起来，模糊其学科界限，生成新的“跨学科逻辑”，进而探究问题或主题，发展学生的“跨学科理解”。如我国基础教育课程体系中的“艺术”就是音乐、美术、戏剧、舞蹈等学科围绕主题而展开的设计，从小学持续到高中；“科学”则融合了物理、化学、生物、技术等领域，自小学一年级持续到九年级；“道德与法治”融合了哲学、文化学、政治学、经济学、社会学等内容，从小学持续到高中。国际文凭组织中学阶段典型的“跨学科”课程包括科学、人文（含经济学、地理学与历史）、设计（含数码设计与产品设计）、表演艺术（含音乐、戏剧和舞蹈）、视觉艺术（含视觉艺术与媒体）等等。像高等教育领域的“生物信息学”“物理化学”“社会心理学”“政治社会学”等，亦属“跨学科”课程之列。

“跨学科学习”的显著特点是：它使部分学科的界限消失，由此深入探究问题、理解世界。它不仅体现学科发展的综合创新趋势，而且在培养学生的“跨学科理解力”和综合创造力方面迈出重要步伐。它面临的最大危险是：容易导致“学科拼盘”、零散学习和肤浅思维。超越这种危险的基本出路是：根据学生的年龄特点和学科特点，聚焦真实问题，持续开展基于项目的跨学科深度学习，让学生在发展“跨学科理解力”的过程中运用学科思维，实现学科理解与跨学科理解的互惠双赢。

（三）超学科学习

所谓“超学科学习”（transdisciplinary learning），即超越或跨越所有学科的界限，围绕共同的“超学科主题”展开探究，将所有学科在探究过程中融合起来，在解决问题的过程中发展学生的“超学科理解”。它是所有“跨学科学习”中综合程度最高的类型。在我国基础教育课程体系中，自小学一年级至高中三年级持续开展的综合实践活动课程就是典型的“超学科学习”：它基于学生的真实需要和生活经验，从人与自然、人与社会、人与自我三大生活领域选择有价值的探究和活动主题，让学生将所有学科知识融合起来，运用学科思维解决问题、形成解释并创造产品，由此发展生活理解力与创造力。[1] 在这里，学科界限消失了，“超学科理解力”和生活创造力得到前所未有的发展。

“超学科学习”的特点是：所有学科的边界消失，学科整合程度高，学科创造能力强。在这里，课程、教学与学习的教育价值得到最高体现。

[1]张华：《体现时代精神的综合实践活动课程：理念与实践》，《人民教育》2017年第22期。

但“超学科学习”也存在风险，那就是漠视学科思维和学科价值，让“超学科”沦为“非学科”“反学科”，由此让探究流于简单化与常识化。超越这种风险的基本策略是：让学生在探究“超学科”主题的过程中，对内运用学科思维，向外形成物化产品。

在幼儿园和小学阶段，由于儿童的经验尚未分化，抽象思维和逻辑思维尚在形成过程中，这个阶段宜以“超学科学习”为主，这是通行的国际惯例，如国际文凭组织的小学、幼儿园阶段就以“超学科主题”课程为主。伴随儿童年龄的增长，可逐步增加“多学科学习”与“跨学科学习”，同时辅以“超学科”主题探究。当人进入职业世界和社会生活，“超学科学习”的比例则会增加，同时辅以“多学科”与“跨学科”探究。这可能就是人的终身学习的大致轮廓。

三、怎样实施跨学科学习

我国当前基础教育课程改革的根本任务是构建信息时代的课程体系。走向“跨学科学习”将是本次课程改革的重点与“亮点”。为此确立如下三个行动策略。

第一，课程重构。阻碍我国课程进步和学生发展的顽疾是“分科主义”。这既有历史的渊源，又有功利主义的近因，二者的结合便是“应试教育”课程价值观。确立跨学科意识，走向“跨学科学习”，重构课程体系，是今日课程改革的关键。为此需要做到：（1）让所有学科回归生活；（2）建立学科之间的联系；（3）实现学科整合，重构课程内容。具体言之，在幼儿园、小学阶段，逐步消除学科界限，走向围绕生活主题展开探究的“超学科学习”；初中与高中阶段，在帮助学生开展学科探究、发展学科理解的同时，渗透“多学科学习”与“跨学科学习”，同时使“超学科”探究不断升华。

第二，跨学科教学。教师教学的“分科管理”体制与“绩效责任制”不仅给学生发展带来深重灾难，而且使教师自身不堪重负。走向“跨学科学习”的课程体系必然要求教师从事“跨学科教学”(interdisciplinary teaching)。这意味着:(1)不同学科的教师协同开发课程、制订教学计划;(2)不同学科的教师协同上课;(3)不同学科的教师协同进行探究教学;(4)不同学科教师形成跨学科专业发展共同体;(5)建立“跨学科教师”的发展机制;等等。综上,学生进行“跨学科学习”的前提是教师走向“跨学科教学”。

第三,项目学习。“分科主义”课程体系和教师的灌输式教学必然导致学生机械、被动的“储蓄式学习”。“跨学科学习”的根本目的是学生的个性自由和创造性的发展,这必然要求学生从事以协作式问题解决为特点的“项目学习”。这种学习将知识的发明、创造和应用方式转化为学生的学习方式,让学生在真实的问题解决中发展综合性跨学科思维、批判意识和创造能力。

总之,跨学科学习实现之日,即学生精神获得升华之时。

第十章

杜威活动课程的理论与实践

当社会发生转型的时候，教育，从理论到实践，往往是旧意识形态苟延残喘的最后一块土壤。为了建构教育中的时代精神，杜威于 1896 年创办了芝加哥大学实验学校（亦称“杜威学校”）。在杜威学校中，活动课程居于核心地位。在杜威看来，活动课程不仅是理智的，而且是道德的。学生所从事的活动课程的基本形态是主动作业。杜威对儿童心理发展的理解是“连续阶段论”，他把儿童心理发展分为三个阶段，沿着“从生活到学科，再从学科到生活”的线索对活动课程进行了纵向组织，使之“螺旋式上升”。在任何一个年龄阶段或年级，杜威都把“直接源自社会生活的主动作业”“发展科学方法和概念的实验活动”“社会生活的起源、发展及其背景的实验活动”“发展交往和表达技能的实验活动”这四类活动课程横向地组织为一个整体，以同时地关注活生生的现实生活和人类文明的延续。杜威所确立的实用主义活动课程理论体系具有划时代的历史意义。这个理论体系的局限性是容易导致人的“权能陶醉”，对个体人格的价值独立性关注不够。使杜威的活动课程思想和实践“活”在今天，意味着把“意义问题”和“疑难问题”统一起来，并使学习民主建立在尊重个体人格的独立性之上。

在教育思想史上，对我们今日所倡导的“综合实践活动课程”从理论和实践两个方面做出最系统、最深刻阐述的人是杜威。这并不意味着我们要让时光倒流，退回到100年之前。恰恰相反，今日理论和实践上的任何创新都依赖于睿智的历史意识：看看历史上曾经发生了什么以及为什么发生，其中，哪些必须要超越，哪些需要经过创造性转化以为今日所用。本章试图综合探讨杜威活动课程的思想与实践，并以实践研究为切入点。研究对象是1896至1904年间芝加哥大学实验学校的课程体系。

一、杜威为什么创办实验学校

1894年，芝加哥大学创立。校长哈珀（William Rainey Harper）聘请杜威任芝加哥大学哲学、心理学和教育学系系主任，杜威遂离开密执安大学，举家迁至芝加哥。他随即参观了库克县师范学校的实习学校，被杜威称为“进步教育之父”的帕克上校（Colonel Francis Parker）担任该师范学校的校长。杜威的行动证明他对该校有浓厚兴趣。1895年，他的儿子弗雷德（Fred）进入实习学校一年级。翌年，他的女儿伊夫林（Evelyn）亦进入该校。1896年年初，杜威夫妇创办了自己的学校。杜威采纳埃拉·福莱格·杨（Ella Flagg Young）的建议，将该校称为“实验学校”，以强调该校的实验性质，用来检验他的教育理念。[1] 这一年，杜威37岁。

杜威为什么创办实验学校?

杜威首先以在哲学领域的卓越成就而闻名。他25岁的时候，在霍布金斯大学获得哲学博士学位。1888年秋季，他成为明尼苏达大学哲学教授。这年年底，密执安大学就聘任杜威主持因哲学家G. H. 莫里士教授的逝世而空缺的哲学讲座。这一年，杜威29岁。但自1896年以后，他的

[1] 劳伦斯·阿瑟·克雷明：《学校的变革》，单中惠、马晓斌译，上海教育出版社，1994，第151–152页。

哲学、教育学、心理学、社会学思想就融合为一个整体。他是20世纪世界范围内最著名的教育哲学家，是人类教育思想史上的一座丰碑。有一次，当有人问他为什么把注意力转到教育领域，杜威回答："这主要是为了儿童的缘故。"[1] 19世纪末的美国教育实践是以机械训练和死记硬背为特征的。比如，1892年，美国教育学者赖斯（Joseph Mayer Rice）在调查中问纽约的一位校长：在课堂上，是否准许学生把头转来转去？这位校长回答说："既然教师在他们的前面讲课，他们又何必向后看呢？"总之，"教师盲目地让天真无邪的孩子进行协作训练、死记硬背和复述那些毫无意义的冗词赘语"[2]是当时教育的主旋律。杜威投身教育实践、创办实验学校的第一个动因是拯救学生的心灵，使学生摆脱在学校中被奴役的状况。

任何社会、任何时代，为改善学生的生存状况而投身教育改革是尚存教育良知者的本能反应。正是这种"本能反应"使改革成为一项事业。

当社会发生转型的时候，教育，从理论到实践，往往是旧意识形态苟延残喘的最后一块土壤。时任芝加哥大学哲学、心理学和教育学系系主任的杜威敏锐地觉察到这一点，他要开风气之先，重建教育的时代精神，"把美国的教育研究带到其他学科的同等理智水平"[3]。为此，他首先创造性地理解了哲学与教育的关系，认为"哲学就是教育的最一般方面的理论"[4]，因为"哲学……就是明显地表述人生的各种兴趣，提出使多种兴趣实现更好的平衡的观点与方法"[5]，"教育乃是使哲学上的分歧具体化并受到检验的实验室"[6]。另一方面，"除非对学校教育在当代生活中的地

[1] 凯瑟琳·坎普·梅休、安娜·坎普·爱德华兹：《杜威学校》，王承绪、赵祥麟、顾岳中、赵端英译，华东师范大学出版社，1991，第389页。

[2] 劳伦斯·阿瑟·克雷明：《学校的变革》，第5页。

[3] William Harms and Ida DePencier, *Experiencing Education: 100Years of Learning at the University of Chicago Laboratory Schools* (Alpha Beta Press,1996).

[4] John Dewey, "Democracy and Education," in *John Dewey: The Middle Works, 1899–1924,* Vol.9, ed. Jo Ann Boydston(Carbondle: Southern Illinois University Press, 1980), p.341.

[5] Ibid., pp.341–342.

[6] Ibid., p.339.

位能进行像哲学工作提供的那样广泛的和同情的考虑，使教育的目的和方法富有生气，否则，学校教育的工作往往成为机械的和经验主义的事情"[1]。把哲学和教育关联起来就是把价值思考引入教育思考，这是使教育摆脱习惯势力的宰制和技术程序的控制的必由之路。自觉而明确地把哲学和教育整合起来是杜威的创举。

其次，杜威认为，为了提升教育研究的水平，需要建立"教育实验室"——实验学校。正像大学的生物学系、物理学系或化学系需要相应的实验室一样，教育学系或教育学院也需要实验室。这个实验室有两个主要目的：一是展示、实验、检验和批判理论上的陈述和原理；二是在相应教育领域的事实和原理的总和中增加新的内容。[2]

杜威创办实验学校的又一深层原因是其独特的观念论——人是一种有自己观念的存在。在杜威看来，观念是经验的融合。观念不仅是在主动操作中形成和积累的，而且内在地要求在实验操作中加以验证。杜威说："思想，我们的概念和观念，都是我们所要进行的或已经完成的操作的标志。"[3] 另一方面，"观念或一般思维是以观念所导致的动作后果，即对事物所作的新的安排，为其验证的"[4]。这样，当杜威确立起自己的教育观念之后，这些观念必然要求通过实验学校得以验证。

关于创办实验学校的直接目的，杜威在一个非正式的场合曾坦陈，实验学校开始时，他试图实验的是他思想上的"四个疑难问题"：

第一，把学校同家庭、邻里的生活更密切地联系起来，以克服学校和儿童日常生活之间的脱节现象。"破除不幸地使学校和儿童日常生活与其余时间隔离开来的传统障碍，这并不意味着像有时所解释的那样，儿

[1] John Dewey, "Democracy and Education," in *John Dewey: The Middle Works, 1899–1924,* Vol.9, ed. Jo Ann Boydston(Carbondle: Southern Illinois University Press, 1980), pp.338–339. 另参阅：约翰·杜威：《民主主义与教育》，王承绪译，人民教育出版社，1990，第345页。

[2] 凯瑟琳·坎普·梅休、安娜·坎普·爱德华兹：《杜威学校》，第2页。

[3] 约翰·杜威：《确定性的寻求：关于知行关系的研究》，傅统先译，上海人民出版社，2004，第136页。

[4] 同上书，第135页。

童在学校学习的应该是他们已经在家里学过的东西，而是说他在学校应当尽可能地采取同在家里一样的态度和观点，他应当觉得去学校有同样的兴趣。”[1]“造成一种儿童工作的家庭似的气氛。当然不是把课堂当作家庭，不过是说在儿童和他的周围环境之间的那种物质的和内心的自由的精神（教师在其中只是从他的身材可以辨别）造成真正生活的气氛。”[2]

第二，使历史、科学和艺术在儿童自己目前的经验中有积极的价值和真正的意义，使它们即使对年幼儿童来说，都代表着技术或知识方面值得获取的东西。“为了这个目的，我们把那些具有积极内容，本身具有内在价值，又能唤起学生探究与建造的热情的科目，作为学校工作的核心。”[3]

第三，使形式的和符号的学习，即掌握读、写与明智地使用数字的能力的教学，以其他研究和作业作为它们的背景来进行，使儿童把符号看作由于学科本身的理由而喜欢学习。

第四，把儿童分成小班，并采用多名教师协同教学，以保证对每个儿童一般的健康和发展的注意，并使教师能够联系学校工作对每个儿童心理和生理上的需要和能力进行调查研究。

二、活动课程的内涵及其在实验学校中的地位

有幸参观杜威学校的人，常常看到孩子们忙忙碌碌：做烹饪、做缝纫、做木工，抑或做其他。人们不禁疑惑：难道让学生在学校里学习烤面包、做缝纫、盖房子，在家里学习“读、写、算”不成？学习，在杜威的心目中究竟意味着什么？

学习是人的经验的改造与生长。这应当是杜威对学习的基本界定。人的经验有两个基本特性（或准则）：一是连续性，一是互动性。连续性

[1] 凯瑟琳·坎普·梅休、安娜·坎普·爱德华兹：《杜威学校》，第18–19页。
[2] 同上书，第356页。
[3] 同上书，第19页。

既指时间上的绵延不断，又指空间上的整体统一。“我”今天从事的活动是昨天活动的自然延续，并暗示着明天活动的方向。“我”现在的经验是过去经验的自然生长，并暗示着将来经验生长的方向。在家庭、学校和社区中，“我”的经验是统一的，“我”还是那个“我”。正是经验的连续决定了人格的同一。互动性是指经验的生成与生长过程。经验一定是在人与环境的互动中生成和生长的。人主动地对环境做些什么，环境必然做出相应的反馈，人对自己的行动与行动的结果（环境的反馈）之间的关系进行反思，即是经验的生成和生长。“做”和“反思”的结合与统一是经验的核心。

因此，在杜威的心目中，学习 = 问题解决 = 探究。没有问题解决和探究的“学习”不值得提倡。人在工作和生活中难免遇到困难，将此困难明晰化，变成一个要解决的问题，提出解决问题的方案或假设，将此方案或假设在理智上进行审慎的推理或论证，在行动中检验假设从而解决问题。这就是一个学习活动的基本过程。

无法回避的问题是：人如何学习书本知识或间接经验？在杜威看来，书本知识或间接经验只不过是供人进一步验证的假设或帮助人解决问题的工具。因此，只有当人基于问题解决的态度，探究地学习书本知识或间接经验的时候，它才对学习者产生意义。在一次非正式的演说中，杜威曾对实验学校的老师和家长这样说：

> 流行的运用课本的方法有两个流弊：第一，儿童养成了依靠书本的习惯，并且几乎本能地认为书本如不是取得知识的唯一道路，也是取得知识的主要方法。第二，书本的使用，作为课本，如果把人的思想置于被动和专一的状态，那么，儿童就只有学习，而没有探究。[1]

[1] 凯瑟琳·坎普·梅休、安娜·坎普·爱德华兹：《杜威学校》，第20–21页。

杜威在另一场合曾区分了四类知识：第一类，"如何做的知识"(knowledge of how to do)；第二类，"了解(acquaintance)这一意义上的知识"；第三类，以语言为媒介而获得的信息(information)或学识(learning)；第四类，"理性的知识"(rational knowledge)或科学。[1] 第一类和第二类属于直接经验的范畴，第三类和第四类属于间接经验的范畴。倘若人只有第一类和第二类知识，那会变得非常狭隘；如果只有第三类和第四类知识，那会变得僵化迟滞。在杜威的心目中，四类知识应当以个人的经验为核心组织为一个整体。[2] 杜威曾针对传统对待知识的态度，进一步批评道：

> 知识的记录本是探索的结果和进一步探索的资源，但是人们却不顾知识记录所处的这种地位，将之视为就是知识。人们的心灵成为它先前战胜环境的战利品的俘虏；这些战利品不是作为战胜未知领域的武器和行动，而被用于固定知识、事实和真理的意义。[3]

杜威不重视书本知识吗？如果把"重视"理解为将之作为"客观真理"现成地接受，那杜威确实不重视。杜威对课程领域的重要贡献是把知识从供人膜拜的祭坛上请下来，还知识以本来面目——主动地探究世界，这恰恰是对知识的重视。

既然知识的价值是探究，因此，知识的学习必须探究地进行。这既包括对知识本身的探究，也包括运用知识探究社会生活。

最有价值的学习是活动课程；最有价值的知识是有助于人经验的改造并有助于人主动地探究世界的知识。因此，活动课程在杜威学校中居

---

[1] Jo Ann Boydston(ed.), *John Dewey: The Middle Works,1899–1924,* Vol.7 (Carbondale: Southern Illinois University Press, 1979), p.265.

[2] 张华：《经验课程论》，上海教育出版社，2001，第84–90页。

[3] John Dewey, "Democracy and Education," in *John Dewey: The Middle Works,1899–1924*, Vol.9, ed. Jo Ann Boydston(Carbondale: Southern Illinois University Press, 1980), p.195.

于核心地位。

杜威所倡导的活动课程的基本特点可概括如下：

活动课程在经验中，由于经验并为了经验。每一个儿童的经验的生长是活动课程的出发点和归宿。让儿童的兴趣与努力携起手来，在解决问题中促进经验持续生长，这不仅是活动课程的过程，也是其根本目的。

活动课程在生活中，由于生活并为了生活。每一个人既是有潜在创造性和独特性的人，又是关系中的人、社会的一个成员。每一个人经验的生长总是在社会生活中实现的。因此，活动课程不仅要植根于社会生活，而且指向于社会生活的完善。“教育和生活一同开始、继续和终结，一个统一的和有节奏的经验，一个个体的生命从这个经验诞生，一天天地得到它的营养，这个个体就是儿童。”[1]

活动课程不仅是理智的，而且是道德的。最有价值的生活是探究的、实验的生活。不论是科学探究，还是社会研究，本身就渗透着道德价值和伦理精神。“探究是社会进步的契机。”[2]

三、活动课程的基本形态——主动作业

杜威学校的最大贡献之一是超越了把成人的学科逻辑直接呈现给儿童或经过删减后呈现给儿童的做法，创造了真正的“儿童的课程”。这种课程便是“作业”（occupations）。杜威常用的语汇还有“主动作业”(active occupations)、“社会性作业”（social occupations）。这些概念都是同义的。在杜威学校，学生从事活动课程的过程就是从事丰富多彩的主动作业的过程。

主动作业的理念是杜威的创造。他在不同场合、从不同角度对这一理念进行了充分论述。在《芝加哥实验的理论》一文中，杜威写道：

---

[1] 凯瑟琳·坎普·梅休、安娜·坎普·爱德华兹：《杜威学校》，第43页。
[2] 同上书，第222页。

> 根据实验学校的工作假设，“作业”是观察人类发展的一个中心概念；学生自己所从事的作业，乃是使原始的和分散的冲动转化为时间广度足够长的活动的手段，这些活动，要求有预见，有计划，能进行追溯的检查，需要对联结原则有更多的了解和洞察力。在道德方面，就是这种连续性要求忍耐、坚持和彻底性——所有这些因素都有助于培养不同于人为地外加的真正的纪律。[1]

作业把人类发展与每一个学生原始的冲动和后天的经验结合起来，把理智与道德结合起来。那么，这究竟是些什么？杜威在《学校与社会》（这是对实验学校的家长们的演讲集）中指出，所谓“作业”，是指“复演社会生活中进行的某种工作或与之平行的活动方式”[2]。“大致地说，一切作业可以分为：通过获取食物维持生活去收集关于人与他生活于其中的世界之间的基本关系；获取衣物；获取避免伤害的住所并加以装饰，并最终提供使一切更高尚、更神圣的兴趣可以集中于其中的永久性的家。”[3] 这是着眼于儿童经验的发展而对社会生活中的典型职业进行分析、归纳和提炼而获得的各种活动方式，如商业、烹饪、缝纫、纺织、木工等。学校是雏形的社会，应根据理想社会的要求而组织起来，而典型职业是社会的核心构成，因此，学校应将这些职业进行分析、转化，使之成为教育内容。这些内容因而又被称为“社会性作业”。

杜威和实验学校的老师们又常常对“作业”做广义的理解。如把学生的一日活动分为“手工作业”（木工、烹饪、缝纫等等）、“理智作业”（历史、地理、科学、会话等等）、“艺术表达作业”（造型、绘画、音乐等等），并强调这些作业在时间上的平衡。这里的“作业”即指学生的主

---

[1] 凯瑟琳·坎普·梅休、安娜·坎普·爱德华兹：《杜威学校》，第414页。

[2] John Dewey, “The School and Society,” in *John Dewey: The Middle Works,1899–1924,* Vol.1,ed. Jo Ann Boydston (Carbondale:Southern Illinios University Press, 1976), p.92.

[3] Ibid., p.95.

动操作活动或探究活动。不论何种作业，由于它基于学生的经验，因而是“主动的”；由于它来源于生活，因而是“社会的”。由于学生年龄阶段的差异以及作业类型的差异，学生的作业与社会生活的联系就有直接、间接之分。年龄较小的儿童的作业，更多直接源于儿童的社会生活。随着年龄的增长，学生的作业开始更多地指向科学探究本身，与学生的社会生活的联系越来越具有间接性。

主动作业的基本特点可概括如下：

第一，主动作业适合儿童经验生长的要求。不能把主动作业与借助某种技能获得外部收益的职业等同起来。主动作业不仅使儿童获得手工的技能和技艺的效率，更主要的是获得智力的、道德的和审美的品质。这需要在主动作业的选择和实施过程中做到以下几方面：首先，主动作业必须基于儿童的兴趣并使儿童的兴趣获得连续的发展。杜威说，一种作业“必须是一桩连续的事情。它不只持续数天，而是持续数月、数年。它不是代表孤立的、表面的、能力的一种激动，而是代表沿着确定的总方针的一种稳定的、连续的、能力的有机体”[1]。在这种连续的作业过程中，对儿童的冲动、兴趣、经验不断指导，使其日臻完善。其次，主动作业的选择和实施必须尊重学生本来的经验，使之获得连续的生长。这意味着在作业过程中取消对儿童的过多限制。在幼儿园和中小学中有两个常见的错误：一是让儿童严格按照教师明确的指令进行活动，从而限制了儿童的判断力和首创精神的发展；二是害怕把原料供给儿童，所给儿童的都是着眼于对儿童的严格控制而加工过的材料，从而限制了儿童的操作和智力的发展。这两种情况都使作业局限于技能的层面，忽略了高级的智力的发展。杜威指出：“学生作业的目的愈合于人性，或者愈与日常经验要求的目的相近，学生的知识就愈真实。”[2] 经验也才能愈获得

---

[1] John Dewey, “The School and Society,” in *John Dewey: The Middle Works,1899–1924*, Vol.1,ed. Jo Ann Boydston (Carbondle:Southern Illinois University Press, 1976), p.95.

[2] John Dewey, “Democracy and Education,” in *John Dewey: The Middle Works,1899–1924,*Vol. 9, ed. Jo Ann Boydston (Carbondale:Southern Illinois University Press,1980), p.206.

自由而充分的发展。总之，杜威强调主动作业的整体性，强调作业情境完整的感染力。

第二，主动作业源于社会生活，充满了具有社会性质的事实和原理，可以代表社会的情境。杜威认为主动作业使学校的整个精神得到新生。它使学校有可能与生活联系，成为儿童生长的地方。在这里，儿童通过其直接生活进行学习，而不只局限于各种抽象的和间接的东西。这样，学校就有可能成为一个小型的社会、一个雏形的社会。学生通过其联合的主动作业，可以不断发展其合作精神，不断发展其社会能力和社会品质。因此，主动作业内在的社会价值可以使儿童的社会性不断臻于完善。

第三，主动作业作为科学地理解自然的原料和过程的活动中心，可以不断指向科学的逻辑经验的发展。从历史的发展看，各门科学都是从有用的社会作业逐步发展起来的。从个体知识的发展看，总是由"操作的知识""了解的知识"向"信息""科学"发展。主动作业正是儿童的心理经验逐步向科学的逻辑经验提升的中介。比如，园艺作业并不是为了培养未来的园林工人，更不是为了一时的消遣娱乐，也不只是为了获得园艺的某些技能。当通过园艺作业而使儿童了解了农业和园艺在人类历史上和现在社会组织中所占的位置的时候，当通过园艺作业而使儿童有效地研究有关生长的事实、土壤化学、植物学、人与自然的关系等科学的原理与事实的时候，园艺作业的教育价值就得到充分展现。

第四，主动作业体现了方法与材料的统一，进而成为课程与教学统一的中介和途径。杜威说："作业和科学方法的联系与作业和科学材料的关系同样密切。"[1] 在科学进步缓慢的时代，有学问的人轻视日常生活的材料和制作法，特别轻视那些有关手工作业的材料和制作法。17 世纪以来，实验科学兴起以后，在主动作业过程中，应用工具对付物质的东西并借此造成有用的变化，成为实验方法最重要的入门。在教育过程中，

[1] John Dewey, "Democracy and Education," in *John Dewey: The Middle Works,1899–1924*, Vol.9, ed. Jo Ann Boydston (Carbondale:Southern Illinois University Press, 1980), pp.209–210.

主动作业成为课程与教学的合金、统一体。教学是特定课程的内在规定，课程也只有通过特定的教学得以实施。主动作业成为二者统一的中心。

第五，主动作业体现了“游戏”(play)和“工作”(work)的统一。杜威反对在游戏与工作的关系上持二元论态度。杜威认为不能把游戏和工作在心理学上的区别与在经济上的区别混为一谈。从心理学上看，两者的区别主要是时间跨度(time-span)的区别，这种区别影响目的和手段之间联结的直接程度。在游戏中，目的在于进行更多同类的活动，活动就是它自身的目的，而不是按将来具有的结果规定活动的继续。如果能预见到相当遥远而具有一定特性的结果，并且做持久的努力达到这种结果，活动的意义就会增加，这时，活动就逐渐变成工作。但是，从心理上看，游戏和工作都同样是自由的，都能从本身引起动机，都有一个内在的目的，这个目的使一个人的继续活动富有意义。如果认为游戏活动是短暂的，没有向前看的成分，没有作业的因素，那么，这种游戏会变成纯粹的身体活动，没有什么教育意义。如果使工作从属于外部的结果，把目的置于活动之外，使活动变为只是达到目的的手段，那么，工作会变成苦役或强迫劳动。杜威认为，游戏与工作的对立是由“人为的经济条件”所造成的，“人为的经济条件使游戏成为富者无益的兴奋，使工作成为贫者不合意的劳动”[1]。当摆脱这种状况，游戏与工作就具有内在的统一性、一致性、连续性，“工作始终渗透着游戏态度，这种工作就是一种艺术”[2]；游戏渗透着工作的因素，这种游戏就会更有意义、更有价值。杜威因而指出：“学校所以采用游戏和主动的作业，并在课程中占一明确的位置，是理智方面和社会方面的原因，并非临时的权宜之计和片刻的愉快惬意。”[3]总之，主动作业最好地体现了杜威的经验课程理念。

杜威为什么能够创造“主动作业”的理念？因为“主动作业”最好

[1] John Dewey, “Democracy and Education,” in *John Dewey: The Middle Works,1899–1924*, Vol.9, ed. Jo Ann Boydston (Carbondale:Southern Illinois University Press, 1980), p.124.
[2] Ibid..
[3] Ibid., p.202.

地体现了杜威的教育哲学：知识与行动的统一，个人与社会的统一；在行动中检验并获取知识，在参与社会生活中发展个性。“主动作业”恰好能实现这两种诉求。

四、活动课程的纵向组织

在杜威学校，学生的活动课程如何根据不同年龄阶段的特点而纵向地组织起来？这不仅取决于杜威对活动课程的看法，而且取决于他对学生的心理发展的理解。对学生的心理发展，素有两种观点：阶段论与连续论。前者认为不同年龄阶段之间的心理发展各具特点，界限分明。后者认为不同年龄阶段之间的心理发展是完全连续的，不存在什么明显的界限。杜威把二者结合了起来，其观点可称为“连续阶段论”。首先，杜威继承了卢梭以来的儿童研究，把儿童与成人区分开来并唤醒了人们对儿童权利的意识，他自然认为儿童的心理发展存在不同阶段；但另一方面，杜威的“经验生长”的理念又使他坚信儿童心理发展的不同阶段之间互相结合、重叠，由此及彼的过渡是在不知不觉间自然进行的。

在实验学校开始前，杜威把学校的组织分成三个阶段。第一阶段从四岁到八岁或八岁半。这个阶段，学校生活和家庭、邻里生活的联系特别密切。“儿童大体上从事直接的社会的外向活动，忙于做事和说话。相对地很少努力进行理智的阐述、有意识的思考或掌握专门的方法。”[1] 第二阶段从八岁或八岁半到十岁。本阶段重点放在获得读、写、算、操作等能力。不是为能力而能力，而是将之作为学生探究活动的副产品，并指向于进一步的探究。第三阶段从十岁到十三岁。本阶段已开始中等教育时期。儿童获得的技能，应用于明确的研究和思考方面的问题，进而认识到概括的重要性。本阶段“是各方面的工作、历史和科学彼此出现明显分化的时期。在儿童掌握每门学科所使用的方法和工具的范围内，

[1] 凯瑟琳·坎普·梅休、安娜·坎普·爱德华兹：《杜威学校》，第42页。

他能一门一门地进行学习，在某种意义上，真正使它成为一门学科。”[1]杜威对这三个阶段总结道：

> 要是第一个时期已经给儿童一个共同的多样的背景，要是第二个时期已经带领他们掌握读、写、算、操作原材料等能力作为研究的工具，那么在第三个时期，他们已准备好一定程度的专门化而没有孤立或人为状态的危险。[2]

杜威的儿童发展分期的设想为活动课程的纵向组织提供了最一般的原则和最宏观的图景。接下来，让我们回到杜威学校中儿童的每一个年龄阶段，看看其活动课程是如何组织的，都发生了哪些激动人心的故事。

四岁和五岁儿童的活动课程可统称为“家务作业”。顾名思义，把幼儿园变成家庭的延伸，围绕儿童的家庭生活组织探究活动。幼儿与生俱来的四类冲动（本能、兴趣）是组织探究活动的基础。这四类冲动是“社会性冲动”“建造性冲动”“研究性冲动”和“表现性冲动”。组织幼儿的探究活动既不能揠苗助长，也不能放任自流。每一个幼儿都有自己的思想。即使一个四岁的孩子，“他不可避免地有他自己的思想方法，正如他母亲或任何其他监护人有他们自己的思想方法一样，他们迫使他反抗他们的方法从而使他看到他自己的方法”[3]。当幼儿产生一个思想的时候，他会立刻通过游戏把它表现出来。“在这个年龄，一个观念马上变成一出戏剧。”[4]因此，要让儿童在真实的环境中享受游戏的权利和探究的自由。同时，教师又不疏于指导。教师的指导要充分尊重儿童经验生长

[1] 凯瑟琳·坎普·梅休、安娜·坎普·爱德华兹：《杜威学校》，第42页。
[2] 同上书，第42–43页。
[3] 艾丽斯·C·杜威：《幼儿园的地位》，《小学教师》，1902年1月。转引自：凯瑟琳·坎普·梅休、安娜·坎普·爱德华兹：《杜威学校》，王承绪、赵祥麟、顾岳中、赵端英译，华东师范大学出版社，1991，第47页。
[4] 凯瑟琳·坎普·梅休、安娜·坎普·爱德华兹：《杜威学校》，第52页。

的连续性，活动与活动之间、主题与主题之间要有机统一，防止儿童经验的割裂。“主题统一有助于儿童培养连续性和安全的感觉，和生活一致的感觉。和生活一致，这是关系到一切智力发展的基础，又是一切智力发展的根本。”[1]

在杜威学校教师指导下，幼儿把准备午餐、吃午餐和餐后收拾餐具变成一系列连续的活动，并将之变成自我管理、发挥创造性的机会。在儿童过生日或万圣节、感恩节、圣诞节等传统节日来临之际，儿童自己设计庆祝方式。有一次，当他们试图建筑小木屋做剧院的时候，苦苦思索木头从哪里来，其中一个孩子说：“树也是木头做成的，把树砍下来就是木材。”孩子们扮演邮递员，制作邮递员的帽子、邮袋、邮筒或者纸马拉的当年的双轮邮车，而且到社区去看邮递员从邮筒取出信件，并跟着邮递员到邮局去。孩子们常到公园散步，他们的注意力被引到鸟类、昆虫等动物的家，当看到空巢的时候，他们就探讨鸟儿这时飞到哪里去了；当在公园中看到忙着往树洞里储藏干果的松鼠的时候，一个孩子惊讶地说：“我妈妈也在往厨房里保存水果。”这就是孩子的研究活动、孩子的学校生活。

六岁儿童的活动课程被总称为“为家庭服务的社会性作业”。本阶段依然以家庭生活为核心组织探究活动，但儿童的社会兴趣显然比四至五岁的儿童大为扩展。探究的内容由食物到各种动植物，以及动植物生长的环境和气候；由烹饪到种植、养殖，再到建筑；在测量中学习数学，在编周刊和游戏中学习阅读。“经验是一条滚滚向前的溪流，通过注入有用的知识，这溪流不断地从各个方面得到扩大。”[2]

指导六岁儿童的探究活动需要做到：第一，以熟悉的和已经接触到的事物作为基础，进而到未知的和遥远的事物；第二，充分发挥儿童的想象力在探究活动中的作用；第三，故事是儿童喜爱的表达观念的方法，

[1] 凯瑟琳·坎普·梅休、安娜·坎普·爱德华兹：《杜威学校》，第49页。
[2] 同上书，第77页。

因此各种观念最好用故事的形式传达给儿童；第四，关注探究活动的整体性，因为“儿童喜欢寻找‘整体’”，因此要把儿童与探究的对象和环境变成一个整体，“离开事物所包含的观念去观察事物，分析形式和结构的孤立的细节，既不受儿童的欢迎，也不能使他感到满足”[1]；第五，善于运用戏剧表演，戏剧表演常常有助于发展活动的新的方面，也常常是总结一个阶段工作的手段。

有一次，六岁的儿童在教室里建造了一个示范农场后，竟然又在校园里种了些冬小麦，经历了从播下种子到做成面包的整个进程，当然是他们自己烘面包。

还有一次，儿童们研究农民生活，开始研究农场的动物。孩子们观察到，当母牛吃草时，吃得很快，并不咀嚼。然后他们观察躺在牛棚里正在咀嚼的几头母牛，嚼得很慢。“究竟为什么呀？”孩子们开始研究、讨论。后来，老师和孩子们发现故事是这样的：很久很久以前，食肉动物常常潜伏在草地周围等待食草动物走近，因此，当食草动物走进广阔的草地时，经常有被捕杀的危险，不得不很快吃草。这样就慢慢养成一种习惯，把吃到的草滚成球，咽到第一个胃，等回到比较安全的树林休息时，喉头肌肉把草球又带回嘴里充分咀嚼，然后咽到第二个胃里。

七岁儿童的活动课程可总称为“通过发明和发现取得进步”。和六岁时相比，“儿童越来越对无休止的模仿感到不满足，越来越喜欢试验，并且按照他自己的思想方法去创造发明。探究的精神正打开调查研究、发现和发明的大门。所有这些和其他征象似乎表明一个变化、扩展和提高中的目的”[2]。“他在做什么”这样的问题开始减少，而“为什么”和“怎么样”的问题日益增加。但是，“生活对他来说仍旧是一个整体。事

[1] 约翰·杜威：《三班工作介绍》，《初等学校记录》，1900年。转引自：凯瑟琳·坎普·梅休、安娜·坎普·爱德华兹：《杜威学校》，王承绪、赵祥麟、顾岳中、赵端英译，华东师范大学出版社，1991，第64页。

[2] 凯瑟琳·坎普·梅休、安娜·坎普·爱德华兹：《杜威学校》，第80页。

实和技能，只有当它们有助于他的活动时，才是有兴趣的和有价值的”[1]。

七岁儿童的探究内容从自己的家庭生活转移到原始人的生活。假如我们是原始人，没有房屋、没有衣服、没有工具和生活用品，没有火、没有食物，我们该如何生活？于是孩子们开始以一个原始人的身份，按照自己的兴趣和选择从事实验、制造、装饰、设计和发明。“我是黏土探索者”“我是石器探索者”“我是火的发明者”……在建造和设计中，学习测量和计算；在阅读神话故事中，学习阅读；在装饰器具或房屋时，学习绘画和雕塑。所有这些学习，均指向于“把思想表现为合意的和优美的具体形式”[2]。

为什么让七岁儿童探究原始人的生活？这与杜威和实验学校的教师们的假设有关。“可以实在地说，这个发展阶段的儿童的基本兴趣和未开化的人的兴趣是相同的，食物、安逸和居住，虽然对儿童来说，这种兴趣增多了，比较精练了。”“原始人类的活动和儿童的兴趣是一致的，在明智的指导下，研究原始人的生活，能使儿童做出最大的努力。”[3] 这并不意味着杜威信奉“复演说”，恰恰相反，杜威曾在多个场合批评“复演说”的机械性质。之所以让儿童探究原始人或其他历史中的人物或事件，是由于杜威对儿童的想象的特点和探究兴趣的独特理解。他认为“心理上的遥远”与“物理上的遥远”并非必然成正比关系。这就是说，“某些事物和过程，在物理上接近儿童，这一事实并不保证它们接近他们的需要、兴趣或经验，而有一些东西，它们从地位和年代来说是遥远的，但是从情感和理智来说，却是一个孩子所关心的事，是他的观点的组成部分”[4]。

儿童在探究原始人的生活中，发生了许多有趣的故事。有一次，一

[1] 凯瑟琳·坎普·梅休、安娜·坎普·爱德华兹：《杜威学校》，第80页。
[2] 同上书，第95页。
[3] 同上书，第82页。
[4] 约翰·杜威：《芝加哥实验的理论》，载凯瑟琳·坎普·梅休、安娜·坎普·爱德华兹：《杜威学校》，王承绪、赵祥麟、顾岳中、赵端英译，华东师范大学出版社，1991，第411页。

个学习过这个课程的八岁儿童和他十三岁的姐姐及四岁的弟弟在家里玩耍。他姐姐在另一个学校读书。忽然，小弟弟的衣服着火了。只见姐姐一面跑一面尖声喊叫成人帮助。而这个八岁儿童迅速地用毯子裹好弟弟，把他放在地板上，很快地闷熄火焰，避免了严重的灼伤事故。当成人们匆忙赶来的时候，他已经在和弟弟玩耍，每一个人都惊喜异常地赞扬他，只见他平静地说："这有什么呀？去年我们就和老师一起用泥土、毯子、水等东西灭过火，并探讨过一旦衣服着火了该怎么办。"

总之，七岁的儿童已经在各种发明和发现的活动中意识到，人的需要是变化的原因，"用你的头脑"是发明的方法。

八岁儿童的活动课程可总称为"通过探险和发现取得进步"，主要探索从腓尼基人的商业贸易活动到世界探险和世界贸易这样范围更大的题目。"这一年龄的儿童的精神是和冒险精神一致的。他们对冒险活动中的危险，感到激动；他们理解伴随英勇行为的令人感到满足的热情。"[1] 在探索中儿童重新体验书写、计数和度量衡制度的发明过程。在木工、烹饪和缝纫中学习计算和科学。在阅读和书写方面，主要是阅读和书写他们自己的记录。在艺术方面，绘画的主题是他们历史课的题目，音乐则从本年度开始复制他们所创作的歌曲。指导儿童探究活动的关键是：把一个真实的经验情境变成问题情境；把各种活动关联起来变成一个整体。

在研究哥伦布、麦哲伦等探险家的故事的时候，儿童们经历了许多难忘的时刻。

九岁儿童的活动课程可总称为"乡土历史"，主要探讨儿童所在地区的历史及整个美国史。自此开始，儿童完全进入杜威所设想的"第二阶段"——即在探究活动中掌握读、写、算、操作的技能并将这些技能进一步运用于探究的阶段。这个年龄的显著特征是有意识地要求一些困难的、有挑战的东西，要求一些能够持久并唤起力量、能够进行有效的选择、能够使手段适应目的的东西。但同时还要意识到这个年龄阶段的另

[1] 凯瑟琳·坎普·梅休、安娜·坎普·爱德华兹：《杜威学校》，第110页。

一面："儿童有一种倾向，未经充分计划就着手干艰巨的工作，而当有些事情证明比预期的更困难时，没有完成就很快抛弃。"[1] 因此需要加强指导。这个年龄的儿童有一种想熟练地书写、计算和艺术表达的强烈愿望，以便把一个设计进行到所期望的结局。用于学科的时间因而增加。"这一年，开始实行课程的分化。除其他科目发生的计算问题以外，还有专门时间做算术练习。"[2]

十岁儿童的活动课程可总称为"殖民地史和独立革命"。由于"这个年龄的儿童对付各种社会的和要求运用智力的情境的能力，飞跃地发展"[3]，他们探究的社会范围进一步扩大，程度也空前加深。与此同时，儿童能够在数学、阅读、科学、艺术等方面"容易而且愉快地获得很多技能和技术"[4]。儿童的思维的独立性开始增加，其标志是儿童开始自己提出问题。"当儿童头脑里的问题是他自己提出时，这个问题就是他自己的问题，它变成疑难，需要他思考主意；它有着兴趣的光辉，引起他的集中注意。他无须刺激或鞭策，也无须记忆现成的答案。他主动地寻找和选择恰当的材料，用以回答这个问题，考虑材料的意义和关系，以及解决问题的方法。问题是他自己的问题，因此通过解决问题所得到的锻炼变成他自己的锻炼。"[5] 因此，创设情境，帮助儿童自己提出问题，就是指导十岁儿童开展活动课程的关键。

十一岁儿童的活动课程可总称为"殖民地开拓者的欧洲背景"。这个阶段的儿童的最大特点是：开始意识到手段与目的之间的复杂关系，能够根据对可能的后果的预测来做出行动的决策或调整行动进程；相伴而生的，是意志力（坚持品质）明显增强。"他们为了根据可能的后果考虑行动，能够在越来越长的时间内不采取行动。更多的往往不只是克服实

[1] 凯瑟琳·坎普·梅休、安娜·坎普·爱德华兹：《杜威学校》，第130页。
[2] 同上书，第137页。
[3] 同上书，第153页。
[4] 同上书，第152页。
[5] 同上书，第154页。

际困难，而是要发现一些东西，以便达到进一步的目的，在达到这些目的时，儿童自己会控制和指导他的行动和意向。"[1] 伴随着对他们的祖先的欧洲背景的研究，儿童们在科学、数学、语言、艺术、体育等方面获得了长足进步。

从十二岁开始，儿童的活动课程进入了一个新的阶段，其基本内容被概括为"专门化活动的实验"。"杜威学校对于年龄较大的儿童，特别是对于十一班和十二班（即十四岁和十五岁的学生——引者注）的课程计划，在性质上是高度专门化的。"[2] 如果说此前的活动课程是通过探究社会生活而理解并获得学科知识和技能，那么今后的活动课程则是通过探究学科知识而进一步理解社会生活。在杜威看来，本阶段是向"中等教育"过渡的时期，而"中等教育"在杜威及其同事看来，是"一个以逻辑体系组织和独特的学术兴趣占统治地位为标志的学校教育阶段"[3]。

十二岁的儿童的独立探究能力显著增加，他们经常采用"自己试试看"的态度和方法。"在十二岁，这样的儿童往往能发动他自己的引擎，靠他自己的力量，在他自己指导下，行走越来越长的时间。"[4] 与此同时，他的抽象思维能力和独立判断能力显著增加。"抽象成为他思维的主流，因为通过抽象他有意识地使一个经验可以指导另一个经验。"[5] 因此，各门学科教材的呈现方式必须根据学生经验的特点做相应改变，注意发挥学科本身的逻辑力量。但是，所有的研究和实验工作都必须和社会生活的活动建立有机的联系，都必须植根于每一个儿童的经验之中，着眼于形成儿童自己的思想和方法。"很多事实，由于儿童自己的努力，容易交织在他的经验之中。一个思想，通过日常运用，变成一个行动的方法。从这些习以为常的方法，可以发展成为对行动的新的意义的认识，对于

[1] 凯瑟琳·坎普·梅休、安娜·坎普·爱德华兹：《杜威学校》，第167–168页。
[2] 同上书，第187页。
[3] 劳伦斯·阿瑟·克雷明：《学校的变革》，第156页。
[4] 凯瑟琳·坎普·梅休、安娜·坎普·爱德华兹：《杜威学校》，第172页。
[5] 同上。

人类一切事业领域的美、善和价值的新的理解，这是一种经常的希望和理想。”[1]

十三岁的儿童“出现了一种感觉，即自我表现的力量”。他们的观察、选择、分析、综合的能力显著提高。“这种处于萌芽状态的把东西拆开又把它集拢来的愿望，以及理解到分析的目的在于形成一种也许胜于原先整体的重新综合，标志着生长的一个新阶段。”[2] 通过对殖民地时期的回顾研究、各类科学探究活动、俱乐部会所的设计、时事研究等等，儿童的创造性空前迸发出来。“想象和评论的能力以及操作的技巧是个人创造力产生的象征。”[3] “对于每个儿童来说，当前他自己的经验，他在工场或工作室的作业，他自己在课堂中的任务，他的俱乐部，他的学校，他的家庭，变成了极端重要的东西。历史的研究比创造他自己的历史在重要性上要少得多。他自己的活动，特别是那些由于他们已经完成的各种结果因而成为特别重要的和有用的活动，对于生长中的目的具有一种继续性的特征。”[4] 创造性人格的核心是每一个人自己的思想。“思想变成了行动，取得了成果，从而改变了通常的生活方式，激发了进一步的探索。”[5] 由此看来，指导十三岁儿童的探究活动的关键是创设有助于进行分析、综合、创造的情境，以帮助每一个儿童发展自己的观念。

十四至十五岁的儿童的活动课程具有高度的探索和实验性质，并进一步专门化。例如，科学课程已分成自然地理和生物学两个部分；数学课程也变得高度专门化；历史作业、语言作业、文学作业等都比过去几年更专门化了。但专门化的目的是“要保持儿童的科学研究从一开始就显示出的特点，即那种个人的调查研究和再发现的精神”[6] 。与此同时，

[1] 凯瑟琳·坎普·梅休、安娜·坎普·爱德华兹：《杜威学校》，第171页。
[2] 同上书，第190页。
[3] 同上。
[4] 同上。
[5] 同上书，第188页。
[6] 同上书，第204页。

儿童还参加像俱乐部会所的建造和装饰、周会、每日新闻出版等综合性活动。总之，杜威学校的儿童“在十四岁时，不仅对于艺术的各种形式和欣赏，而且对于一切形式的知识，不论是科学的或实际的，凡是已经进入到他们的活动之中的，都是以一种不平常的广泛的第一手经验的背景作为他们更专门学习的基础”[1]。

通过回溯杜威学校四岁至十五岁儿童活动课程的纵向组织，我们可以获得哪些启示？

首先，每一个儿童都是社会生活中的个体。这不仅意味着儿童的探究课题首先源自生活或与生活紧密相关，而且意味着探究要以社会的方式而进行。“学校是一个雏形的社会集体，在那里，学习和生长是伴随着共同分享的活动而来的。”[2] 从家庭延伸到学校和社会、从现实延伸到历史、从社会延伸到自然，所有活动课程均是以社会为核心组织起来的。

其次，儿童是儿童，成人是成人，但儿童正在成长为成人。杜威显然继承了卢梭“我们一定要把儿童当作儿童，把成人当作成人”的理念，但杜威也发展了卢梭的理念，认为儿童与成人之间具有连续性。儿童的成长离不开成人的帮助，否则就会导致放纵儿童、对儿童不负责任的“儿童中心主义”；成人的发展也离不开与儿童的交互作用，成人帮助儿童不纯粹是付出，而是恢复并保持“童心”“童趣”的过程。所以，杜威学校中的活动课程是沿着由儿童成长为成人的线索而组织的，这就是为什么十二岁以后的儿童的活动越来越“专门化”的理由。

再次，从生活到学科，再由学科到生活。诚如前述，杜威学校的儿童四岁至十一岁的活动是从生活到学科，十二岁至十五岁的活动则是从学科到生活。这不仅反映了儿童经验成长的逻辑，而且体现了生活与学科之间的发展逻辑。

最后，活动课程的内容螺旋式上升。众所周知，“螺旋式课程”

[1] 凯瑟琳·坎普·梅休、安娜·坎普·爱德华兹：《杜威学校》，第215页。
[2] 同上书，第200页。

（spiral curriculum）的理念是布鲁纳（J. S. Bruner）于20世纪50年代末明确提出的。但当我们考察杜威学校的时候，发现其课程显然是按照“螺旋式上升”的理念而组织的。不论是生活主题、学科主题各自本身，还是二者的交织，在范围和程度上都是层层递进、不断发展，集中体现了经验成长的连续性原则。

五、活动课程的横向组织

横向地看，杜威学校的活动课程包括哪些类型，彼此间呈怎样的关系，这便是活动课程的横向组织问题。

1901年，杜威为《手工训练杂志》（Manual Training Magazine）写的一篇题为《手工劳动在初等学校课程中的地位》的文章中，把杜威学校的课程体系划分为以下三类：第一类与其说是一些科目，毋宁说是主动作业，是各种形式的活动——游戏和工作，它们既对儿童具有吸引力，而且也适于达到教育的目的；第二类涉及社会生活的背景，包括历史和地理；第三类涉及智力交流和探究的形式、方法，如阅读、语法和算术等。对这三类课程的关系，杜威写道：

> 从这三类课程的内容，我们可以看到一种动向，即离开了个人和社会的直接兴趣，采取了间接的和遥远的形式。第一类课程不仅为儿童提供同一种类的、他们在日常生活中所直接从事的活动，而且为儿童提供某些他们在每天的生活环境中早已完全熟悉的社会职业方式。第二类课程内容仍是社会性的，但为儿童提供的是共同生活的背景，而不是共同生活的直接现实。第三类，像阅读、语法和各种形式的数学等科目，也是社会的，并不是在于它本身或者在于它的任何直接暗示和联系，而是因为它的最后的种种动机和效果。后两类的目的

是要维系文明的延续性。[1]

从杜威的阐述以及实验学校的实践，我们可以把活动课程概括为四类。

第一类活动课程可称为“直接源自社会生活的主动作业”，如烹饪、纺织、木工、建筑等等。对这类作业，要谨慎地把它和为就业而教育的工作区别开来。杜威曾说：“无论在哪里，把掌握某种工具或制造某种产品作为手工训练的主要目的，教育的价值就丧失了。”[2]“作业的目的就在于它自身，在于从思想之间不断的相互作用和思想在行动中的体现而来的发展，而不在外表的实用。重点是放在个人的实验、计划和再发明，并且注重儿童的作业同当时历史的和社会的发展线索相对应。首先是要求儿童在各方面头脑敏捷、机警，使他能适当地做好外部的工作；其次用从它重演的社会生活中所提出的价值，渗透到作业中，使完成的作业得到丰富和深入。”[3]

第二类活动课程可称为“发展科学方法和概念的实验活动”。何谓“科学方法”？“科学的方法，不单是科学实验室中经常运用的工具。……不论在什么时候，不论在什么情况下，凡是能进行积极的调查、检验理论的，想象可能产生这样或那样自然的或社会的关系的结果的各种过程和活动，都能运用科学的方法。”[4]这就是说，科学的方法是一种理智生活的方法，一种积极进取的态度，凡是面对生活的问题理智地提出假设并积极验证假设以解决问题的方法，皆可称为“科学方法”。“科学方法”

---

[1] 约翰·杜威：《手工训练在初等学校课程中的地位》，《手工训练杂志》1901年第2期，第193–194页。转引自劳伦斯·阿瑟·克雷明：《学校的变革》，单中惠、马晓斌译，上海教育出版社，1994，第157页。

[2] 约翰·杜威：《作业心理学》，《初等学校纪事》1900年4月。转引自凯瑟琳·坎普·梅休、安娜·坎普·爱德华兹：《杜威学校》，王承绪、赵祥麟、顾岳中、赵端英译，华东师范大学出版社，1991，第283页。

[3] 凯瑟琳·坎普·梅休、安娜·坎普·爱德华兹：《杜威学校》，第283–284页。

[4] 同上书，第234页。

不局限于科学家所使用的方法，每一个普通人皆可使用；“科学方法”也不局限于成人世界，儿童也可使用。

何谓“科学概念”？杜威学校的副校长凯瑟琳·坎普·梅休曾这样说：“自然地向儿童介绍一个观念，把所熟悉的称分量过程，看作测量地球吸引力的过程，是给予他一个力的概念，这是他在20世纪在智力方面的天赋权利。”[1] 在一个科学时代具有科学概念是儿童“在智力方面的天赋权利”。但任何科学概念都必须与儿童的日常经验联系起来，变成日常经验的自然生长。

在杜威和实验学校的老师们看来，发展科学方法和概念的实验活动不仅具有智力价值，还具有道德价值。“儿童必须进行实验，以便正视他在成功和失败中的责任。当儿童遵循或发展他的计划以取得预期结果时，以不同程度的成功或失败，通过应付物质世界的无情事实，养成现在叫作面对现实的主要的道德态度。”[2]

经验的整体性决定了科学探究活动的整体性。把儿童的日常经验与科学概念统整起来；把活动的科学价值与社会价值统整起来；信奉世界是一个有机联系的整体。当儿童探究“力”这一概念的时候，他们认识到：“动物的生命依赖于蔬菜，而蔬菜的生命依赖于无机物的实验，用来显示所有的生命都须依赖于太阳能的基本概念。这样年复一年地继续进行实验，就包含了越来越多有关力的分析。”[3]

第三类活动课程可称为“社会生活的起源、发展及其背景的实验活动”。这是社会研究活动，其内容包括出历史、地理、社会职业、政治制度、文化方式、日常生活等构成的社会整体。历史和地理是人类社会生活的背景，因此它们构成杜威学校儿童活动课程的纵向组织线索。历史不是过去的记录，而是活在现在的过去，是理解社会生活的门径。杜威

[1] 凯瑟琳·坎普·梅休、安娜·坎普·爱德华兹：《杜威学校》，第239-240页。
[2] 同上书，第237页。着重号为原文所加。
[3] 同上书，第241页。

说:“不把历史看作过去的某些事物的记载，而是作为认识社会由什么而组成，以及了解社会怎样发展到现在的情况的方法；作为洞察社会生活的方式处理，把重点放在人类同自然的典型关系上，如总结食物、掩蔽所、住处、衣服和工业上的职业的发展，这些提供了对控制文化发展的基本过程与手段的洞察力，也提供自然的和经常的学习机会，使历史作业一方面适应手工训练，另一方面适应科学教育的需要。”[1] 这样看来，历史对儿童而言不是死的，通过帮助他们重新过过去的生活，历史在他们身上得以再生。地理不是僵死的机械物，而是人类活动的舞台，它总是与历史和社会缠结在一起，深深打上人的烙印。

社会研究始终渗透着问题意识。例如，儿童们看到，机器的发明虽然最终导致社会生活的改善，但直接的结果往往是以被解雇的手工工人的痛苦为代价的，他们的悲惨状况，说明技术进步所带来的社会问题。他们不禁要问:“为什么舒适美好的生活不为所有人所共有？”因此，社会研究始终渗透道德价值。

第四类活动课程可称为“发展交往和表达技能的实验活动”。这类活动包括阅读、书法、比较专门的计量方式和各种表达的艺术。只是当人有观念要交往和表达的时候，才发展了交往和表达的手段、技能和艺术。因此，当儿童学习这些关于表达和交往的学科时，不能把它们变成纯粹的形式训练，要将这些学科与儿童的经验、观念和社会生活联系起来。数学是观念的表达:“无论在什么阶段，从来不是为了数字而教数字，而只作为一种手段，使为自己的利益而进行的活动，进行得更有秩序和更有效力。”[2] 语言是观念的表达，因此，“语言的教授，无论在什么时候，……不脱离实际的教授有不可估量的利益”[3]。杜威曾说文学是社会的表达，因此要“通过历史的媒介来研究文学，而不是通过文学的媒介研

[1] 凯瑟琳·坎普·梅休、安娜·坎普·爱德华兹:《杜威学校》，第22–23页。

[2] 同上书，第301页。

[3] 同上书，第296页。

究历史"[1]。并认为这是杜威学校和其他进步学校的重要区别。艺术也是观念的表达，杜威曾认为艺术"不只是表达器官所要求的专门技巧，还需要一些别的东西，这包括观念、思想、事物的精神解释，而这又不单单是任何数量的概念本身，它是思想和表达工具的生动的统一"[2]。

在杜威学校，这四类活动课程在任何年龄阶段都统一为一个整体。统一的基础是每一个儿童自己的经验和他所生活于其中的社会。杜威曾专门谈起过学校中科学课程和社会课程的关系。他批评说："一般学校习惯于把社会性教材和标明是科学的教材截然分开。所以，科学教材就变成专门的东西，缺乏人性和吸引力。但是，同时，社会性和历史性教材就变成遥远的和书本气的，它们的价值在于作为逃避目前烦恼和苦难的手段。"而他认为："非常可能，关于社会指导和思想灌输在教育上的地位问题，只有在把科学方法作为社会改良的关键，并给以中心地位时，才能得到唯一真正的解决。"[3] 实际上，在杜威看来，探究的态度和方法一以贯之于科学和社会之中。

六、活动课程的评价

教育即儿童经验的持续生长，而不是为了某种外在的其他目的，这是杜威教育哲学的核心。因此，活动课程的评价本质上是对活动的内在价值的欣赏（appreciation）。[4] 不论是对不同活动课程本身的评价，还是对学生在活动中的表现的评价，均应以其是否促进了学生经验的生长为标准，而不应强加其他外部标准。杜威说："任何一个课题只要能够立刻吸引人，就不需要问它有什么用处。"[5] 证明一种学习有价值"在于学生

[1] 凯瑟琳·坎普·梅休、安娜·坎普·爱德华兹：《杜威学校》，第23页。
[2] 同上书，第304页。
[3] 约翰·杜威：《芝加哥实验的理论》，载凯瑟琳·坎普·梅休、安娜·坎普·爱德华兹：《杜威学校》，王承绪、赵祥麟、顾岳中、赵端英译，华东师范大学出版社，1991，第413页。
[4] 张华：《经验课程论》，第108–112页。
[5] John Dewey, "Democracy and Education," in *John Dewey: The Middle Works,1899–1924*, Vol.9, ed. Jo Ann Boydston (Carbondale:Southern Illinois University Press, 1980), p.250.

能对它作出反应”，“学生的反应就是有用”[1] 。

那么，在杜威学校，儿童的活动课程是如何被评价的呢？下面是该校教师的报道：

> 儿童的作业，没有比较，除了少数例外，他们对于评定和等级，甚至对作业的评语从来不问教师。他们自己能够评定他们的活动是成功还是失败，他们总是相当了解班里能力的种种差别。也许由于这个事实，他们几乎没有一个人不在某项活动中表现特别突出，但是，在儿童之间，很少公开地比较记录下来或者能够被回忆起来。……甚至在最后一学年，要尽力地应付大学入学的需要，也从来没有用分数来刺激。完成了要做的作业以后进行的书面或口头的检查代替了考试。[2]

我们由此可以获知杜威学校活动课程的评价思路：第一，用活动内在价值的欣赏取代外部分数或等级认定，评价标准因此个性化和多元化，每一个儿童经验的生长成为最根本的标准；第二，由同伴间作业的相互欣赏取代彼此间分数或等级的比较，评价由此成为尊重差异、欣赏不同作业风格的过程，而非基于“常模”或某种预先确定的标准对学生的作业进行分等划类的过程；第三，在同伴彼此欣赏中发展自我评价能力，并使自我评价与同伴互评协同发展。由此看来，评价过程就是研究过程，它嵌入活动课程，而非游离其外。这种评价可称为“欣赏性评价”。

七、活动课程的指导

杜威曾在《儿童与课程》这部著名的小书中给“指导”下过一个天

---

[1] John Dewey, “Democracy and Education,” in *John Dewey: The Middle Works,1899–1924*, Vol.9,ed. Jo Ann Boydston (Carbondale:Southern Illinois University Press, 1980), p.251.

[2] 凯瑟琳·坎普·梅休、安娜·坎普·爱德华兹：《杜威学校》，第330页。

才的定义：

> 指导（guidance）并不是从外部强加的，指导就是把生活过程解放出来，使它最充分地实现自己。[1]

指导即解放，旨在帮助儿童最充分地发展自己、实现自己，而不是从外部对儿童施加压抑和限制。这种理解普适于对儿童的所有指导，活动课程的指导自不例外。

在杜威学校，教师是如何指导学生开展活动课程的？

第一，帮助学生经历真实的研究过程。杜威学校的理论与实践有两个重要假设：其一，成长中的儿童的需要、能力与兴趣不同于成人；其二，在儿童的智慧与道德的发展中，也像成人一样利用相同的一般条件。这些条件包括“（1）选择有关的材料和方法；（2）采用这些材料和应用这些方法；（3）随着努力而来的所有的实验和试验”[2]。在传统教育中，对成人，我们倡导自主选择、利用材料和方法，并主动实验；对儿童，我们强加问题和目的，代替选择方法和材料，把实验的因素降到最低。杜威对此尖锐地批评说：“在一种情况下，机敏是我们的理想；在另一种情况下，驯顺是我们的理想。”[3] 杜威学校重建了对儿童与成人之关系的认识，既承认并确立了儿童的独特权利——做儿童的权利，就是：“当我是一个孩子的时候，说话像一个孩子；我了解或看事物像一个孩子；我思想或议论事物像一个孩子”；又归还了儿童与成人共享的权利——自由地调查研究和实验的权利，“创造性的研究，不是科学家或高等学生的特

[1] 约翰·杜威：《学校与社会·明日之学校》，赵祥麟、任钟印、吴志宏译，人民教育出版社，1994，第124页。
[2] 凯瑟琳·坎普·梅休、安娜·坎普·爱德华兹：《杜威学校》，第367页。
[3] 约翰·杜威：《心理学与社会实践》，芝加哥大学出版社，第13页。转引自：凯瑟琳·坎普·梅休、安娜·坎普·爱德华兹：《杜威学校》，王承绪、赵祥麟、顾岳中、赵端英译，华东师范大学出版社，1991，第367页。

权。一切思想都是研究，而一切研究，对于进行研究的人来说都是出于自然的，创造的，即使在这个世界上还有别的人已经知道他正在寻求的东西”[1]。

第二，帮助学生自由地研究和创造。指导学生的目的只是为了让学生充分地实现研究和创造的自由，而不是限制自由。“如果这些刚露头的显得羞怯的富有想象的思想，在萌芽时被剪掉，受到打击或者由于压制或忽略，由于缺少相适应的阳光和空气，或由于过多的成人的注意而受到挫伤，那么人的态度和品质就要变形。然而健康地运用富有想象的思想，给予一切生长有意义的刺激，就能促使能力的不断增长，以发现在行动中做什么，为什么做，以及怎样做。”[2] 指导的智慧和艺术就体现在既为儿童富有想象的思想的生长提供充分的条件，又能使之保持自然。

第三，充分利用经验的连续性与互动性。活动课程最忌讳的是追求表面热闹和感官刺激，缺乏智力和精神的挑战，而且不同活动之间常常机械割裂、简单重复。有鉴于此，杜威学校中的活动课程充分尊重和利用了经验的连续性原则，使活动“乱中有序”。任何活动都必须奠基于儿童经验生长的逻辑，不能随意安排。“为了避免儿童经验的割裂，这种割裂，足以推迟、阻碍或挫败儿童理智生活——思维活动——的自发表现，我们的口号是‘连续性’。”[3] 指导活动课程还要充分尊重并利用经验的互动性原则，为儿童经验的生长提供丰富的环境——吸引儿童主动探究和实验的环境。同时，还要意识到，消极经验和不良习惯同样遵循连续性和互动性原则，因此，改变这类经验就需要切断其“连续”和“互动”，或用新的“连续”和“互动”替代之。

第四，创造民主、合作的共同体。传统学校中的学生“大部分是由

---

[1] 约翰·杜威：《民主主义与教育》，1931年版，第174页。转引自：凯瑟琳·坎普·梅休、安娜·坎普·爱德华兹：《杜威学校》，王承绪、赵祥麟、顾岳中、赵端英译，华东师范大学出版社，1991，第386页。

[2] 凯瑟琳·坎普·梅休、安娜·坎普·爱德华兹：《杜威学校》，第377页。

[3] 同上书，第47页。

自己和为自己而学习，并且很多时间是同他的同伴处在直接的竞争中。倘若一个儿童不能获得分数，那大部分是他自己的过错”[1]。杜威学校则用真正的合作精神取代竞争。学校是按民主主义的理想组织起来的雏形的社会，每个教室都是一个社会实验室——一个实验具有社会意义的思想的地方。因此，杜威学校中的活动课程是集体合作研究。民主、合作的共同体要求新的纪律观。杜威说：“我们相信，唯一真正的秩序和纪律是来自儿童对他必须做的工作的尊重和他对同他一起工作的人的权利的认识。”[2] 建立秩序和纪律的目的“是要让儿童获得自由的和不拘形式的团体生活，让儿童感到他有自己的工作可做”[3]，而不是向儿童强加外部的规范。

第五，课堂教学的基本方法是谈话和自由交换意见。杜威学校的教师如何进行课堂教学？“实验学校课堂里的物质设备用可以移动的椅子，使每节课成为社会化的场合。在所有的班级，教师和儿童以面对面地讨论个人和班的活动计划来开始一天的工作。因此，每天的工作同前一天的工作连接起来，并建议未来的一天的活动。”[4]“通过谈话和自由交换意见的手段，来进行一切课堂教学的方法，造成提供连续性的线索的统一的日常程序。”[5] 在杜威及实验学校的老师们看来，“静听的课堂”不仅无助于儿童的智力的发展，而且更严重的是，其独断专制的性格有违民主主义的理想。因此，杜威学校倡导谈话和自由交换意见的方法主要不是一种教学策略的考虑，而是实现民主性教学的途径。

八、杜威的活动课程实践有哪些贡献

美国著名教育史专家克雷明（Lawrence Arthur Cremin）曾这样评价

[1] 凯瑟琳·坎普·梅休、安娜·坎普·爱德华兹：《杜威学校》，第375页。
[2] 同上书，第24-25页。着重号为原文所加。
[3] 同上书，第24页。
[4] 同上书，第376页。
[5] 同上书，第236页。

杜威学校：

> 到1904年杜威离开芝加哥大学去哥伦比亚大学时，这所实验学校在美国教育界已成为最引人注目的教育实验园地。确实有一些人坚决认为，后来没有任何学校能在影响、质量和贡献上比得过它。[1]

这种“影响、质量和贡献”包括对活动课程所进行的卓有成效的探索。杜威的活动课程实践在教育史上至少有下列三方面的贡献：

第一，系统确立起实用主义活动课程理论体系。该理论体系的三个支柱是：实用主义哲学、机能主义心理学和互动论的社会学。通过实用主义哲学，活动课程植根于个体经验的不断改造和生长之上，活动课程因而同主动的实验成为同义语。通过机能主义心理学，活动课程植根于作为一个有机整体的人的心理机能之上，这种心理机能是感觉、观念和行为的统一体，是包含智慧的行为。通过互动论的社会学，活动课程植根于儿童的社会生活之上，研究在社会生活中进行，社会生活通过研究而进步。这是一种新的学习哲学、学习心理学和学习社会学的诞生。

第二，系统确立起活动课程实践体系。杜威的活动课程理念本身内在地要求经受实践的检验。在八年的实验中，杜威和实验学校的老师们经过充满智慧和创造的卓越探索，创造了一整套活动课程实践体系。在这个体系中，他们创造了“主动作业”，作为活动课程和经验课程的基本形态；他们创造性地为四岁至十五岁儿童逐年设计了层层递进的活动主题，使儿童的活动课程螺旋式上升；在每一个年龄阶段，他们又创造性地把源自社会职业的作业、科学探究作业、社会研究作业、表达和表现作业统一为一个整体，使之相互渗透、相互作用，共同服务于儿童经验生长的需要；他们创造了取消分数和等级，以自我评价和同伴互评为核心的“欣赏性评价”的理念和操作模式；他们创造了帮助学生自由探究

[1] 劳伦斯·阿瑟·克雷明：《学校的变革》，第152页。

和自由表达的指导理念和策略。这套体系在实验中获得非凡的成功，以至于当实验学校不得不停办的时候，“家长们把它视同航船遇难，他们的期望，随船一同覆灭，精神顿受挫折”[1]。

第三，把活动课程从“卢梭时代”推进到“杜威时代”。18 世纪，卢梭基于其“自然教育”的理想对儿童的活动课程提出了一个天才的、浪漫的构想。这个构想敲响了中世纪精神专制教育的丧钟，宣告了教育思想上儿童时代的到来，指引了启蒙时期教育改革的方向。如果说卢梭的构想回应了启蒙时代理性的呼唤和思想解放的需要，那么杜威的理论则适应了 20 世纪工业发展、科学进步和民主化运动的需要；如果说卢梭的构想是儿童中心的，关注的是一个个原子化的个体的需要，那么杜威则把每一个儿童理解为关系中的存在，社会性、生活化成为杜威所倡导的活动课程的本质特征之一；如果说卢梭所倡导的理性是建立在感觉的基础上的，而感觉在感觉材料面前具有被动的、受纳的性质，[2] 那么杜威所倡导的理性是以主动的行动、实验为特征的；如果说卢梭只是提出了一套构想，那么杜威则把活动课程理论付诸实践验证，并取得非凡的成功。总之，杜威的活动课程的理论与实践宣告了一个新的时代的诞生，使活动课程真正具有了现代性格。

九、杜威的活动课程实践有哪些局限

任何思想都必然被打上时代的烙印，思想家是时代的代言人。一种优秀的思想意味着：或者融入时代、表达时代精神；或者超越时代、针砭时代的症候并憧憬新的时代精神。在教育思想领域，前者的代表是杜威，后者的代表是卢梭。

识时务者为俊杰。杜威是典型的识时务者，因而是时代的宠儿。他自己对此也引以为荣。在人们为他举行的七十寿辰的庆典集会上，他这

[1] 凯瑟琳·坎普·梅休、安娜·坎普·爱德华兹：《杜威学校》，第14页。
[2] 张华：《经验课程论》，第36–38页。

样自我评价：

> 有一个人，这个人对他身边情况的变化多少有点儿敏感。他对什么东西在消失和死亡，什么东西在出生和生长，有着某种正确的评价。因此，凭借这种反应，他预言未来将发生的一些事情。在他 70 岁的时候，人们为他举行生日庆祝会，并称赞他促成了一些他预见可能会发生的事情。[1]

正因如此，他的活动课程思想不可避免地具有他所处的时代的局限性：

第一，工业主义和集体企业所带来的人的权能陶醉。机器大工业以改造一切的胜利者的姿态向自然进军。杜威把这种精神总结为探究本位的实用主义真理观和工具逻辑论。真理即探究。真理具有探究性，这是杜威的贡献。探究不是价值中立的，它具有道德性，这也是杜威的贡献。但如果把探究和真理在内涵和外延上完全等同起来，这又会产生新的问题。这会使人产生一种权能陶醉：认为自己在外部世界面前无所不能。这会使人首先消除对自然的敬畏，进而对世间一切肆无忌惮。罗素（Bertrand Russell）把这种权能陶醉称为“宇宙式的不虔诚”，认为“这种陶醉是当代最大的危险，任何一种哲学，不论多么无意地助长这种陶醉，就等于增大社会巨祸的危险”[2]。这种危险的根源在于为探究而探究，只关注探究问题，而忽视对探究意义的追寻。消除这种危险的出路在于使真理在探究和定而不移的事实之间、在“问题”和“意义”之间取得平衡。

第二，与工业主义相伴而生的民主主义的社会理想，使每一个人的人格消融在社会功能之中。在个人与社会的关系上，杜威的哲学、心理学和社会学理论首先把个人的人格理解为心理机能，进而将之消融于社会功能之中。因此，在杜威的理论中，个人不具有独立性。美国哲学家

[1] 劳伦斯・阿瑟・克雷明：《学校的变革》，第131页。
[2] 罗素：《西方哲学史》（下卷），马元德译，商务印书馆，1976，第388页。

桑塔亚那（George Santayana）说："在杜威的著作中，也正像在时下的科学和伦理学中一样，渗透着一种准黑格尔主义倾向，不但把一切实在而现实的事物消融到某种相对而暂时的事物里面，而且把个人消融到他的社会功能里面。"[1] 另有一位学者幽默地说："在杜威理想的社会制度中，任何个人都没有希望过隐居生活（反映他的自我意识）。人们认为隐居是一种有罪的奢侈。每个人都应该记住：自己毕竟只是'修正和改变以前接受的信念的代理人'。总之，人们不得不确信，尽管杜威先生出色地捍卫了个人主义，但他的道德理想实际上是'善于交际的人'。"[2] 杜威思想中的崇拜"无定""动态""相对"和"暂时"的情结，必然阻碍他真正确立个体人格的尊严和价值，也最终阻碍他所倡导的民主主义社会理想的实现。

十、杜威的活动课程实践如何活在今天

杜威开启了 20 世纪美国教育现代化的进程，其影响波及世界上包括中国在内的许多国家。"杜威的幽灵在美国课程中游荡，并在受美国课程影响的其他国家的课程中游荡，不管是在思想上还是在实践上。"[3] 尽管杜威的思想在美国教育领域中的命运几经沉浮，但它依然活在今天。至少从小布什总统执政以来美国的教育现实看，越是当美国的教育趋向保守的时候，人们就越强烈地缅怀杜威。

杜威的思想具有永恒的魅力。之所以如此，是因为杜威用宽容的胸怀和睿智的心灵谨慎地研究了教育思想史，提出了关乎教育发展的一系列核心问题，并提出了他所处的时代所需要的教育方案。时过境迁，他的方案可能会失去效力，但他提出的问题却是任何教育改革无法回避的，具有永恒的效力。对活动课程而言，杜威的思想和实践提出了下列问题：（1）儿童的当下经验与学科课程的关系；（2）学校与社会的关系；（3）儿

[1] 罗素：《西方哲学史》，第387页。

[2] 劳伦斯·阿瑟·克雷明：《学校的变革》，第141–142页

[3] William E. Doll and Noel Gough (eds.), *Curriculum Visions* (New York: Peter Lang Publishing, Inc, 2002), p.23.

童不同年龄阶段探究活动的连续性与阶段性的关系;(4)同一年龄不同作业类型(探究活动类型)之间的关系;(5)儿童探究活动的内在价值的欣赏和工具价值的比较之间的关系;(6)儿童探究的自由与教师的指导的关系;(7)儿童的探究天性与后天的教育活动之间的关系;(8)儿童的探究与成人或专业人员的探究的关系;(9)儿童的独立探究与合作探究的关系;(10)探究活动中认识与行动的关系;(11)探究活动中理智与道德的关系;等等。这些问题是任何活动课程所无法回避的。

就今天的活动课程而言,至少需要在以下两个方面对杜威的思想和实践做出超越:

第一,把“疑难问题”和“意义问题”统一起来。诚如前述,杜威的活动课程理论与实践主要关注了“疑难问题”(problem questions)——从产生问题到提出假设再到通过主动实验而验证假设,而对人究竟该如何与世界和谐相处的问题——“意义问题”——关注不够。今日的活动课程应当以“意义问题”为核心并把“意义问题”与“疑难问题”结合起来,走出“为探究而探究”的格局,走向“为意义而探究的境界”。在人与自然的关系上,走出“人类中心主义”,确立生态伦理意识,使人与自然和谐相处。在人与社会的关系上,走出工具主义和社会控制论,使社会建基于“主体间性”和“文化间性”,尊重差异,和谐发展。

第二,重新确立个人人格的独立性。诚如前述,杜威的活动课程理论与实践对个人人格的独立性关注不够,个人变成了社会有机体中的一个动态的因素。杜威把“民主的共同体”作为社会理想具有积极、进步的历史意义。但这个“共同体”中的个人不能被视为一堆心理机能。恰恰相反,个人人格具有独立的尊严与价值。真正的民主并不漠视个性差异,而是尊重每一个人的人格尊严和个性特长,并保证其实现。

第十一章

克伯屈项目课程的理论与实践

在现代教育史上，第一次从哲学与心理学理论上系统论述项目教学、项目课程和项目学习的人是美国教育家克伯屈。他于 1918 年发表的《项目教学法》一文是教育史上影响最大的论文之一。“项目教学法”要解决的主要问题是当时教育中的“强迫体制”把学校变成无目的的游荡地、把儿童还原为自私的个人主义者。项目作为一种“赤诚的目的性活动”，既克服了传统教育的弊端，又指明进步教育的方向。项目的本质可概括为五方面：项目即目的，项目即生活，项目即个人，项目拥有学习价值，项目具有道德品格。项目的主要类型包括：建造性项目、审美体验项目、问题性项目、知识技能项目。项目课程的设计与实施遵循独特的“课程原理”。

尽管“项目课程”（project curriculum）或“项目学习”（project-based learning）在欧洲的建筑学院和艺术学院中有悠久的实践历史[1]，但在理论上明确提出并系统论证，则始于美国教育改革家克伯屈 1918 年发表的《项目教学法》（The Project Method，旧译“设计教学法”）一文。克伯屈 1918 年 5 月 31 日写完这篇论文并提交《师范学院学报》（Teachers College Record）杂志社，1918 年 9 月论文正式发表。用美国著名教育史学家克雷明（Lawrence Cremin）的话说，本文的发表旋即使作者克伯屈“骤然赢得美国与国际声誉”[2]。由于文章的影响力太大，导致杂志供不应求，杂志社不得不将论文印成单行本发表，每本 25 美分，随后几年发行 65000 册。[3] 克伯屈本人在世界范围内被誉为“项目教学法先生”（Mr. Project Method）。由于克伯屈拥有非凡的演讲才能和人格魅力，他在哥伦比亚大学师范学院工作期间，围绕“项目教学法”开展了一系列演讲研讨与培训活动，总共有 35000 名学校教师和教育研究者参加了这些研讨与培训活动，这在师范学院的历史上可谓前无古人、后无来者，师范学院也因而成为“项目教学法”的圣地。克伯屈也为该学院筹得丰富经费，他因而又被称为“师范学院百万美元教授”[4]。

当人类进入 21 世纪信息时代，“项目课程”“项目学习”重新引起人们兴趣，成为培养学生“核心素养”的重要途径。但是，今天的许多倡导者似乎遗忘了克伯屈作为项目教育理论创始人所做出的伟大贡献，也对“项目”一词所体现的教育理念或哲学兴趣甚微，由此导致愈演愈烈的“项目学习”的技术化与简单化倾向。回到源头，揭示克伯屈项目课

[1] 参阅本书第七章。

[2] Lawrence A. Cremin, *The Transformation of the School: Progressivism in American Education, 1876-1957* (New York:Alferd A. Knopf, 1961), pp.216–217.

[3] Samuel Tenenbaum, *William Heard Kilpatrick: Trail Blazer in Education* (New York: Harper,1951), p.209. Quoted in Michael Knoll, “‘I Had Made a Mistake’: William H. Kilpatrick and the Project Method,” *Teachers College Record* 114, no.2 (2012).

[4] Graig Kridel (ed.), *Encyclopedia of Curriculum Studies* (Los Angeles, CA: SAGE Publications Inc., 2010), p.512.

程的本质，构建信息时代的新型项目教育理论，是今日教育理论与实践创新的重要课题之一。

一、项目的本质

揭示项目（project）的本质内涵，是理解与实施项目课程、项目教学和项目学习的关键。

克伯屈的项目教育理论既是美国进步教育运动的有机构成，又将进步教育运动推向新的高潮。同时，克伯屈的思想既以其业师杜威哲学为基础，又发展了杜威哲学。进步教育运动以教育民主为根本鹄的，它至少在三个方面实现了对传统教育的改造：第一，让教育回归生活、成为生活本身，由此使教育摆脱了历史悠久的封建等级主义和19世纪产生的市场功利主义；第二，让教育建基于新知识观，知识不再是自上而下、由外及内传递的外部“真理”或学科“权威”，而是每一个人自己通过亲身实验、实践和验证的经验；第三，让教育采用新方法论，教育不再是通过传递知识技能，像加工“原材料”那样“生产”心灵，而是“智慧行动”——真实的问题解决，教育的方法就是师生合作进行的知识创造、发明和应用的方法。

进步教育运动必然产生“进步课程观”。其中彪炳课程史的课程观至少有三个：第一，儿童即课程。以杜威于19世纪末创办的“芝加哥大学实验学校”及在此基础上撰写的《儿童与课程》这本“经典小书”为标志，儿童再也不只是被外部课程所改造的存在，儿童是课程的有机构成，儿童的愿望、目的、思想、经验、情感、个性、身体等等本身就是“课程”的题中应有之义。第二，生活即课程。儿童的日常生活和社会生活、儿童置身其中的社会生活和职业世界，不仅是分门别类的学科知识的学习情境和意义源泉，而且本身就是课程，儿童在探究和体验生活中持续生长和发展。杜威在实验基础上撰写的另一名著《学校与社会》集中阐释了生活与社会的课程价值。第三，方法即课程。不仅儿童学习的内容是课程，儿童的学习方式本身也是课程。“进步课程”必然要求“进步学习方式”。杜威在 1910 年初版、1933 年再版的《我们怎样思维》被誉为“进步教育的圣经”。本书集中阐释的问题是“反思性思维”（reflective thinking）与教育过程的关系。核心观点是让教育过程变成“反思性思维”，或探究、或问题解决。在这里，探究、创造本身就具有课程意蕴。学习课程就是学会探究与创造。克伯屈《项目教学法》一文的副标题是“目的性行为在教育过程中的应用”，这显然直接承继了杜威在《我们怎样思维》中的观点。

由此观之，进步教育运动是克伯屈项目教育理论的历史背景，以杜威为代表所创造的“进步课程观”则是克伯屈“项目教学法”的直接理论基础。

克伯屈用充满激情的哲学语言撰写了《项目教学法》这篇名垂青史的论文。他开宗明义写道：

> “项目”是最晚来叩教育术语的大门以求接纳的词语。我们应当接纳这位陌生者吗？[1]

克伯屈认为回答这个问题的关键是，“项目”这一“等待受洗”的词语，其背后的理念或观念是否真正胜任迫在眉睫的教育思维方式和教育方法的转变。至于“项目”这一术语本身的具体内涵，克伯屈反复说过，与它所体现出的教育理念的重要性相比，要次要得多。在 1918 年，克伯屈写道：“‘项目’这一实际术语，与其所体现的观念相比，……其重要性在我心中要相对小得多。”[2] 1921 年，他在为“项目教学法”所组织的一次论坛上又开宗明义说道：“项目这一特殊词语，是个小事情。这一术语

[1] William Kilpatrick, *The Project Method:The Use of the Purposeful ACT in the Educative Process* (1918) (New York City: Teachers College, 1918), p.3.
[2] Ibid., p.4.

背后的观念或观点，则是重要因素。”[1] 既然如此，当我们探讨项目课程、项目教学和项目学习的时候，应把重点放在它们所体现的新的课程观、教学观和学习观，而不必过度关注术语本身，也不能把它们归为某一种具体模式。

项目理念试图转变的传统思维方式和教育方法是什么？为什么要选择“项目”一词？克伯屈说：

> 儿童天然具有主动性，尤其是沿着社会道路而成长。然而迄今为止的强迫体制（regime of coercion）却太常态地把我们的学校仅还原为无目的的游荡地，把我们的儿童仅还原为自私的个人主义者。应对此现象，有些人却求助于幼稚冲动的愚蠢迎合。[2]

传统教育的“强迫体制”是项目教学法试图摧毁的坚固堡垒。在这种“强迫体制”下，“多少儿童在学完一门课程的时候决绝地合上书本，并且说道：‘感谢仁慈的上帝，我终于完成任务！’又有多少人‘获得一种教育’但却痛恨书本、痛恨思维？”[3]

传统教育以奖励做诱因、以惩罚做威胁的训练方法和对书本知识的死记硬背方法正是这种“强制体制”的方法论体现。为了改变传统教学法所导致的学校教育的“无目的游荡”(aimless dawdling)、学生变成“自私的个人主义者”（selfish individualists），克伯屈努力寻找一个概念，它能“把教育过程那些相关重要方面完全整合起来”，它必须“强调行动因素，喜欢赤诚的、充满活力的活动”，它必须“恰当运用学习规律”，它

[1] William Kilpatrick et al., “Dangers and Difficulties of the Project Method and How to Overcome Them,” *Teachers College Record*, no.4, (1921):283.

[2] William Kilpatrick, *The Project Method: The Use of the Purposeful ACT in the Educative Process* (New York City: Teachers College, 1918), p.18.

[3] Ibid., p.11.

必须包含“行为的伦理特性的本质因素”[1]。经过深思熟虑，克伯屈选择了“项目”一词。

项目是什么？克伯屈说：“如果……我们把项目（project）视为‘向前设计’（pro–ject）、向前设计的东西，选择这一术语的理由就能更好显现。”[2] 因此，从字面看，有意识、有目的研究、设计、创造的东西，叫项目。进步教育就是面向未来、创造未来的教育。进步教育之“进步”（progressive），与项目有着共同的“前缀”，其含义就是“向前”“未来”。因此，项目教学法既体现了进步教育精神，又是进步教育的具体化。它毫无疑问也是杜威倡导的“反思性思维”的具体化。

总结克伯屈的前后论述，我们可以把项目的内涵进一步概括为如下方面。

（一）项目即目的

项目的最重要特征是对生活与学习的有目的设计与创造。克伯屈正是基于项目具有的目的性特征而选择了该术语。在 1918 年，克伯屈写道：“我所寻求的统合性观念存在于下面这一概念中：在社会环境中持续从事的赤诚而富有目的性的活动。或者更简洁地说，这种活动的单位因素是：热情的目的性行动。”“正是在这种目的性行动中，因其强调了目的一词，我自己运用了‘项目’这一术语。”[3] 1921 年，克伯屈更明确指出：“我们把项目这一术语理解为目的性经验的任何单位，目的性活动的任何事例。在这里，主导性的目的是一种内在愿望：（1）它确定行动目标；（2）它指导行动过程；（3）它提供行动动力，行动的内部动机。”[4]

对项目的定义，克伯屈所使用过的术语包括：“赤诚的目的性活

[1] William Kilpatrick, *The Project Method: The Use of the Purposeful ACT in the Educative Process* (New York City: Teachers College, 1918), p.3.

[2] Ibid., p.4.

[3] Ibid..

[4] William Kilpatrick et al., “Dangers and Difficulties of the Project Method and How to Overcome Them,” *Teachers College Record*, no.4, (1921): p.283.

动”（wholehearted purposeful activity）、“热情的目的性行为”（hearty purposeful act）、“目的性经验”（purposeful experience）等。这个定义中有两个不可或缺的要素。第一，理智的目的性，即人对行动、行为或活动过程和结果的系统规划、设计与创造。目的性行动将手段、过程、一系列的行为变成一个有机整体，因此，项目具有整体性，是一个有机的活动单位（unit）。它试图解决的问题是传统教育因知识灌输、技能训练所导致的学生学习内容支离破碎、学习行为盲目混乱、学生心灵涣散机械。第二，情感的动力性，即人的活动过程本身产生的理智快乐、探究兴趣、心灵激情、全身心投入、内在愿望、内部动机和成就动机。它试图解决的问题是传统教育因强制灌输和机械训练导致的学生学习兴趣丧失、精神萎靡和人格扭曲。理智与情感融合的活动，即为项目。由于克伯屈将目的（purposes）置于项目最核心的地位，他本人常常将项目与“目的性行为”两个术语交替使用，他的继承者甚至直接将目的等同于项目本身。[1]

项目的具体形态是什么？克伯屈举例说：“假如一个姑娘做了一件衣服，并确实基于热情的、流行式样的目的做这件衣服，如果她事先做了计划，并自己动手做衣服，那么，我应当说，这是一个典型项目的事例。”[2]“做衣服”当然是有外部行为表现且可能产生外部产品的行动过程，但克伯屈认为，这一过程必须同时满足下列条件方可称为“项目”：（1）拥有明确而有力的目的；（2）目的一以贯之，渗透且主宰着活动的每一过程和步骤，使活动具有整体性；（3）活动过程始终洋溢着热情、激情与赤诚；（4）活动处于社会环境之中。把这些条件统合起来就得到关于项目的更完整定义：在社会环境中执行的赤诚的目的性行为即项目。[3] 同样是“做衣服”，如果不是主体主动做计划或选择目的，亦非主体充满热

[1] Ellsworth Collings, *An Experiment with a Project Curriculum* (New York: Macmillan,1923).

[2] William Kilpatrick, *The Project Method: The Use of the Purposeful ACT in the Educative Process* (New York City: Teachers College, 1918), p.5.

[3] Ibid..

情的主动行为，而是主体被动地按别人的意志亦步亦趋，那么，即使最终结果是做出了精美的衣服，也不是“项目”，因为它违背了主动、热情的目的性行为这一最根本的项目特征。

克伯屈将目的、情感和社会三个因素融为一体以形成其独特的项目理论。其“项目教学法”本质上是一种“项目哲学”，而非一种具体的教学方法。至于项目的表现形态则五彩缤纷、包罗万象、不拘形式。“我们可列举如下种种以为项目的事例：一个学生写一封信（如果拥有热情的目的），一个儿童如痴如醉听一个故事，牛顿根据地球动力学原理解释月亮的运动，德摩斯梯尼（Demosthenes）试图唤醒希腊人抵抗腓力二世，达·芬奇创作《最后的晚餐》，我正在撰写这篇论文，一个男孩基于热切目的解一个几何‘原点’问题。”[1] 这当然可以无止境列举下去。因此，在克伯屈那里，项目，一如杜威的经验，泛指一切创造美好未来的人类活动。克伯屈项目概念在某种意义上就是杜威经验概念的具体化。

杜威基于其独特的经验概念提出了“教育即生长”的著名命题，并进而指出：“教育的过程，在它自身之外没有目的；它就是它自己的目的。”[2] 那么杜威的“目的”（end）和克伯屈的“目的”（purpose）是什么关系？其共同之处在于：二者都旨在批判传统教育因向学生强加静止的外在目的所导致的教育的机械训练倾向，以及学生心灵涣散、创造性萎缩和个性扭曲；二者都主张回归教育的内在价值和内在目的，即儿童的生长本身；二者都强调教育过程本身的价值，反对目的与手段、结果与过程的二元论。其不同之处在于：杜威的“教育即生长”是从宏观、整体上指出“进步教育”的方向，即回归教育的内在价值——尊重儿童天性、发展儿童首创精神和个人的理解力；克伯屈的“项目”则是在微观、具体层面实现教育的“生长”价值的机制，即将儿童的所有活动转化为

[1] William Kilpatrick, *The Project Method: The Use of the Purposeful ACT in the Educative Process* (New York City: Teachers College, 1918), p.5.

[2] 约翰·杜威：《民主主义与教育》，王承绪译，人民教育出版社，2001，第58页。

“项目”，通过儿童热情而有目的的探究、创造活动实现不断生长。杜威的“生长”是美好理想，克伯屈的“项目”则是实现理想的机制，二者的关系恰如细胞的分裂、增殖构成了机体的生长。

（二）项目即生活

项目是目的性行为，但并非所有目的性行为都是项目。构成项目的目的性行为是有价值的生活的典型单位。在克伯屈看来，“有价值的生活”（worthy life）的含义至少包括如下三个方面。

第一，“有价值的生活”是自由自觉的生活、有目的地设计与创造的生活，而非随波逐流的生活。“我们谴责那些被动接受‘命运’安排、仅仅等待机会眷顾的人。我们崇敬那些掌握自己命运的人，他们审慎思考整个情境以形成清晰而富有远见的目的，他们基于美好关切之情计划并执行已经形成的目的。”[1] 因此，生活的目的性或自觉性是生活的价值之一。项目课程的目的之一是培养能够自由自觉、有目的生活的人。

第二，“有价值的生活”将个人生活与有价值的社会目的化为一体，体现“民主公民”（democratic citizenship）的理想。有价值的社会目的即民主的社会生活，其对立面是农奴或奴隶的生活。“民主公民”既拥有自由的个人生活，又拥有利益共享而充分互动的社会生活。他们“同时满足实践效率与道德责任的需要”[2]。“同样真实的是，目的性行为不是农奴或奴隶的生活单位。……而是民主，我们这里深思熟虑且充满关切的是民主。”[3] 因此，“有价值的生活”的第二个含义是民主的生活。

第三，“有价值的生活”构成学校教育过程与儿童的学校生活本身。克伯屈说：“正如目的性行为如此构成了民主社会中有价值生活的典型单位，它也理应成为学校过程的典型单位。”[4] 克伯屈认为，既然自己做主

---

[1] William Kilpatrick, *The Project Method: The Use of the Purposeful ACT in the Educative Process* (New York City: Teachers College, 1918), p.6.

[2] Ibid..

[3] Ibid..

[4] Ibid..

的目的性行为本身就构成了有价值生活的典型单位，那么，当教育过程建基于儿童的目的性行为的时候，它也就成为有价值生活本身。教育与生活由此彻底融合、合二为一。“如果目的性行为如此构成教育生活本身，那么，我们自可推定，还能有什么比今日就实践这种生活本身更好的对以后生活的准备呢？我们都听说过那句古老的谚语‘在做事中学会做事’，丰富智慧存焉。”[1] 因此，在今日学校生活中，儿童在教师的明智指导下，必须有尽可能多的自己制定目标的机会，必须要对自己的选择和行为承担责任。儿童在不同的目的性行为中做出判断，学会辨别好的行为与坏的行为，学会选择好目的、摒弃坏目的。

教育即生活，而非未来生活的准备。这是自 18 世纪启蒙运动至 20 世纪民主化运动不断发展的重要教育理念，构成现代教育的本质内涵。卢梭通过批判“教育准备说”深刻揭示了教育的封建等级主义与专制主义根源，认为一切为将来做准备的教育是“野蛮的教育”。杜威在继承卢梭遗产的基础上又一次批判“教育准备说”，则旨在揭示资本主义社会教育中日益膨胀的功利主义和市场逻辑，其后果是将教育的过程与结果、手段与目的割裂开来，为达目的不择手段、为求结果不顾过程，由此导致儿童生活的工具化、功利化。唯有让教育回归儿童生活本身，才能既摒弃专制主义，又摆脱功利主义。克伯屈的项目理论则找到了实现教育与儿童生活化为一体的具体途径：通过将儿童的活动转化为热情的目的性行为，既发展儿童的自由个性，又发展儿童的社会责任感，使儿童由此成为“民主公民”，儿童生活由此成为“有价值的生活”。

（三）项目即个人

既然项目是每一个人、每一个儿童的热情的目的性行为，它就是个人的目的的化身，体现了个人的意志，指向个人的个体性、独特性之成长，一言以蔽之，项目即个人。在《项目教学法》发表 12 年后，克伯屈

[1] William Kilpatrick, *The Project Method: The Use of the Purposeful ACT in the Educative Process* (New York City: Teachers College, 1918), pp.6–7.

出版《我们教育的任务：以变革中的南方为例》一书。他在此书中明确指出："无论教育做什么，它都必须致力于建设个体性（individuality）。"[1] 怎样建设个体性？克伯屈写道："这是一个艺术家与情境之间的来回穿梭过程。在此过程中，二者都得到转化。在艺术家将情境塑造为新形式的同时，艺术家也重建了自己。"[2] 艺术家的创作是"做项目"的典型形态，作品或项目实现了个人与环境的连接，作品或项目的完成及其创造过程实现了个人与环境的双重转化、双重升华。在做项目的过程中实现了个性的"整合"（integration）：分离的个性因素被融合为平衡的整体。克伯屈认为："如此建设个体性是一项值得呼唤所有潜在努力的充分任务。"[3] 倘若缺失了个体性，必然导致同质化。当人的学习或其他社会活动走向"同质化"（sameness）的时候，必然导致社会生活的平庸化。克伯屈写道："当同质化一统天下，事物的意义就只是被复制。整合性则恰恰被忽视。生活则由此变得极为平庸与贫困。"[4] 当教育走向"标准化"，或让教育服从整齐划一的、独断论的"科学规律"，必然走向同质化，必然扭曲学生个性，必然导致社会生活的"平庸与贫困"。

克伯屈认为，在项目学习中，儿童能够表达自己的独特性，发现同伴的个体性，并通过关心、关切与学习而不断形成自我与他人之间的交互性。他写道："我们置身所有这一切，关切建设个人，建设个体性的杰作，建设不断自我成长的个人，建设永远尊重他人的同样自我成长的个人。"[5] 由此可见，在克伯屈的项目理论中，个人与个体性具有优先性。尽管他也强调"群体项目"和交互性，但这都建立在个人与个体性的基

[1] William Heard Kilpatrick, *Our Educational Task: As Illustrated in the Changing South* (Chapel Hill: University of North Carolina Press, 1930), p.101. Quoted in William F. Pinar, *The Individual as Project: Kilpatrick on Curriculum Reform and Teacher Development* (Shanghai: Conference on Life-Inquiry Curriculum, 2014).

[2] Ibid., p.12.

[3] Ibid., p.16.

[4] Ibid..

[5] Ibid., p.93.

础上。

杜威为超越启蒙运动时期卢梭的“原子个人论”与“儿童中心论”，确立了“共同体”（community）与民主教育的理念，提出了“学校即社会”“教育是社会过程”等教育哲学观念。但不可否认的事实是，杜威因其过度强调个体的功能性和社会性，反而弱化了个体的独特性。正如哈佛大学哲学家桑塔亚那（G. Santayana）对杜威的评论：“在杜威那里，一如在时下的科学和伦理学那里，弥漫着一种准黑格尔主义倾向。它将个人（individual）消解于其社会功能中，也将一切实体性和现实性事物消解于相对性和过渡性事物。”[1] 克伯屈在进步教育运动时期通过其“项目教学法”重新强调个人和个体性的价值，是对杜威思想的补充与发展。克伯屈的项目理论也因而呼应了当代存在主义教育思想对“个人”的尊重。也许正因如此，美国著名课程理论家派纳（William F. Pinar）将克伯屈的思想与当代存在主义教育哲学家格林（Maxine Greene）加以比较，并将项目理论与他自己确立的“自传课程理论”（currere）并置讨论。[2]

（四）项目拥有学习价值

克伯屈提出“项目教学法”时期，正值其在哥伦比亚大学师范学院的同事桑代克（Edward Lee Thorndike）发表三卷本《教育心理学》、提出“学习规律”、建立教育心理学时期。克伯屈接受桑代克影响存在历史必然性。例如，克伯屈说：“获得或改变连接（bonds）我们称作学习。对建立或改变连接的条件的仔细陈述即学习规律。”[3] 这显然是直接引用桑代克的学习观。再比如，克伯屈用了很大篇幅用桑代克学习的“准备律”（readiness）和“定势原则”（set）来论证项目的“目的性行为”的意义，用学习的“效果律”（effects）（即学习后果所导致的满意或烦恼的情绪）

---

[1] Bertrand Russell, *The History of Western Philosophy* (New York: Simon & Schuster, 1972), p.827.

[2] William F. Pinar, *The Individual as Project: Kilpatrick on Curriculum Reform and Teacher Development* (Shanghai: Conference on Life-Inquiry Curriculum, 2014).

[3] William Kilpatrick, *The Project Method: The Use of the Purposeful ACT in the Educative Process* (New York City: Teachers College, 1918), p.7.

来论证项目的心理情感的价值。凡此种种都给人一个强烈印象，似乎克伯屈的项目理论是建立在桑代克的“学习规律”学说的基础之上的。但统观克伯屈《项目教学法》全文，不难发现，他采用桑代克的“学习规律”具有形式性和策略性。桑代克关于“人类学习”的观点是在动物实验的基础上归纳出来的，用这些观点解释“项目教学法”或“项目学习”当然在某些方面有其合理性。但是，桑代克的学习观的本质是借助“外部强化”建立“刺激—反应连接”，这与“项目学习”的高级思维本质大异其趣。至于“项目学习”的心理学基础，与桑代克相比，杜威的心理学理论、特别是其“反思性思维”的心理机制，更适切些。

克伯屈对项目教学和项目学习彪炳青史的贡献是将人的学习划分为“主学习”“副学习”与“附学习”，并由此指出项目的独特学习价值。所谓“主学习”（primary learning），即人所学习的直接对象、主要内容。它是由“主反应”（primary responses）所引起的学习。例如，如果项目学习的内容是制作风筝，那么“风筝”就是“主学习”。所谓“副学习”（associate learning），即人在学习过程中所发生的与直接对象、主要内容最接近、最相关的内容。它是由“副反应”（associate responses）所引起的学习。例如，在制作风筝的项目中，学生必然会用到各种材料及相关学科知识，如木材、竹子、金属、纱布、绳子等材料，还会探究流体力学、几何学、材料科学等相关知识。这些相关材料和学科知识的学习就属“副学习”。克伯屈写道：“关于副反应，我们是指那些暗示着的思想，它们与主反应有相当紧密的联系，并与所使用的材料和所追寻的目的存在相当紧密的联系。”[1] 所谓“附学习”（concomitant learning），即人在学习过程中所发生的与直接对象、主要内容间接相关的内容。它是由“附反应”所引起的学习。例如，在学习制作风筝的过程中，学生既可能学会了严谨、细心的工作态度，也可能对物理学、工程学或中国传统文化

[1] William Kilpatrick, *The Project Method: The Use of the Purposeful ACT in the Educative Process* (New York City: Teachers College, 1918), pp.9–10.

产生了更一般的思想。克伯屈说:“附学习”或“附反应”,“导致态度和概括方面的终极结果”[1]。克伯屈认为,在“副学习”和“附学习”之间很难做出清晰的划界,它们都是与“主学习”相伴而生的学习。项目,因其明确的目的性,不仅使人的“主学习”具有整体性、积极性和持久性,更为重要的是,它使相伴而生的“副学习”和“附学习”极为丰富多彩,其积极效果能够广泛迁移且持续终生。

由于人拥有理智能力,能够运用推理、抽象、概括等方法将目的与手段区分开,并重新加以整合,也因为人的理智从来都是与情感形成血肉般的有机联系,并由此形成只有人才具备的独特的情理结构;所以,人的学习是最复杂的,既具有高度的理智性,又具有高度的情感性。项目学习的独特价值就在于它适应了人的学习的复杂性特点。克伯屈对“三种学习”的划分极大深化了对项目和项目学习价值的理解。在《项目教学法》发表20年后,杜威出版了晚年的教育名著《经验与教育》。在本书中,杜威指出:“也许教育学上最大的错误在于,一个人所学的知识只是他当初学到的特定的东西而已。”[2] 之所以将之称为“最大的错误”,是因为在学习“特定的东西”的过程中,个体可能被剥夺了天赋能力,丧失了对事物的判断能力,泯灭了继续学习的渴望,甚至丧失了自己的灵魂。杜威因此提出了一个重要概念“附带学习”(collateral learning):“作为一种能够形成忍耐态度、个人好恶的学习方式,可能而且往往要比拼写课、地理课或历史课的学习重要得多,因为这些态度是未来学习的根基。”[3] 这里的“特定的东西”的学习相当于克伯屈的“主学习”,而杜威的“附带学习”则相当于克伯屈的“副学习”与“附学习”的结合。“附带学习”“副学习”与“附学习”三个概念集中体现了人的学习的复杂性、创造性与情感性,它们奠定了项目学习的理论基础。

---

[1] William Kilpatrick, *The Project Method: The Use of the Purposeful ACT in the Educative Process* (New York City: Teachers College, 1918), p.10.

[2] 约翰·杜威:《经验与教育》,盛群力译,中国轻工业出版社,2016,第34页。

[3] 同上。

（五）项目具有道德品格

克伯屈认为，“道德品格（moral character）主要是一个共享的社会关系事件，是根据群体的福祉决定自己的行为与态度的倾向”[1]。项目植根于社会环境。项目学习本质上是一种复杂的社会合作学习。学生在从事项目学习时，既需要拥有合作解决问题的知识、技术与能力，又需要为群体福祉而服务和奉献的态度。因此，道德品格内在于项目之中。克伯屈这样写道：

> 我认为在目的性活动的体制中建设道德品格的可能性，是项目支持的最强有力的观点之一。与之相反，我们习惯上通过“每个人孤立坐在自己课桌前完成固定任务”而培植自私的个人主义的倾向，则是传统教育支持的最强有力的观念之一。[2]

无探究则无创造，无合作则无道德。项目学习既具有探究性，又具有社会性，因而提供了实现创造性与道德合二为一的理想途径。道德的创造性构成“民主公民”的品格基础。

二、项目的类型

克伯屈认为：“所有种类的学习以及学习所产生的所有想望的后果，与学习中所呈现的目的的赤诚性最成正比地发生。”[3] 既然如此，所有学习内容或课程都必须转化为项目，方可产生理想的教育结果。那么究竟存在哪些类型的项目？克伯屈在《项目教学法》中概括写道：

> 让我们考虑对不同类型的项目加以分类：类型 1，其目的是以外

[1] William Kilpatrick, *The Project Method: The Use of the Purposeful ACT in the Educative Process* (New York City: Teachers College, 1918), p.13.
[2] Ibid..
[3] Ibid., p.18.

> 在形态体现某种观念或计划，如造一条船、写一封信、表演一个戏剧；类型 2，其目的是享受某种（美学）经验，如听一个故事、听一场交响乐、欣赏一幅画；类型 3，其目的是克服某种理智困难、解决某个问题，如发现是否起露、确认纽约市增长是怎样超过费城的；类型 4，其目的是获得某项或某种程度的技能或知识，如学会在桑代克量表（Thorndike Scale）上写出 14 绩点、学习法语不规则动词。显而易见的事实是这些分类或多或少是重叠的，而且一种类型可用作手段以实现另一类型为目的。我们饶有兴趣地注意到，在这些界定中，项目教学法合乎逻辑地包含问题教学法（the problem method），以后者为特例。[1]

克伯屈在这里以改造传统教育为目的，立足实践需求，对项目加以分类。该分类既增加传统教育缺失的课程类型及相应内容，又为传统课程的改造指明方向。

三年以后，在“项目教学法的危险与困难及其克服”的专题研讨会上，克伯屈又进一步说明和澄清了项目诸类型。分类的依据依然是“主导性目的”（a dominating purpose）的性质。他写道：“项目……可以指实际上由主导性目的所驱动的任何种类或式样的生活经验。”[2] 我们将克伯屈的前后论述结合起来，阐述各类型项目的特征如次。

（一）物质形态项目

这类项目的主导目的是“做、制造或实现，以物质形态（material form）体现观念或期望”[3]。克伯屈将之称为“类型 1”。这里的物质材料可以是陶泥、木材、布料、大理石、颜料等，也可以是一封信、一篇演讲

[1] William Kilpatrick, *The Project Method: The Use of the Purposeful ACT in the Educative Process* (New York City: Teachers College, 1918), p.16.

[2] William Kilpatrick et al., “Dangers and Difficulties of the Project Method and How to Overcome Them,” *Teachers College Record*, no.4, (1921): 283.

[3] Ibid..

稿、一首诗、一曲交响乐或一篇祈祷文。其最终完成的作品“可以小到儿童在海边上完成的沙堆，大到亚历山大大帝的帝国”[1]。作品持续的时间“可以瞬间建成并在建设过程中湮灭，也可以像牛顿的《数学原理》那样花费长久的时间去完成、作品完成后持续久远”[2]。判断物质形态项目的标准主要不是外在形态，而是所体现的目的的性格：“体现观念了吗？存在实现观念的有活力的目的吗？存在由该目的主导的连续努力做出的行动吗？”[3] 这类项目中，观念、目的和行动才是最重要的。

物质形态项目亦可称为“建造性项目”（constructive projects）。杜威曾指出，人生而具有“建造性冲动”（constructive impulse）或“创造本能”（the instinct of making），是指儿童在游戏、运动、建造材料等方面表现出来的先天兴趣。[4] 人基于这种“建造性冲动”投身世界、在世界中选择材料、通过对材料的建造或创造而物化自己的观念，这既是人的“自然化”的过程，又是自然的“人化”过程。举目望去，世间一切“人造物”无不是人的观念物化的结果。围绕不同性质的观念物化所形成的形形色色的社会组织，即构成不同的社会职业。正是为了满足不同职业的发展需要，人们创造了分门别类的学科知识。因此，学科的本质是职业操作或观念物化。人不是通过静态地观察、被动地反映世界而获致“真理”、理解实在，而是在参与世界的过程中基于观念用双手去创造世界、洞悉实在。人只有改变了世界才能理解世界。传统教育、传统课程与教学的最大问题是秉持静态实在观、知识观与方法论，这是 18 世纪形成的“感觉经验论”的遗留，由此导致的结果是既忽视学生与现实世界的直接接触，又忽视学生基于观念对物质材料的动手操作。这种“感觉经

[1] William Kilpatrick et al., “Dangers and Difficulties of the Project Method and How to Overcome Them,” *Teachers College Record*, no.4, (1921): 284.

[2] Ibid..

[3] Ibid..

[4] John Dewey, “The School and Society,” in *John Dewey: The Middle Works, 1899–1924,* Vol.1, ed. Jo Ann Boydston (Carbondale: Southern Illinois University Press, 1976), pp.29–33.

验论”及相应的静态真理观又呼应了“劳心者治人、劳力者治于人”的旧式分工，由此延缓了社会与教育的民主化进程。这就是杜威为什么要通过“做中学”和“职业取向的课程”(occupations-oriented curriculum)改造传统教育。克伯屈大力倡导物质形态项目，并将之置于首要地位，正是为了进一步落实杜威“做中学”的教育观和“主动作业”(active occupations)的课程观。克伯屈写道：“我们的学校——至少根据我的判断——确实需要大力增加第一类项目中可能存在的社会活动。”[1] 同伴合作进行的“建造性项目”既体现了进步教育或民主教育的本质，又是传统学校中被长期忽视的内容，因而尤其需要加强。

（二）审美体验项目

这类项目的主导目的是欣赏或汲取“一种审美体验”(an esthetic experience)[2]。克伯屈将之称为“类型 2”。儿童或成人欣赏烟花、马戏表演、士兵检阅，或者观看蜂鸟逃离老鹰追捕、蜘蛛织网并捕食苍蝇，或者观看落霞、欣赏《蒙娜丽莎》的美丽，或者听故事、看小说、欣赏莎士比亚的戏剧。[3] 与第一种类型即物质形态项目相比，这类项目似乎是相对安静而被动的，似乎不应被称作“项目”。但是，当我们联想到有人在卢浮宫《米洛斯的维纳斯》雕像面前流连忘返、热泪盈眶的时候，有人阅读《红楼梦》彻夜不眠、心潮澎湃的时候，我们就能理解克伯屈的话：“在所有这些体验中，存在着许多活动。”[4] 因此，判断是否为项目的标准不是外部肢体的活动，而是是否有目的地呈现。在审美体验活动中，“目的因素引导着过程，而且，我必须认为，也影响着欣赏力的成长。”[5]

[1] William Kilpatrick, *The Project Method: The Use of the Purposeful ACT in the Educative Process* (New York City: Teachers College, 1918), p.17.
[2] Ibid..
[3] William Kilpatrick et al., “Dangers and Difficulties of the Project Method and How to Overcome Them,” *Teachers College Record*, no.4, (1921): 284.
[4] Ibid..
[5] William Kilpatrick, *The Project Method: The Use of the Purposeful ACT in the Educative Process* (New York City: Teachers College, 1918), p.17.

因此，只要有热情的目的引导着持久的活动，就构成项目的充分条件，包括欣赏人世间的文学艺术作品，以及大自然中的日月星辰、山川湖海、花鸟虫鱼。判断的标准是："存在一个目的以让人投入、汲取和欣赏该经验吗？该目的引导看或听的行动，是否如上述那些例子那样？如果存在这一目的，那么所描绘的这种经验就是第二种类型的项目。"[1]

审美体验项目亦可称为"艺术项目"。人未必是世界上最美的存在，却是唯一能够审美的存在。由于人有意识，人就容易做作、"表演"从而失去自然，由此变得不那么美。所以杜威说，动物比人美丽，因其不会做作。也正因为人有意识、目的和价值追求，人能够向往更美好的生活，于是人有了审美需要、体验与能力，人成为审美存在。审美体验让人能够超越现实世界、基于精神需要改变和创造实在，因此，它是人的创造力的源泉与目的。杜威说人生而具有"艺术本能"(the art instinct)，又叫"表现性冲动"(the expressive impulse)，审美体验项目正是建基于人的"艺术本能"。在人的成长过程中，审美体验项目发挥着独特功能。人在审美过程中安静下来，与世界化为一体，慢慢欣赏与汲取世界上一切美丽的东西，以滋养人性与个性的成长，并在此过程中学会欣赏（enjoying）与汲取（appropriation）。因此，审美体验项目与建造性项目二者一静一动，相互补充、相互作用，构成人的发展的"两翼"。

（三）问题性项目

这类项目的主导目的是"解决一个问题，解开并因此平息一个理智的纠结或困难"[2]。克伯屈将之称为"类型 3"。我们知道，项目"类型 1"也始于问题，那为什么还把"问题"（the problem）作为单独一类项目呢？"类型 3"与"类型 1"的区别在哪里？首先，二者存在密切联系，都以问题为核心。克伯屈写道："问题有其自然的情境和起源，至少在人

[1] William Kilpatrick et al., "Dangers and Difficulties of the Project Method and How to Overcome Them," *Teachers College Record*, no.4, (1921): 284.

[2] Ibid., p.285.

类的历史上是这样，旨在追求某种目的。这样，无论对个人还是群体，它都是第一类项目的隶属部分。”[1] 这就是说，在自然情境或日常生活中，问题性项目和物质形态项目是合二为一的，因为后者包括了前者。其次，项目“类型 3”具有特殊性和相对独立性。伴随人类文明的进步，特别是学术领域的产生与发展，有些问题就从自然情境或日常生活中慢慢分离出来、获得相对独立性，解决问题的方法也具有了领域的独特性，由此形成“问题性项目”。克伯屈说道：“随着理智的成长，产生了相对独立的问题的可能性。对理智的心灵（the intellectually-minded）而言，问题拥有自己的控制力。问题的解决拥有自己的技术，可以确定的是，该技术因探究领域而变化。”[2] 因此，问题性项目是为了学生智力的发展，旨在培养学生理智的心灵。判断是否问题性项目的标准是：是否受理智性目的所主导。“第三种类型的项目首先要隐含着一个感受到的困难，一个问题；其次，有一个解决该问题的目的。”[3]

人是一种理智性存在。提出理智问题，从事“观念的游戏”，是人的理智发展的基本特征。杜威说人拥有“探究本能”（the instinct of investigation）。问题性项目正是建基于人的“探究本能”之上。这类项目的实施过程，克伯屈说：“所使用的步骤正是杜威对思维的分析。”[4] 这是指杜威对“反思性思维”五要素的分析，包括投入情境、提出问题、提出假设、做出推论、通过实验行动验证假设。[5]

（四）知识技能项目

这类项目的主导目的是“获得某条或某种程度的知识或技能，或者

[1] William Kilpatrick et al., “Dangers and Difficulties of the Project Method and How to Overcome Them,” *Teachers College Record*, no.4, (1921): p.285.

[2] Ibid..

[3] Ibid..

[4] William Kilpatrick, *The Project Method: The Use of the Purposeful ACT in the Educative Process* (New York City: Teachers College, 1918), p.17.

[5] John Dewey, “How We Think (Revised Edition),” in *John Dewey: The Later Works, 1925–1953,* Vol.8, ed. Jo Ann Boydston (Carbondale: Southern Illinois University Press, 1986), pp.200-206.

更一般地说，获得一个人在一个具体领域他想获得的自己的教育经验”[1]。克伯屈将之称为“类型 4”。在克伯屈看来，学校教育的一个重要功能是帮助学生学习未来将有效使用的知识技能。只要学生热情而有目的地学习他所需要的知识技能，这也是项目学习。“学校工作场所的一个特别有价值的目的是人意图将手头已有的或多或少的观点组织起来，并将之储存到记忆中以便后来有效运用。至于这种观点组织的过程将目的放在类型 1，还是观点储存记忆中的努力将目的放在这里的类型 4，这无关紧要。”[2] 克伯屈的意思是，对具体知识技能的学习，是通过“建造性项目”间接地学，还是作为项目“类型 4”直接学，就知识技能的掌握而言，并不重要。只要学生满怀激情、目的明确且积极主动地学习知识技能，这就是在进行项目学习。因此，判断是否为项目“类型 4”的标准依然是学习的目的：“主导性的学习目的是项目类型 4 的本质。”[3]

众所周知，杜威主张将所有知识技能的学习都变成探究或问题解决的过程，并与社会生活特别是职业世界联系起来，因此，知识技能的熟练就成为探究、创造、做事的副产品。用克伯屈的术语说，只有通过项目“类型 1”“类型 3”，或二者结合的学习，才是理想的学习。但克伯屈与杜威在这里存在细微区别。由于他独特而外延宽广的项目概念，知识技能被转化为项目而直接学习。因为知识、技能和信息的数量庞大、种类繁多、用途包罗万象，人们学习它们的目的也复杂多样，有些内容直接学习未尝不可，如心怀崇敬而有意识地记住父母的生日、负责任而有目的地记住常用电话号码等等。但这类学习不宜太多，因其发展人的理解力和创造力的作用有限。同时，也不能忽视其他类型的项目。克伯屈尽管提出了项目“类型 4”，但也明确指出传统学校中“类型 4”甚至

[1] William Kilpatrick et al., “Dangers and Difficulties of the Project Method and How to Overcome Them,” *Teachers College Record*, no.4, (1921): pp.285–286.
[2] Ibid., p.286.
[3] Ibid..

“类型 3”的比例太高了，需要增加“类型 1”。[1]

统观克伯屈的项目“类型学”，我们可发现下列特点：第一，贯穿所有项目类型的最根本特征是目的性行为及其在教育过程中的作用；第二，根据项目内容加以分类且依据其教育重要性进行排序；第三，这些类型彼此之间穿插、渗透并相互作用，类型划分具有相对性、策略性；第四，克伯屈的项目类型观是对杜威教育理论的应用、发展和具体化。

三、项目课程的设计与实施

项目课程需要相应的“课程原理”。在《项目教学法》论文发表以后，克伯屈随即开始指导实验学校验证项目理论。在这些实验中，最著名的是由科林斯（Ellsworth Collings）主持、克伯屈做指导，在美国密苏里州的一所乡村学校从事的实验。该实验的目的是将项目理论转化为项目课程的设计与实施。科林斯选择两所传统学校作为控制组以进行比较。实验持续了四年，大获成功。无论知识技能的掌握，还是学生的学习愿望、生活能力和道德品格的发展，实验学校大大优于传统学校。本实验也成为美国在 20 世纪 30 年代另一个大规模的进步教育实验“八年研究”的先行者。[2] 科林斯在实验的基础上写成博士论文，在哥伦比亚大学师范学院获得博士学位（导师为克伯屈），并出版专著《项目课程实验》。[3] 该书充分汲取克伯屈的观点，并将之在课程领域具体化。

总结克伯屈的理论观点和他所指导的“项目课程实验”，可将“项目课程原理”概括为如下两方面。

（一）项目课程设计

所谓项目课程，即由儿童的热情的目的性活动所构成的课程，该活

[1] William Kilpatrick, *The Project Method: The Use of the Purposeful ACT in the Educative Process* (New York City: Teachers College, 1918), p.17.

[2] George Willis et al. (eds.), *The American Curriculum: A Documentary History* (Westport, CT: Greenwood Press, 1993), p.172.

[3] Ellsworth Collings, *An Experiment with a Project Curriculum* (New York: Macmillan, 1923).

动在教师的指导下、发生于社会环境中。因此，项目课程设计的核心是教师帮助、指导学生选择内容丰富且有教育价值的活动目的。

项目课程设计的第一要义是创设丰富的、蕴含着各种活动目的的学校环境。学校必须既充满家园般的自由氛围，又充溢着实验室般的探究精神。学校必须首先成为一个“雏形的社会”，同时与学生的家庭生活、社区生活、职业世界、自然环境紧密融合。适应项目课程的学校环境的显著特征是：它是“为儿童提供丰富社会会话的自然场所，儿童能够观察自然现象，并参与各种职业和休闲活动。它因此而让所有男孩和女孩的基本倾向——游戏、探究、交往和操纵——参与其中。在此基础上，教师的第一个职能是为学生提供机会，让他们继续积极参与到关于这些倾向的真实世界——游戏、运动、故事、自然现象、社会会话和职业的世界”[1]。

项目课程设计的第二要义是帮助学生形成并明智选择活动目的。科林斯提出了三个问题，以帮助教师指导学生选择并确定目的：

> 1. 所提议的目的能真正吸引住孩子们吗？
>
> 2. 所提议的目的是孩子们能成功实现的吗？
>
> 3. 所提议的目的在实现过程中能前瞻性地引向其他和不同种类的目的吗？[2]

这些问题既充分体现了克伯屈的项目理论，又做了一定的引申与发展。我们可据此提出如下三个选择与确定目的的准则。

第一，生成性。所谓“生成性”（leading on），是指由一个活动引出更进一步、更丰富的活动。克伯屈在《项目教学法》一文中最早提出

[1] Ellsworth Collings, *An Experiment with a Project Curriculum* (New York: Macmillan, 1923). Quoted in George Willis et al. (eds.), *The American Curriculum: A Documentary History* (Westport, CT: Greenwood Press, 1993), p.176.

[2] Ibid., p.180.着重号为原文所加。

这一准则。他从生活的意义和丰富性的角度论证了目的或活动的“生成性”。克伯屈写道：

> 生活的丰富性被视为建立于这一思考：它至少在很大程度上依赖于这种倾向性，即一个人所做的事情暗示并准备着随后的活动。任何活动，除满足最贫瘠的物质需求之外，倘不如此“生成”（lead on）更多活动，它迟早会变得陈腐而平庸。这种“生成”意味着个人得到完善，以至于他看到以前所未见或能做以前不会做的事情。但这恰恰说明活动具有教育效果。……生活的丰富性恰恰依赖于它由一个活动生成其他同样丰饶的活动的倾向性；这种倾向性的程度恰恰构成所包含的活动的教育效果；我们因此可将之作为衡量任何活动的价值的准则。[1]

活动的生成性既起源于又指向于生活的丰富性和人生的不断完善。具有丰饶性和生成性的活动是教育实现其目的的途径和手段。生成性理应成为设计项目课程的第一准则。

克伯屈又从人的兴趣，特别是理智兴趣生长的角度进一步论述了项目的生成性准则。他写道：

> 生长的一个结果是它所提供的“生成性”（the “leading on”）。一个作为目的获得的技能，可用于达到新目的的手段。与手段相联系所产生的技能或观念，可以单列出来、特殊考虑并用于形成新目的。这最后一点是新兴趣的最丰饶的来源之一，特别是理智类型的兴趣。[2]

在活动过程中，目的与手段分化并将手段转化为新的目的，是人的

---

[1] William Kilpatrick, *The Project Method: The Use of the Purposeful ACT in the Educative Process* (New York City: Teachers College, 1918), p.12.
[2] Ibid., p.15.

理智兴趣和理智能力发展的标志和重要机制。例如，起源于丈量土地的几何学本身转化为数学探究的目的，而不断发展的几何学又反过来创造新的社会生活。因此，项目课程的生成性最终指向人的理智兴趣、创造能力和美好人性的永无止境的生成与发展。

怎样具体依据生成性准则设计项目课程？科林斯在实验过程中区分了两类活动：连续系列活动与连续分支活动。所谓“连续系列活动”（continuous series of activity），是指由一个项目生成一系列同一类型的项目或目的。例如，一个小姑娘的项目是给她的玩具娃娃做一个围裙，“围裙项目”可以生成“长筒袜项目”，进而生成“靴子项目”，因而生成“衣柜项目”，如此等等。这些项目均与衣服有关，是衣服的系列活动。所谓“连续分支活动”（continuous branching activity），是指从一个项目进一步生成其他不同类型的项目或目的。例如，从关于玩具娃娃的“围裙项目”生成“餐具项目”，进而生成“陶瓷项目”“金属项目”等等。当然，这两种类型的活动的区分是相对的。[1]

能否既生成“连续系列活动”又生成“连续分支活动”，就成为判断一个项目是否为“好项目”的重要准则。例如，“十以内加减法”作为一项数学内容，如果儿童“热情而有目的”地学习，根据克伯屈的观点，也可算“项目”。但是，从这项活动中很难生成不同类型的活动，却极易导致大量重复训练，最终变成“陈腐而平庸”的活动，“热情而有目的”的性质也不复存在。因此，这类知识技能的内容，倘能与“建造性项目”和“问题性项目”结合起来，成为它们的“连续分支活动”，则会产生事半功倍的学习效果，让知识技能的熟练成为建造与问题解决活动的副产品。

第二，融合性。所谓融合性，是指儿童目的与人类经验的融合。克伯屈说：“教育过程的基本要素，正如杜威教授所指出的，是儿童与人类

[1] Ellsworth Collings, *An Experiment with a Project Curriculum* (New York: Macmillan, 1923). Quoted in George Willis et al. (eds.), *The American Curriculum: A Documentary History* (Westport, CT: Greenwood Press, 1993), pp.178–179.

经验（race experience）。”[1] 众所周知，这是杜威在《儿童与课程》中提出的课程基本问题——儿童经验与学科知识的关系问题。对于这个典型的“杜威问题”，克伯屈认为，传统学校或传统教育方式以学科知识为起点，将人类经验固定在体系化的学科之中，这种方式的困难在于因脱离儿童经验而无法让儿童接受学科。这种方式的危险在于“既失去了儿童，又失去了学科”，“因为我们只有让儿童取得成功，人类经验才能得以保存”[2]。项目教学法则以儿童为起点，“它的任务和困难则在于将人类经验包含其中，其危险则是不能保证对人类经验的最好选择”[3]。

怎样克服将儿童目的与人类经验融为一体的困难，克服项目课程可能忽视人类经验的危险？首先，要认识到人类经验与儿童目的的内在一致性。克伯屈说：“人类经验在起源和目的上完全是人性的（human）。它是作为发展与表现我们复杂的人性和愿望的最适当的手段而幸存的。学校的存在正是为了促进这种表现。”[4] 然而学科知识体系只是选择了部分静态的人类经验，这些经验被创造出来的过程和行为并未包含其中。“如果我们将行为界定得足够宽广，学科恰恰应包含业已发明的最好的行为方式。”[5] 人的行为和生活情境融为一体。将静态的学科知识转化为动态的行为方式，进而转化为相应的生活情境，就为拆除儿童目的与人类经验之壁垒打下基础。其次，让学校将儿童学习与生活融为一体。将教育变成儿童的生活，在儿童的活动过程中，经由教师的指导，渗透人类的最好的行为方式和经验，儿童的活动过程就是学习人类经验的过程。“学校意味着与年长者在一起的儿童的生活与学习。年长者体现人类经验，现场传递并指导儿童。最好的传递，或许是唯一的传递，就是通过刺激

---

[1] William Kilpatrick et al., “Dangers and Difficulties of the Project Method and How to Overcome Them,” *Teachers College Record*, no.4, (1921): p.311.

[2] Ibid..

[3] Ibid..

[4] Ibid..

[5] Ibid..

和指导儿童活动而进行。”[1] 因此，儿童本性与学科之间并不存在冲突，他们不过是人的发展的不同阶段而已。再次，教师的指导在儿童目的与人类经验的融合中发挥关键作用。克伯屈说：“或许所有错误概念中最具伤害性的是这种想法，即我们设想完全不管儿童，让他们自己做决定，自己决定其课程。远非如此。我们对教师的需要正像常规学校那样确定无疑。”[2] 教师的角色是在活动过程中对儿童刺激与指导，指导的基础是人类经验，指导的结果是儿童在成长过程中不断汲取人类经验。

第三，可行性。所谓“可行性”（praticability），即活动目的的选择必须站在儿童立场、适合儿童特点与需求、能够转化为儿童的系列活动过程。科林斯说：“一个目的应当能够转化为一系列可执行的手段——活动——基于儿童水平。而且，它应当成为这一转化过程的指导力量。”[3] 只有当目的能够转化为手段，并有相应资源的支撑，儿童能够从事充满激情的理智探究活动以实现该目的，它才是真正的项目；不能实现的项目只是幻想，让儿童耽于幻想，反而形成逃避现实的倾向。只有当目的既有可行性，又能够对儿童的理智发展水平提出挑战，让儿童在从事真实问题解决、克服适度的困难，这样的项目才真正具有教育意义；过于困难、超出儿童理智发展水平的“项目”不具有可行性，过于容易、只是迎合儿童现有发展水平的项目尽管“可行”，但会引起儿童厌倦、降低教育价值。

（二）项目课程的实施

克伯屈在《项目教学法》一文中对四类项目的实施，做了扼要介绍。关于“类型 1”即“建造性项目”，克伯屈说：“对类型 1 建议下列步骤：

---

[1] William Kilpatrick et al., “Dangers and Difficulties of the Project Method and How to Overcome Them,” *Teachers College Record*, no.4, (1921): p.312.

[2] Ibid., p.314.

[3] Ellsworth Collings, *An Experiment with a Project Curriculum* (New York: Macmillan, 1923). Quoted in George Willis et al. (eds.), *The American Curriculum: A Documentary History* (Westport, CT: Greenwood Press, 1993), p.177.着重号为原文所加。

确定目的、制订计划、执行与判断。这与此处倡导的一般理论一致，即儿童要尽最大可能自己完成每一步骤。”[1] 关于“类型 2”即“审美体验项目”，克伯屈说：“然而到目前为止，我尚没有确定的过程步骤提出来。”[2] 这很可能在一定程度上暗示了欣赏类项目的复杂性与个性化。关于“类型 3”即“问题性项目”，克伯屈说：“所使用的步骤是杜威在对思维进行分析时指出的那些。”[3] 这里指的是杜威著名的“反思性思维”五要素的分析。关于“类型 4”即“知识技能项目”，克伯屈说：“类型 4 的目的与知识或技能的具体条目有关，它需要与类型 1 相同的步骤——确定目的、制订计划、执行与判断。只是在这里，计划的制订可能最好来自心理学家。”[4] 克伯屈很可能认为关于具体知识或技能的计划，最好参照教育心理学家的意见，因为知识技能数量繁多、类型各异。

克伯屈的项目课程实施观至少包括两个重要内容：第一，儿童是项目课程实施主体，尽管教师的指导作用极为重要、必不可少；第二，项目类型不同，实施方式有异，尽管各类型的实施存在一定共性，如确定目的。

科林斯在项目课程实验中提出了一条项目实施原则：“教师应指导孩子们在真实生活中成功实现目的。”[5] 这包括三方面。第一，制订项目计划。以儿童为主体制订计划；项目类型不同，计划也不同，但所有计划制订均须遵循的原则是：计划应适合项目，而非让项目适应计划。这意味着，计划可调整，达成目的最重要。第二，执行计划。无论个人项目还是集体项目，均以儿童为主体执行计划；项目不同，计划执行的形式与方式不同。但所有执行形式均包含一个共同特征，即儿童的主动表

[1] William Kilpatrick, *The Project Method: The Use of the Purposeful ACT in the Educative Process* (New York City: Teachers College, 1918), p.17.

[2] Ibid..

[3] Ibid..

[4] Ibid..

[5] Ellsworth Collings, *An Experiment with a Project Curriculum* (New York: Macmillan, 1923). Quoted in George Willis et al. (eds.), *The American Curriculum: A Documentary History* (Westport, CT: Greenwood Press, 1993), p.180.

现（active expression）。科林斯认为，主动表现“是孩子们实现其目的的永不枯竭的手段”[1]。第三，评论产品。在儿童完成计划后，一定要组织儿童对所完成的产品展开评论。评论的内容可包括“具体评论”与“一般评论”两方面。“具体评论”是分析儿童是否实现目的及其原因。“一般评论”是分析目的实现过程中儿童表现出的一般工作精神或态度（workmanship）。产品评论过程即项目课程的评价过程。[2]

由于项目课程的动态性、过程性、生成性与创造性，其设计与实施遵循独特的“课程原理”（curriculum principles）。[3] 无论克伯屈本人的系列阐述，还是他所指导的科林斯的项目课程实验，均沿着杜威在《儿童与课程》《学校与社会》《我们怎样思维》《民主主义与教育》等系列著作中所确立的“课程研究”路线前行，并以“项目课程”的形态使之具体化。这是一条真正体现“进步教育”、民主教育精神的美丽的课程研究风景。它与博比特（Franklin Bobbitt）同样在 1918 年出版的《课程》（The Curriculum）一书中确立的课程研究路线有很大不同。后者以分析成人的静态活动经验为课程开发的起点，并最终演化为体现行为主义特性的静态化和程序化的课程开发原理——泰勒原理（Tyler Rationale）。克伯屈的项目课程因其生成性和创造性的特性，历久弥新，体现着 21 世纪信息时代的教育精神。

四、项目课程的时代意义

在日新月异的信息时代，“主要由常规认知工作和常规手工劳动所构成的工作，此类劳动力的份额正日益下降，因为此类任务最容易通过编

[1] Ellsworth Collings, *An Experiment with a Project Curriculum* (New York: Macmillan, 1923). Quoted in George Willis et al. (eds.), *The American Curriculum: A Documentary History* (Westport, CT: Greenwood Press, 1993), p.181.

[2] Ibid., pp.180–182.

[3] Ellsworth Collings, *An Experiment with a Project Curriculum* (New York: Macmillan,1923), pp.317–335.

程让计算机去做。国家日益增长的劳动力比例则是那些强调专家思维或复杂交往的工作，此类任务计算机不能做”[1]。这意味着倘人不具备“专家思维能力”和“复杂交往能力”，就不能在信息时代更好地生活工作。而以这两种能力为核心的高级能力和人性能力即为“核心素养”。[2] 信息时代的教育即发展每一个公民“核心素养”的教育。正因为日益迫切的时代呼唤，“项目学习”这种历史悠久的学习形态重新点燃人们的兴趣，正将成为信息时代学生从事“深度学习”的主要方式。

克伯屈的项目教学法和项目课程理论对21世纪信息时代的“项目学习”至少具有下列意义：第一，把项目理解为信息时代每一个学生创造既体现个人价值又承担社会公民责任的有价值的生活的教育哲学——项目教育观，而不能只是将之作为一个具体的学习模式或方法；第二，作为理智、情感与社会融为一体的“热情的目的性行为”，项目将有助于每一个学生在信息时代建立强大的“自我概念”（self-concept），以应对信息时代个人可能存在的“身份危机”；第三，项目学习的宝贵价值之一是其所形成的对学习本身的热爱，是伴随“主学习”而产生的一系列迷人的“副学习”和“附学习”，这将有助于培养信息时代的终身学习者；第四，项目教学法的“道德品格”即在群体项目中合作实现共同目的，这有助于培养信息时代所需要的“协作性思维”和“复杂交往能力”；第五，建造性项目、审美体验项目、问题性项目、知识技能项目的有机结合，为信息时代项目学习的整体设计提供了有用线索；第六，将“生成性”作为项目课程的第一原理，有助于让信息时代的项目学习成为真正的“深度学习”。

总之，尽管距离《项目教学法》一文的发表已经100余年，但克伯屈的项目教育理论依然闪耀着时代精神的光辉。

---

[1] Frank Levy and Richard J. Murnane, *The New Division of Labor: How Computers are Creating the Next Job Market* (Princeton, NJ: Princeton University Press, 2004), pp.53-54. Quoted in C.Dede, “Technological supports for acquiring 21st century skills,” in *International Encyclopedia of Education (3rd Edition)*,ed.Penelope Peterson, Eva Baker and Barry McGaw (Oxford, UK: Elsevier).

[2] 张华：《论核心素养的内涵》，《全球教育展望》2016年第4期。

第十二章

杜威学校项目学习现状考察

今日的杜威学校（芝加哥大学实验学校）依然在自觉继承杜威的遗产，常态开展项目学习，并将其渗透于学校的一切学科和活动之中。在小学阶段（1—4 年级），所有课程均为基于儿童经验的项目课程。在初中阶段（5—8 年级），学科边界开始出现，课程体系由“学科课程”与“跨学科课程”构成，项目学习渗透两类课程之中。在高中阶段（9—12 年级），集中体现项目学习的两类独特的学生研究项目，分别是“独立研究”与“五月项目”。总之，“项目学习”或“学生研究”是今日杜威学校的基本课程与教学形态。但不可否认，该学校的“精英主义”倾向显而易见，这在一定程度上背离了杜威的教育民主精神。

在美国芝加哥市美丽的密歇根湖畔，坐落着一所百年老校——芝加哥大学。在芝加哥大学校园内，第 58 大道和第 59 大道之间，绿树掩映之中，有一栋其貌不扬、外面长满爬山虎的百年楼房，这就是著名的芝加哥大学实验学校，亦称“杜威学校”。在这所看起来极其普通的学校中，日复一日发生着不同寻常的学习故事。

一、这所学校的由来

1896 年，即芝加哥大学成立两周年之际，杜威创办芝加哥大学实验学校，以实验他早已成熟的进步教育理想。1896 年 1 月，在一所私人住宅里，学校开学。当时只有 16 名 6 至 11 岁的儿童，2 名负责人。这年 10 月，学生增至 32 名，正式教师 3 名，学校迁到金巴克路 5718 号。1897 年 1 月，学生达到 45 名，教师人数亦有所增加。为寻找更大的空间，学校又不得不迁到坐落在罗莎莉椏大院与第 57 大道交界处的旧南方公园俱乐部。1897 年 12 月，学生增至 60 人，教师增至 16 人。1898 年 12 月，学校采用了沿用至今的分科组织形式，以便与芝加哥大学的组织形式一致起来。与此同时，学校增设了幼儿部，招收 4 至 5 岁的儿童。此时学生人数达到 82 名。为进一步扩大空间，学校又不得不第三次搬迁至埃里斯路 5412 号一所老宅上课。1900 年、1901 年和 1902 年，学校人数连续增长，学生最高达到 140 名，教师达到 23 名，助教（大学研究生）达到 10 名。

1899 年，被杜威称为“进步教育之父”的帕克上校（Colonel Francis Parker）接受了慈善家埃蒙斯·布莱恩（Emmons Blaine）的大批捐赠，试图建立一个教师培训学院和一所附属小学。这项计划立刻吸引了芝加哥大学校长哈珀（William Harper）的注意。哈珀校长很想在芝加哥大学建立一个教育研究项目，于是，他说服帕克上校和布莱恩夫人在大学中建立教师培训学院。这一学院及其实习小学，就变成了芝加哥大学教育学院的前身。

到 1901 年，芝加哥大学就有两所小学：一所是帕克领导的“大学初等学校”（University Elementary School），一所是杜威领导的“实验学校”（Laboratory School）。前者经费充裕，后者捉襟见肘。“两个学校都是进步的，都已经为教育理论和实践做出了出色的贡献。两个学校，在宗旨大方向方面虽然是一致的，但在理论、方法、实践方面，则有很大的分歧。”[1] 尽管如此，大学校长及董事会还是试图将两个学校合并。1903 年，帕克上校逝世。两校合并问题恢复谈判并最终完成，与此同时迁往新落成的布莱恩大楼（Blaine Hall）（即现在实验学校所在地）。此前，1902 年，芝加哥现存的两所学校“南方中学”和“芝加哥工艺训练学校”合并形成“大学中学”（University High School）。1903 年，“大学中学”也迁至布莱恩大楼。四校合并后总称为“芝加哥大学实验学校”（University of Chicago Laboratory Schools），与芝加哥大学教育学院同处一栋大楼中。与此同时，杜威接受教育学院院长职务。

1904 年春，由于无法接受大学行政当局关于实验学校人事方面的决定，杜威辞职。合并前的实验学校的教职员除三四人外，其余全部离开，这项举世闻名的教育实验从此结束。但其深远影响不仅在今日实验学校中体现出来，而且扩展到整个美国的进步主义教育运动中，以及世界教育改革运动之中。[2]

二、项目学习在今日实验学校的地位

在杜威主持实验学校工作期间（1896—1904），项目学习居于核心地位，这是杜威教育哲学的必然要求。那么，今日实验学校在多大程度上继承了杜威的遗产？项目学习在今天的地位如何？

实验学校初中部校长费尔德曼（David H. Feldman）把直至今天依然

[1] 凯瑟琳·坎普·梅休、安娜·坎普·爱德华兹：《杜威学校》，王承绪、赵祥麟、顾岳中、赵端英译，华东师范大学出版社，1991，第9页。
[2] 同上书，第2-14页。

对实验学校产生效力的杜威和帕克的主要教育信条概括如下：

> 1. 学习应聚焦于儿童，而非各类课业；学习是一种社会的过程，通过小组（small groups）而进行来得最有效。
>
> 2. 学习应通过动手做的设计（hands-on projects）而进行，比如，历史学习通过游戏（plays）进行，自然科学通过探究自然进行。
>
> 3. 教育的目标不只是学术科目的优异，而且是创造性的问题解决。
>
> 4. 教育应包含发展学生对学校社区和更大社区的责任感。
>
> 5. 学校情境中的学习过程与日常生活中发生的学习应具有连续性。
>
> 6. 学术性学习（academic learning）应基础广泛，不仅包括传统学科，还要包括艺术、体育、音乐以及各类课外活动。
>
> 7. 持续的教师教育和教师研究是教师培训的有机构成；在一个严密的框架下，教师应被赋予很大程度的自主性。[1]

由此看来，着眼于问题解决、创造性和社会责任感培养的“项目学习”“小组合作学习”在今日实验学校依然发挥着重要作用。为进一步了解这种作用，还必须考察实验学校今日的使命和目标。

实验学校所有年级都必须完成的“学校使命”被概括如下：

> 芝加哥大学实验学校为一个多元社区提供一种经验中心的、严密而全面的教育。每一发展阶段的学生都有不同需要并以不同方式来学习，有鉴于此，实验学校致力于帮助每一个学生：
>
> 1. 学会批判性和创造性思维。

[1] University of Chicago Laboratory Schools, *Middle School Handbook and Program of Studies, 2002-2003* (2002), pp.1–2.

2. 发展在学术、艺术和运动方面追求卓越的愿望。

3. 掌握重要学科。

4. 拥有身心健康。

5. 欣赏我们的文化差异并追求我们的共同人性。

6. 形成个人和社区的责任感。

7. 发展终身热爱学习的愿望。[1]

为完成上述使命并继承杜威遗产，实验学校致力于为最好的教育实践提供范例。

为完成“学校使命”，实验学校所有年级都必须实现下列“学校目标”：

1. 创生一套连贯、一致并具有创造性的课程。学校不断创生一套在同一年级内部、不同年级之间、不同系科之间整合的、谐调的、连贯的课程。

2. 鼓励教师的创造性和积极性。实验学校尊重每一个教师带入课程的经验和创造性。开发一套连贯、一致和生成的课程的任务主要由教师完成。行政人员引导并促进这一过程。

3. 理解并支持整体的儿童（the whole child）。学校致力于把课堂学习与学生的课外经验整合起来。这是辅导项目（advisory program）、同学集会项目（homeroom program）、课程联合与课外活动项目（co-curricular and extra-curricular program）的中心任务。此外，每一个教职员工都有责任使学生在学术性学习与社会、心理和情感生长方面保持平衡。

4. 吸引并支持多元化的学生群体和教职员工。学校持续尊重并

[1] University of Chicago Laboratory Schools, *The University of Chicago Laboratory High School Program of Studies* (2003), p.4.

支持学生和教员在文化、经济、民族、地域、种族和宗教方面的多元性。为达此目的，奖学金、特殊课程、辅导项目、交流项目和一些学生俱乐部致力于把学校与更大社区联系起来。

5. 创造一个具有社会责任感的学校共同体。学校提出并探讨像环境破坏、暴力、毒品和酗酒等问题，倡导积极的性别和种族关系。

6. 保持经济稳定。为有助于学校财政健康稳定，学校坚持招收新生、收取学费和筹集资金的策略。[1]

由此观之，培养具有批判性、创造性思维和社会责任感的人；以儿童的经验为核心把课堂学习与学生的日常生活结合起来；着眼于“整体的儿童”而开发整体的、连贯的课程；既尊重差异，又追求共同人性，由此将学校发展为一个学习共同体，并将学校共同体与更大的社区生活联系起来；充分尊重教师的创造性、积极性和专业自主权，并将教师在工作中的持续研究视为教师培训的基本构成。凡此种种，都是对杜威教育哲学的继承与发展。为这些教育理念所认可的基本学习方式是项目学习。因此，我们可以得出结论：在今日实验学校中，项目学习依然是基本的、核心的学习方式。

但是，我们也必须看到今日实验学校中的项目学习与杜威所倡导的项目学习的本质区别：第一，杜威所倡导的项目学习的基本形态是“主动作业”，即各类典型社会职业的缩影或提炼。主动作业既是个体探究天性生长和创造性人格形成的途径，又是学校和社会建立有机联系的途径，是学校实现“民主主义的社会理想”的重要途径。至少在低年级，学科知识的掌握是学生在从事主动作业中间接进行的。即使在高中，对学科逻辑（知识）本身的直接探究变得越来越重要，但主动作业依然是学校课程的有机构成。但在今日实验学校，我们遍览学校课程方案，已不见

[1] University of Chicago Laboratory Schools, *Middle School Handbook and Program of Studies,2002–2003* (2002), pp.2–3.

主动作业的踪影，这意味着主动作业已退出学生的学习生活，至少被日益边缘化。今日的项目学习，主要是对学科知识的探究。第二，在杜威主持实验学校工作期间，民主主义不仅是一种社会理想，而且是实验学校的生活方式、组织方式、运行方式、学校哲学。但今日的实验学校，“在学术、艺术和运动方面追求卓越”的目标日益凸显，实验学校日益滑向精英主义。倘若杜威泉下有知，会对这种倾向深感不安。

三、项目学习在学科课程和学校生活中的渗透

实验学校之所以历经百年而不衰，至今依然保持旺盛的生命力和卓越的质量，一个重要原因是把项目学习视为基本的、核心的学习方式，使学生在任何一门学科以及整个学校生活中都拥有探究的权利，都能够探究地生活着。

将项目学习渗透于学科课程中要解决的基本问题是：第一，这是谁的学科？特定年龄阶段儿童的探究价值和权利有哪些特殊要求？其探究特点是什么？第二，这是什么学科？特定学科的探究传统和探究特点是什么？将特定年龄阶段儿童的探究特点和探究的特殊要求，与特定学科的探究传统和探究特点结合起来，便实现了学科课程的重建。

下面，让我们分阶段探讨实验学校是如何基于项目学习而重建学科课程的。

（一）项目学习在小学（1—4 年级）

实验学校小学部校长比格斯（Beverly Biggs）在谈到小学课程时曾这样说：“学习应当是真实的、整体的和社会的；学习应当是民主的、认知的、发展的、建构的、心理语言的和富有挑战的。”[1] 实验学校的“小学教育哲学”这样写道：

[1] University of Chicago Laboratory Schools, *Low School Program of Studies,2002-2003 (First Grade)* (2002), p.3.

> 学习处于小学教育的核心。学习的组织支持学生有目的的自由。我们重视并包含活动（move about）的机会、调查的机会、探究的机会、实验的机会和交流思想的机会。[1]

为达此目的，实验学校小学部积极倡导“合作性设计和活动”（collaborative projects and activities），以帮助学生学会合作、负责和尊重彼此的观念。教师采取“分层作业”（tiered assignments）、灵活分组和综合课程等策略，以满足每一个学生的不同学习需要。教师创设多元课堂环境，以吸引学生的想象和好奇心，并帮助学生在学习中体验快乐。无论何时何地，教师都要持续仔细倾听儿童的观念，鼓励他们的学习积极性，并给他们提供富有成效的指导。为完成上述任务，教师自身必须是一个终身学习者，并能够与其学生一起在学习中分享激动人心的时刻。

小学各年级开设的课程如下。一年级：语言艺术、数学、社会研究、图书馆课程、科学、艺术、体育、音乐；二年级：语言艺术、数学、社会研究、图书馆课程、科学、艺术、体育、计算机、音乐；三年级：语言艺术、数学、社会研究、计算机、外语、图书馆课程、科学、艺术、体育、音乐；四年级：语言艺术、数学、社会研究、计算机、外语、图书馆课程、科学、艺术、体育、音乐。这些学科是怎样基于项目学习而被重建的?

语言艺术一以贯之于小学四年，包括阅读、写作（含拼写、语法、构词法、语言运用和书法）、听与说。语言艺术课程的目的是为了让学生学会运用语言使世界产生意义。通过语言，学生与世界更好地联系起来。这就是语言的力量。语言艺术课程要帮助学生发展语言的力量，既要鼓励学生在语言中发现他们自己的声音，又要鼓励学生充满关心、智慧和敬意去表达世界。语言艺术课程旨在发展学生的文化素养（literacy）。

---

[1] University of Chicago Laboratory Schools, *Low School Program of Studies,2002–2003 (First Grade)* (2002), p.5.

“文化素养超越基本技能，包含批判性和创造性思维，仔细推理，系统探究重要问题，分析、综合和评价信息，对不同的听众用不同的形式进行有效交流等方面日益加强的能力。”[1] 由此看来，语言艺术课程是围绕运用语言创造意义而实现重建的。

数学课程是通过提供多样化的数字和符号的经验而发展人的数学素养。数学素养首先包括数感（number sense）。所谓“数感”，就是对数字及其关系的良好直觉（good intuition）。数感是在下列过程中发展的：探究数字、将数字在不同情境中具体化，并将数字以不局限于传统算法的方式联系起来。数感建立在学生的自然直觉（natural insights）的基础上，并能帮助学生理解这一点：数学能够创造意义，而不只是一堆人为规则的运用。数学素养还包括在生活中发现数学并运用数学解决问题的能力。学生能够熟练运用数学概念并将之与改变我们的世界和生活的职业联系起来。学生能够欣赏生活中的数学，如向日葵花瓣、潮汐涨落、优美音乐的创作之中的数学原理。数学课程的目标因而是：学会尊重数学；学会运用数学经验使生活中的问题情境产生意义；学会自主与合作地解决问题，使自己成为一个数学问题解决者；学会运用数学来交流；学会数学推理。[2] 由此看来，数学素养、数感、数学问题解决、数学交流和推理是重建数学课程的关键概念。

社会研究课程是对人与人之间、民族与民族之间跨越地域和时间相互联系的所有方式的跨学科研究。它所涵盖的学科包括历史和地理，公民、政府、法律和经济，考古学和人类学，心理学、社会学、宗教学和伦理学。社会研究课程就是将所有这些知识整合起来寻找人类社会之意义的课程。它注重儿童中心的探究（child-centered inquiry）、教师指导的

---

[1] Steven Zemelman, Harvey Daniels and Arthur Hyde, *Best Practice* (Portsmouth, NH: Heinemann,1993), Quoted in University of Chicago Laboratory Schools, *Low School Program of Studies* (*First Grade*) (2002), p.10.

[2] University of Chicago Laboratory Schools, *Low School Program of Studies, 2002–2003* (*Second Grade*) (2002), pp.17–18.

研究和在相互讨论中进行的合作学习。小学阶段社会研究课程的教学主要通过两个途径来进行：对社会科学的概念和技能在与其他课程和真实生活情境的联系中进行“直接教学”（direct instruction）；把课堂和学校共同体作为微型社会进行“实践教学”（practical instruction），以探讨学生在其中的日常社会互动。[1] 由此看来，社会研究课程是旨在帮助学生探究社会意义的项目学习课程。

科学课程不是事实和原理的堆积，它包括提出问题并系统获得答案以达到对世界的更好的理解。正如阅读是对所书写的东西的探究过程一样，科学是对环境的探究过程。人人都是科学家。有效的科学课程鼓励并培养学生的好奇心、兴趣和创造性。它为所有学生提供经历科学探究过程，学习技能，并基于直接经验发展关键概念的机会。科学课程的目标是增强学生学习科学的积极态度，培养科学探究能力，发展对自然世界的欣赏、理解和责任感。因此，科学课程是旨在帮助学生探究自然世界之意义的项目学习课程。[2]

视觉艺术（visual arts）课程的主要目标是发展创造的、具有审美意识的个体。该课程的首要任务是促进每一个学生视觉素养（visual literacy）的生长和发展。其目的是使学生能够表达那些用常规语言不能表达的观念。该课程鼓励每一个儿童通过个体的艺术发现而实现知觉和观念水平的发展。通过直接参与视觉艺术，学生能够理解、尊重并回应他们自己的情绪、知觉和直觉。通过个体的创造性探索，观念被赋予艺术的形式，在此过程中也发展了知识。由此看来，运用视觉艺术表达自己的观念，发展视觉素养和创造性人格，是视觉艺术课程重建的关键。

---

[1] University of Chicago Laboratory Schools, *Low School Program of Studies,2002-2003* (*Third Grade*) (*2002*),p.22.and University of Chicago Laboratory Schools, *Low School Program of Studies 2002-2003* (*Forth Grade*). (2002), p.19.

[2] University of Chicago Laboratory Schools, *Low School Program of Studies 2002–2003* (*First Grade*) (2002),p.33. and University of Chicago Laboratory Schools (2002). *Low School Program of Studies 2002–2003* (*Third Grade*) (2002),p.31.

音乐课程是通过让学生用“评论的耳朵”（a critical ear）接触不同风格的音乐，从而学会倾听、观察和评价音乐，发展乐感。学生被赋予充分的自由，在演讲、歌唱、舞蹈和戏剧中进行创造性表现。这样，学生在本质上就成为音乐探索者和创造者——他们创造自己的音乐。优秀的文学作品，如诗歌和民歌，处于音乐课程的核心。让学生成为音乐评论者、探索者和创造者，是音乐课程重建的关键。

体育课程的核心是成功、高水平参与、享受运动快乐和为达成团体目标所需要的合作技能的发展。在运动中增进健康并发展体能、促进社会性和情感发展、培养合作学习的技能、养成热爱体育的情怀和运动员道德，是体育课程的目标。

外语课程旨在帮助学生培养对文化、语言和历史的开放和欣赏的态度，使学生能够有效和恰当地运用另一种语言，帮助每一个学生理解并发展自己学习语言的个人风格。因此，个人语言风格的培养和文化理解是外语课程的关键。

计算机课程的主要目的是发展学生的技术素养。通过让学生获得各种动手操作的计算机经验，如编程、模拟、信息收集、运用各学科的软件等，技术素养得以发展。通过提供广泛的计算机经验，帮助学生理解计算机怎样促进所有学科的学习。该课程鼓励学生尊重各自的学习方式和不同的计算机专长，鼓励合作学习。该课程倡导学生进行自我导向学习，提出并遵循自己的问题，勇于探索、建构和创造并建立自信。

图书馆课程（library curriculum）是实验学校的一门极富特色的课程，一以贯之于幼儿园、小学和初中，历时 9 年。图书馆课程旨在培养学生对文献的热爱和研究任何给定学科领域的现存知识的热情。该课程帮助学生学会运用图书资源的技能，发展学生独立运用和享受图书资源的能力。通过该课程所获得的知识技能，有助于为学生的终身学习奠定基础。该课程的目标是培养学生独立运用图书馆的能力，发展文献意识和对文献的欣赏态度，提高自觉把图书馆资料和课堂学习结合起来的意识和能力。由此看来，图书馆课程本身就是一门项目学习课程。

实验学校小学课程充分证明：只有把项目学习真正渗透于各门学科并据此实现学科课程改造的时候，学生才有可能过高质量的学习生活，并在学习中获得个性解放。

（二）项目学习在初中（5—8 年级）

实验学校初中部校长费尔德曼曾说："实验学校初中部通过把学术严格性和进步主义传统融合起来而架起了连接小学和高中的桥梁。"[1] 这既说明了初中部在实验学校的地位，又说明了今日实验学校的性质：既体现杜威和帕克所开创的进步主义传统，又满足今日的学术严格性的要求。

实验学校初中课程所遵循的共同原则是：

> 1. 特定年级的所有学生应当拥有一些共同的学科课程经验和跨学科的经验。
>
> 2. 每一个学生的批判性思维技能和深度探究能力都应当得到培养和促进。
>
> 3. 每一个学生都应当发展在分析、综合和解释之间建立联系的能力。
>
> 4. 每一个学生都应当认识自己并建立自信，与此同时明白履行对他人的责任和义务的意义。
>
> 5. 每一个学生都应当发展对更大的社区的理解和责任感。[2]

这五条原则处处渗透着杜威的思想：关注学生的经验、关注批判性思维、关注探究学习和问题解决、关注课程的社会意义。

初中各年级开设的课程如下。五年级：语言艺术、社会研究、数学、

[1] University of Chicago Laboratory Schools, *Middle School Handbook and Program of Studies 2002–2003* (2002), p.5.
[2] Ibid., p.8.

科学、外语（含德语、法语、西班牙语）、艺术（含视觉艺术、计算机科学）、音乐、体育、图书馆课程；六年级：辅导课程、人文课程、前代数（pre-algebra）、科学、外语（含德语、法语、西班牙语）、艺术（含视觉艺术、口译、计算机科学）、音乐、体育、图书馆课程；七年级：辅导课程、人文课程、代数、科学、外语（含德语、法语、西班牙语）、艺术（含视觉艺术、口译、家政、计算机科学）、音乐、体育、图书馆课程；八年级：辅导课程、人文课程、代数或几何、科学、外语（含德语、法语、西班牙语）、艺术（含视觉艺术、口译、家政、计算机科学、照片设计、照片技术）、音乐、体育、图书馆课程。

在这些学科中，教师努力将学科知识与学生的经验整合起来。教师关注学生自己的问题以及与学生相关的真实生活的问题。学生积极参与问题解决过程，课题研究强调合作。各类学生中心的活动经常超越每节课 45 分钟的局限，利用大块时间来进行。

总之，每一门学科都基于项目学习理念进行重建。除此之外，初中阶段的项目学习还集中体现在以下三类项目之中。

第一，各类“跨学科学习”（interdisciplinary learning）项目。在这类项目中，教师协同教学，以帮助学生发现不同学科领域的联系。初中六至八年级的“人文课程”（humanities program）即典型的跨学科学习。该课程把语言艺术、社会研究、历史和文学整合起来，围绕某些特殊主题（如七年级的主题是“民主社会中的社会正义”）进行跨学科研究，每节课 90 分钟，每天进行 ·次。五至八年级的“科学课程”也具有跨学科学习的性质。该课程围绕精心选择的专题而组织起来，帮助学生运用多学科的知识和技能去探究。如五年级的探究主题是“植物”“科学展示”“预测溶解率”“海洋”“机器”；六年级的探究主题是“气体化学”“热”“天文学”“遗传学”；七年级的探究主题是“生态学”“分子生物学”“人体解剖与生理学”“性”（human sexuality）；八年级的探究主题是“地球物质科学：总论”“大气物质：天气与气候”“地球物质：岩石和矿物质”“地形图”“物质的变化：地下过程”“物质的变化：地表过程”“空间物质：天文学”。总之，科学探究、科学实验和动手操作是科学课程的核心。

第二，各类“探索项目”（exploratory programs）。这类项目旨在满足不同学生的不同学习兴趣、潜能和需要。学生有机会去尝试不同深度的课程，以满足其需要，如在艺术和音乐课程中有多种选择。如果学生想进一步探索，许多课外活动和日益增多的课程联合活动可为学生提供挑战和兴趣，如“不除名的体育项目”（no-cut sports program）[1]、戏剧表演、年鉴（yearbook）、报纸、科学俱乐部、学生会等可为学生提供机会去尝试和发现他们的兴趣和能力领域。

第三，各类“辅导项目”（advisory programs）。初中六至八年级开设“辅导课程”。该课程是通过教师对学生提供的各类社会的和学术的支持，来发展学生与同伴之间、学生与成人之间紧密的、相互信任的关系。在该课程中，教师根据每一年龄阶段的特点和每一学生的特点，通过有针对性的心理辅导，组织各类有趣的集体活动和各类社区服务活动。此外，在六年级，教师还帮助学生进行持续 4 至 5 周的主题活动，内容包括从电影研究到火箭装置研究的广泛主题。一个主题结束后即开始新的。这些主题活动中，有许多是项目学习活动。

（三）项目学习在高中（9—12 年级）

关于实验学校高中部的性质，初中部校长费尔德曼曾讲过一段有趣的话：

> 杜威的进步主义传统确实帮助实验学校声名远扬，在这里，终身学习是我们的中心使命。但与此同时，我们的高中部已经主要变成大学预备学校，勤勤恳恳地致力于用严格的学术课程和让学生上精英大学的机会来向我们的学生提出挑战。当我们帮助学生规划中学后教

[1] 此运动项目要求不能把队员随便除名，即使其能力不合格。

育的时候，终身学习的观念具有了更加实用的方向。[1]

由此看来，今天的实验学校，特别是其高中部，已经成为以严格的学术课程和高水平的学术素养著称的精英大学预备学校。学生何以具备高水平的学术素养？把项目学习与各门学术课程紧密地统合起来，让学生在探究中学习学科知识。

高中阶段所开设的课程如下：英语、新闻、外语（法语、德语、西班牙语、拉丁语）、数学、计算机科学、科学、历史、美术、音乐、体育。每一个学生根据自己的兴趣和学科的特点及要求制订自己的四年学习计划，在四年内修满 21 学分并达到其他方面的要求（如完成社区学习的要求）即可毕业。为满足学生深入学习的需要，许多学科都提供大学预修课程（advanced placement courses）。确实有潜力的学生，还可从芝加哥大学选择总数不超过 6 门的课程来学习。[2]

为使项目学习有效渗透于学科课程和学校生活中，高中阶段推行两项政策：一为"独立研究"，一为"五月项目"。前者渗透于学科学习之中，后者超越学科而独立进行。这里我们首先介绍"独立研究"政策。

"独立研究"（independent study）是学生在学科课程学习过程中，从自己的学习需要和兴趣出发，选取超出学校所提供的课程范围的课题，在教师的指导下进行自主研究的过程。实验学校高中部的"独立研究"政策规定了学生从事"独立研究"的指导原则：

1. 每一项独立研究需要一名自愿指导教师。

2. 每一课题必须在书面计划中描述要完成的研究工作的具体细节。该书面计划必须在要展开研究的那个学期开始前 2 周交给指导教

[1] University of Chicago Laboratory Schools, *Middle School Handbook and Program of Studies 2002–2003* (2002), p.3.

[2] University of Chicago Laboratory Schools, *Laboratory High School Program of Studies 2003–2004* (2003), pp.3–13.

师。一项课题通常在一个学期完成。课题的最后评定和（或）报告必须有相应系科的其他教师参加。

3. 一名教师最多可指导两项独立研究课题，尽管一项课题可包含不止一名学生。

4. 每一项课题在开始前必须征得相应系科的同意。

5. 独立研究用以补充常规提供的课程。课题计划必须围绕超出这些课程范围的主题来组织。

6. 在那些能够赋予学分的课程中，一项独立研究在一学期内成功完成可获得 1/3 个选修学分。学生在独立研究中最多可获得满足毕业要求的 1 个选修学分。[1]

下面让我们更为具体地探讨主要学科中的独立研究的特点。

“数学独立研究”做出下列规定：“学生可在数学系任何一位教师的指导下从事一项独立研究课题。根据学校的独立研究政策，学生必须提交一份书面计划，以征得数学系的同意。计划必须围绕超出所提供的常规数学课程范围的主题来撰写。”[2] 在一个学期内完成一项独立研究课题，可获得 1/3 个选修学分。

“科学独立研究”包括两类：一为“科学实验课题”（laboratory project in science），一为“科学文献研究课题”（library project in science）。“科学实验课题”要求有两年实验科学的经验。该类独立研究规定：“学生有机会在生物科学和物理科学的某些领域从事个体的实验研究。他必须不仅具有独立规划和从事实验研究的倾向和能力，而且要有证据表明已经掌握了实验科学的基本概念和技能。有兴趣的学生必须通过咨询科学系的教师而获得发展一个研究计划所需要的进一步的信息和帮助。”在一

[1] University of Chicago Laboratory Schools, *Laboratory High School Program of Studies 2003–2004* (2003), p.12.在21个毕业学分要求中，选修学分要求为1学分。

[2] University of Chicago Laboratory Schools, *Laboratory High School Program of Studies 2003–2004* (2003), p.34.

学期内完成一项这类独立研究会获得 1/3 个选修学分。“科学文献研究课题”要求有两年科学学习的经验。该类独立研究规定：“学生设计和执行一项在特定科学领域所自主选择的课题的研究计划。该项研究包括广泛运用恰当的大学和公共图书馆的信息。”这类独立研究旨在鼓励学生运用图书馆的文献信息进行科学研究。在一学期内完成一项这类研究课题同样可以获得 1/3 个选修学分。[1]

“历史独立研究”规定：“学生在历史系的任何一位教师的指导下从事一项独立研究。学生必须提交一份书面计划以征得历史系的同意。课题必须源自历史和社会研究范围以内，且未包含在历史系所提供的常规课程以内。对完成独立研究后的成绩，学生可以选择常规等级制（A，B，C，D，F）或‘通过 / 不通过’。学生必须在独立研究开始前就决定选择哪一种成绩评定方式。”完成历史独立研究且成绩合格者，可获得 1/3 个选修学分。[2]

“艺术独立研究”和“美术独立研究”与上述诸类独立研究具有类似的要求。所不同的是，这两类独立研究都可在老师同意后通过做老师的助教而在独立研究中获得教学经验。[3]

由此看来，独立研究是学科课程所提供的常规内容的补充、拓展和提升。独立研究满足了不同学生的多样化学习需要，生成了学科对不同学生的独特意义。学生从事独立研究的价值，不仅仅在于运用了学科知识并发展了研究能力，更重要的是让学生在探究中直接与学科相遇。而学生与学科直接相遇的过程，就是生成学科对每一个学生的独特意义的过程。

[1] University of Chicago Laboratory Schools, *Laboratory High School Program of Studies 2003–2004* (2003), p.42.

[2] Ibid., p.51.

[3] Ibid., p.56, p.60.

四、“五月项目”——高中项目学习的独立形态

实验学校高中部有一个传统，高中四年级学生（seniors）在毕业前夕的五月份都有机会在教师和其他相关人员的指导下，进行为期一个月的独立研究、设计活动，这就是“五月项目”（May Project）。据该校“五月项目”项目负责人苏珊·格雷夫斯夫人（Mrs. Susan Graves）所言，“五月项目是一种遵循了杜威教育哲学的教育经验，如做中学（hands-on learning）、教育旨在创造学生连续成长的愿望、把学生的学习与更广泛的环境交织起来等”[1]。倘若杜威在世，一方面，他会赞扬今日的“五月项目”，并深感欣慰；但另一方面，他很可能会说：“很遗憾，时间太少了，学生四年才过一个这样的‘五月’，别忘了五月年年都有。”

（一）“五月项目”的宗旨与目标

“五月项目”的基本目标是以下六项：

1. 让学生有机会参与这样一种体验，它鼓励学生将实验学校所受的教育统一为一个整体的观点；

2. 让学生有机会在各门学科（academic disciplines）之间建立联系和关系；

3. 让学生有机会研究新的智力领域；

4. 让学生有机会探讨感兴趣的职业途径；

5. 让学生有机会体验新的文化和（或）新的社区；

6. 让学生有机会发展新的技能 / 技术，或扩展现存的技能 / 技术。[2]

---

[1] University of Chicago Laboratory Schools, *University High School May Project Handbook* (2003), p.1.

[2] University of Chicago Laboratory Schools, *Laboratory High School Program of Studies 2003–2004* (2003), pp.10–11.

由此看来，“五月项目”旨在把学生在实验学校所受的十几年的教育，至少是高中四年的教育统整起来，把学生在所有学科所取得的经验统整起来，把学校和更大的社区统整起来，以帮助学生适应马上面临的大学生活或社会生活。正是从这个意义上说，“五月项目”是实验学校高中课程的有机整体。学生所选择的课题必须具有充分的挑战性和教育价值。

（二）“五月项目”的内容和标准

“五月项目”有两种类型：一为“独立项目”（Independent Project），一为“协作项目”（Sponsored Project）。

“独立项目”是学生在指导教师（advisor）的帮助下独立进行的课题设计和研究过程。如“写一本短篇小说集”“在家里画一幅壁画”或者“准备一场个人独唱会”，等等。学生进行“独立项目”时，需遵循下列原则：

1. 在五月份执行“独立项目”时，学生每天必须至少工作 6 小时。

2. 在制订“工作计划和时间表”时，学生必须写得详尽、具体，说明每天如何从事所选择的课题，每天 6 小时的工作如何分配。计划越精确，所提交的“独立项目”越容易被批准。

3. 学生不能离开家去做“独立项目”（如果不在学校的话）。

4. 学生在整个五月份，每周必须与指导教师会面两次。

5. 在与指导教师会面时，学生必须向老师出示每天花在“五月项目”上的时间的工作记录。

6. 每周与指导教师会面时，学生必须向老师出示：工作记录、目前所完成的所有设计内容、最终课题计划中的详尽时间表、一份会面表格。会面表格将由指导教师签字后，在会面的这一周交给苏珊·格雷夫斯夫人。

7. 当某一学生与另一个学生在“五月项目”中进行“联合项目”（Joint Projects）时：每个学生需要提交他自己的课题计划；因为每个学生都是不同的，每份课题计划也必须是不同的；从事一项联合项目的学生必须有不同的指导教师；每个教师必须填写独立的评价表；学生可联合进行“五月项目”的结题报告和成果展示。[1]

每个学生在进行“独立项目”时必须严格执行这些原则，以确保高质量完成“五月项目”。

“协作项目”是学生在社区中选择一感兴趣的领域，在学校指导教师（advisor）和所选择的领域中的协作指导者（sponsor）的共同帮助下，完成所确定的项目工作。如“在《芝加哥论坛报》实习”“在无家可归者庇护所进行志愿者行动”“与园林美化专家一起工作”，等等。“协作项目”本质上是学生完全沉浸在一个有日常监督和指导的组织中，或与感兴趣的领域的专家一起完成整个“五月项目”。学生在进行“协作项目”时，需遵循下列原则：

1. 学生必须让协作指导者签署《致协作指导者信》，以便协作指导者明确其对“五月项目”的责任。该信将与学生的初步“五月项目”计划书一起提交。

2. 学生可以计划一个城外的“协作五月项目”，但必须在协作指导者和一名成人家庭成员的监督下进行。

3. 尽管协作指导者可能没有为学生制定详尽的工作日程表，但学生自己应当明确意识到自己每周的责任，这些责任应当写进课题计划中的“工作计划和时间表”中。如果协作指导者为学生制定了详尽的工作责任日程或学生和指导者共同制定了一个工作日程，那就将之

[1] University of Chicago Laboratory Schools, *University High School May Project Handbook* (2003), p.3.

写进“工作计划和时间表”这一部分中。

4. 学生每周只需与学校指导教师会面一次。在这些会面中，学生必须做好准备向教师表明每天正在完成所要求的6小时的工作。如果学生不得不修改工作计划的话，那也必须达到课题的目标和每天6小时的工作要求。

5. 在与学校指导教师会面时，学生必须出示：每天工作记录；目前所完成的所有工作；一份源自课题计划的时间表；一份会面表格，该表格将由指导教师签字后，在会面的这一周交给苏珊·格雷夫斯夫人。[1]

需要明确的是，“协作项目”的核心是设计和研究，而不只是在一个场所做一点儿工作。恐怕这是和“社区学习”（community learning）的重要区别。[2]

不论是“独立项目”，还是“协作项目”，都必须符合下列标准（criteria），方能被“五月项目审读委员会”（May Project Readers Committee）批准立项或鉴定通过：

1. 课题计划与学科相联系，与学生在学校中获得的知识和（或）发展的技能相联系，或者是一项体现了学生在实验学校经验发展到顶点的课题，整合了许多学科。

2. 课题计划包含研究因素，比如：（1）对艺术、城市等的历史背景的研究；（2）对一项特定艺术设计或技术的研究；（3）对医学、科

[1] University of Chicago Laboratory Schools, *University High School May Project Handbook* (2003), p.4.

[2] 在实验学校高中部，“社区学习课程”(Community Learning Program)是学生的必修课程，尽管不赋予学分，但却是必须达到的毕业要求。学生必须具有连续两个学期的场地社区学习经验和进行持续一年的每周社区学习研讨会，方可毕业。“服务学习”的具体时间要求是：每周校内至少1小时，校外至少1小时。

学等某一特定领域的研究；（4）对某一特定职业要求的研究。

3. 课题研究可通过下列方式来表达：（1）一篇研究论文，可用于课题评价；（2）作为向评价小组陈述的研究报告的一部分；（3）研究和反思日记。

4. 课题研究所运用的资源应当至少包括下列内容中的两项（并未穷举）：（1）人员；（2）博物馆；（3）中心 / 组织；（4）研究所；（5）书籍；（6）影像资料；（7）互联网。

5. 课题计划应当包括“专家”意见——实际上是学生在协作场地与之紧密合作的一位有专长的人员的意见。这些意见来自：（1）与人面谈；（2）电话交谈；（3）所选定的领域的专家的意见；（4）电子邮件信息交流。

6. 学生打算如何运用每天 6 小时的详细工作计划。

7. 学生“五月项目”的清晰的目的或目标。

8. 衡量是否达到这些目的或目标的方法。

9. 向评价委员会（Evaluation Committee）汇报的方法。

10. 向实验学校展示的方法。

11.“独立项目”和“协作项目”的学校指导教师。

12.“协作项目”的协作指导者。[1]

从这些标准可以看出，整体性和探究性是“五月项目”的基本特点。所谓“整体性”，是指“五月项目”整合了学科知识与学生的经验，整合了学校与社会。所谓“探究性”，是指“五月项目”本质上是学生所做的一项研究。

（三）“五月项目”的过程与管理

尽管“五月项目”的具体实施是在五月份，但一般从前一年的十一

[1] University of Chicago Laboratory Schools, *University High School May Project Handbook* (2003), p.6.

月中旬开始准备，到毕业前夕的六月上旬才完全结束，这样，一个完整的“五月项目”要持续近七个月，跨两个学期（冬季学期、春季学期）。

一个完整的“五月项目”必经下列七个阶段：[1]

第一，制订“初步五月项目计划”。该阶段的持续时间一般从前一年的十一月中旬到第二年的二月中旬。一个“初步五月项目计划”（A Preliminary May Project Proposal）必须包括：尽可能详细的“导论”；学校指导教师，或者协作指导者和协作机构；工作与目标；尽可能详尽的“工作计划和时间表”；评价的方法；报告的方法；展示/表现的方法。良好的开始是成功的一半，研究计划的制订至关重要。而且制订计划本身就是一个研究过程。

第二，制订“最终五月项目计划”。该阶段的持续时间一般从二月中旬到四月上旬。“五月项目审读委员会”会在二月中旬至三月中旬之间审读学生的“初步五月项目计划”并提出修改意见或做出评论。学生则与指导教师讨论这些修改意见或评论，并进一步完善计划，将之发展为“最终五月项目计划”（A Final May Project Proposal）。

第三，为“五月项目”做最后准备。该阶段的持续时间从四月中旬到四月底。本阶段主要是完成“五月项目”开始前的所有手续，与学校指导教师和协作指导者约定会面时间和地点。

第四，实施“五月项目”。该阶段的时间是整个五月。学生按照课题计划以及“五月项目”的标准和原则具体实施课题研究。学生必须保证能够修完达到毕业要求的学分，方能开展“五月项目”。每位学校指导教师最多只能指导 2 名学生。

第五，进行“五月项目”汇报。该阶段的时间在六月上旬。学生向“评价委员会”汇报“五月项目”的过程与结果。

第六，开办“五月项目”展览。该阶段的时间是在六月上旬。学生

[1] University of Chicago Laboratory Schools, *University High School May Project Handbook* (2003), pp.8–15.

向全校展览其研究成果。

第七，完成“五月项目”评价。该阶段的时间是在六月上旬。学生完成“五月项目”自我评价，与指导教师一起完成“五月项目”合作评价，连同研究结果提交给项目负责人苏珊·格雷夫斯夫人。学生选择进行“五月项目”以后，必须成功完成，方能达到毕业要求。

实验学校高中部的“五月项目”之所以能够井然有序地持续开展并取得良好效果，一个重要原因是有完善的管理体系，既有组织保障，又有制度保障。从组织来看，从项目负责人到“五月项目审读委员会”再到“五月项目评价委员会”，形成一整套组织体系。从制度来看，“五月项目”管理制度明确规定了学生的责任、指导教师的责任、协作指导者的责任、家长的责任，并签订相应协议，这就使课题进行的每一个环节都有保障。

据实验学校高中部校长耐普博士（Dr. John M. Knapp）和高中学科主任凯茜·费尔德曼（Cathy Feldman）所言，“五月项目”在实验学校已进行了三四十年，每年有 65%—80% 的高中四年级学生参加，取得了良好的效果。通过“五月项目”，学生培养了自我责任感，发展了探究问题和解决问题的能力，在参与社会实践中培养了社会责任心。对许多学生而言，正是“五月项目”让他们展开了腾飞的翅膀。

在实验学校的小学，项目学习之所以不具有独立的形态，是因为所有学科主要基于儿童的经验组织起来，不同学科之间具有高度可渗透性，整个学校生活在某种意义上就是项目学习生活。在初中，学科逻辑逐渐登上课程的舞台，学科界限开始日渐明晰，因此“跨学科学习”“探索项目”就变得非常重要，项目学习既渗透于不同学科之中，又在“跨学科学习”等项目中呈现半独立形态。在高中，学科逻辑居于课程舞台的中心，学科之间界垒分明，这时，既采用“独立研究政策”以加强项目学习向学科渗透，又设置独立形态的项目学习——“五月项目”——以加强学科间的融合、学科与学生经验的融合以及学科与社会的融合。应当说，“五月项目”集中体现了杜威精神，是实验学校的一个亮点。

但是，当实验学校逐渐走向精英主义的时候，项目学习也就逐渐从生活中撤离、走向学科探究。学科探究当然是重要的，但剥离了生活的学科探究会陷入意义的盲区，最终会被工具化。今日实验学校的这种走向令人悲哀，是对杜威精神的背离，它反映了二战以后美国的教育和社会日趋保守的态势。

后　记

我国当下教育实践界正如火如荼实施的综合实践活动课程，用学术语言表达，即“活动课程”“经验课程”“体验课程”“生活探究课程”，等等。它是立足每一个人以“衣食住行、性健寿娱”为核心的日常生活、发挥生活之教育价值的课程。因日常生活烦琐、繁难且往往充满风险和挑战，人们因而容易形成逃避责任的人生态度，教育也容易成为人们逃避责任的手段。这就是为什么“教育即生活而不是未来生活之准备”成为现代教育的主流价值观。我国的综合实践活动课程正是这种价值观的体现，其目的在于帮助学生在反思、体验生活中学会生活、热爱生活。

我正式思考活动课程始于 1995 年 9 月。这年我考入华东师范大学国际与比较教育研究所。在导师与新生见面时，恩师钟启泉教授问我:“你打算研究什么？”我回答说:“我想研究活动课程……”“那就研究吧，这个问题很重要！”活动课程因此成为我攻读博士学位期间研究的主要问题，初步成果体现在我基于博士论文出版的《经验课程论》一书中。博士毕业后，我开始与恩师钟启泉教授一起参加国家基础教育课程改革。2000 年，在教育部修改《基础教育课程改革纲要》这一文件期间，我接受教育部委托，领衔研制综合实践活动课程纲要。为了验证本课程的可行性，我从这一年开始在上海浦东新区东方小学开展综合实践活动课程实验研究，并于2001年召开首届“综合实践活动课程国际研讨会”。我在上海浦东的实验由最初的1所学校拓展到8所，再后来拓展到40所，“生活探究课程”成为浦东许多学校至今依然常态开展的课程。我在理论思考和实验研究的基础上为教育部起草了《综合实践活动课程指导纲要·总则》，并与课题组成员一起撰写了《小学综合实践活动课程指导纲要》。尽管这些文件并未由教育部正式颁布，但作为新课程改革培训的重要内容，在课程改革的第一阶段（2001—2015）发挥了一定作用。2014年，我重新接受教育部委托，带领课题组研制综合实践活动课程纲要。在教育部教材局直接领导下，大家经过近三年的努力，《中小学综合实践活动课程指导纲要》终于在2017年9月正式颁布。

本书是我在参与国家基础教育课程改革的过程中逐步撰写的，它试图既提供综合实践活动课程的理论基础，又提供该课程的国际视野。我试图在本书中确立的基本观点是：

（一）综合实践活动课程是发展学生“核心素养”（即适应信息时代需要的人的高级能力与人性能力）的基本途径；

（二）生活世界具有任何学科知识无法替代的独特价值，构成综合实践活动课程价值、知识和方法的基础；

（三）运用学科思维是深化综合实践活动课程的必要条件；

（四）生活探究与学科探究、生活理解与学科理解、生活素养与学科素养二者颉颃、互动、融合，构成个性发展的两大基础，是谓“一体两翼”。

由衷感激恩师钟启泉教授！是先生把我带入课程领域并呵护我成长。由于资质愚钝，所取得的一点成绩与先生的期待相去甚远。但我会永远像先生一样在课程领域努力下去。

感谢教育部基础教育司、教材局各级领导！由于你们的信任与托付，我的一点儿肤浅思考得以服务于我钟爱的教育实践。

感谢实验学校的校长们、老师们！我们是永恒的合作伙伴。作为专职研究者，学会倾听老师并与老师一起倾听学生，是我毕生事业之核心。

感谢以我的学生为主体的课题组每一位成员！我们将继续谦卑、努力而坚定地工作下去，奔向我们的“诗与远方”——“教育启蒙”“教育民主”！

2019 年 9 月 28 日，于西子湖畔